중 국 의
　　새로운
사 회 주 의
탐색 ——

중국의
새로운
사회주의
탐색 —— 이희옥 지음

창비

책머리에

중국사회를 해석하는 데는 언제나 전환시대의 논리가 필요했다. 리영희(李泳禧) 선생이 중국을 통해 냉전논리를 깨려고 '전환시대의 논리'를 이야기한 바 있지만, 21세기 중국사회주의의 존재방식을 문제삼고 중국의 격변을 설명하려면 또하나의 전환의 논리가 필요하다. 이른바 '세계의 공장'이라 불리는 중국은 전지구적 자본주의에 포섭된 채, '계획'을 벗어던지고 사실상(de facto) 사유화의 길로 나아가고 있다. 이에 맞춰 중국공산당은 자본가들의 입당을 허용하면서 오랜 혁명당의 모습에서 벗어나려 하고 있다. 중국의 좌파들은 이러한 변화가 사회주의를 파산시키고 있다고 호소하고 있으나, 중국사회는 이미 시장의 블랙홀 속으로 급격하게 빨려들어가는 중이다. 이렇게 보면, 제4세대인 후 진타오(胡錦濤)세대는 전통적 사회주의의 막내세대이면서 새로운 사회주의의 맏형세대라고 볼 수 있다. 중국학계와 당정 일각에서 논의되는 사회민주주의의 가능성이나 중국형 삼민주의(三民主義)에 대한 깊은 고민은 이를 잘 반영해주고 있다.

중국사회주의가 어디로 가는가 하는 점은 중국뿐 아니라 세계사에서도 큰 의미를 갖는다. 자유주의, 사회주의, 사회민주주의, 민족주의,

신좌파의 이념이 복잡하게 뒤엉키면서 현실은 중국에서 도대체 사회주의란 무엇인가를 다시 묻고 있다. 중국사상계의 거장 루 쉰(魯迅)은 "길이란 애초부터 있던 것이 아니라 사람들이 다니면서 생겨나는 것"이라고 했다. 중국은 지금 한번도 걸어가본 적 없는 길을 때로는 우회하면서 때로는 지름길로 묵묵히 걸어가고 있다.

중국사회주의의 극적인 변화는 한국사회에도 많은 생각을 던져주었다. 중국 없이 살아가는 것이 너무도 고단한 시대가 되어버린 현실에서 우리 삶의 터전을 다시 생각하게 했고, 시장이 우리네 삶에 어떤 그늘을 드리우는지도 되돌아보게 했다. '우리사주 사회주의'를 연상시키는 중국사회주의의 변화는 한국사회에서 진보의 의미를 다시 생각하게 하고, 중국과 한국이 좁은 민족국가의 지평을 넘어 동아시아적 맥락에서 어떻게 어울려 살아야 하는가도 고민하게 해주었다.

그동안 한국의 중국사회주의 이데올로기에 관한 연구는 우리 사회의 이념 과잉과 또 한편으로는 이념의 빈곤 탓에 많이 왜곡되어왔다. 분단체제가 만들어낸 냉전의식에 옭매인 중국연구자들은 쉽게 전체주의적 접근에 빠지거나 지나치게 자기검열을 했다. 그 결과 중국사회주의의 이미지는 북한사회주의의 어두운 그림자 속에 갇히고 말았다. 이런 때 중국사회주의를 내재적으로 연구하려면 학문적·실천적 용기가 필요했다. 『전환시대의 논리』『8억인과의 대화』는 이러한 시대가 만들어낸 교과서였다. 80년대를 힘겹게 빠져나오던 청년들은 이 책에 밑줄을 그어가며 중국을 읽었고, 공부를 시작한 이들은 이 연구에 각주를 달면서 비판적 중국학의 가능성을 탐색하기도 했다.

그러나 개혁개방정책 이후 서구인들이 쳐놓은 '죽의 장막'이 걷히고, 1992년 한중수교 이후 1차자료를 획득할 수 있게 되자 중국연구, 특히 문헌연구의 새로운 가능성이 열렸다. 전체주의적 모델에 충실했던 연구자들은 중국사회주의의 변화를 자본주의의 승리로 간주하면서 발 빠르게 변신에 성공하였다. 과거 한국의 보수정당과 중국공산당이 자매정당이 된 것도 그렇게 우연한 일은 아니다. 반면 비판적 중국연구를 고민했던 연구자들은 중국이 급속히 신자유주의를 받아들이는 것을 비판하면서 새로운 중국인식에 눈뜨기 시작하였다. '문화대혁명이 동란이라면 개혁은 난동'이라는 일반대중의 실망감과 개혁개방의 피로를 주목하는 한편 세계사적 변동 속에서 중국사회의 위기와 가능성을 따져보게 된 것이다.

물론 비판적 연구는 비판의 무기만 가지고 있다고 해서 할 수 있는 것은 아니다. 1980년대 후반 한국에서 사회구성체 논의가 본격화되던 시기, 중국연구는 북한연구와 관련한 중요성에도 불구하고 레닌주의 연구와 소련사회주의 연구와 달리 비판담론의 한 축을 형성하지 못했다. 중국사회주의의 거대담론을 그려내는 데 주력했기 때문에 학문의 진지성이 떨어졌을뿐더러 이데올로기 연구 내부의 미시연구도 많이 부족하였다. 이데올로기 연구가 시대와 동떨어진 낡은 연구라는 까닭 없는 비판도 이런 부진에 한몫을 했다.

따라서 이 책에서는 중국에서의 사회주의의 문제를 정면에서 접근해보았다. 비록 대중적 수준에서 탈사회주의적 경향을 보이고 있으나, 체제이데올로기는 사회 전반에 침투해 있는 '보이지 않는 손'의 역할을 한다. 이를 위해 마오 쩌둥에서 후 진타오까지 이념의 변화를 통시적으로 검토하였고, 이론 자체의 미세한 변화를 문헌적으로 밝힘으로써 중국사회주의 이념의 실체를 드러내고자 하였다. 이것은 자본의 질주와 체제이데올로기 변화 사이의 관계와 향후 중국사회주의의 존재방식을 예측하게 해줄 것이다.

이 책은 필자가 1980년 후반 중국의 사회주의와 현대 자본주의를 주제로 본격적인 공부를 시작한 이후 최근까지 그 내용을 보완하고 확대한 결과물이다. '길을 가면서 짚신을 삼는다'는 말처럼 수미일관한 논리도 체계적인 틀도 미흡하다. 그러나 개혁 이후 중국사회주의가 어디로 와서 어디로 흘러갈 것인가를 줄곧 고민했고, 사회주의 이념의 변화를 통해 격동하는 중국의 궤적과 그것이 우리에게 의미하는 바를 투박하게나마 그려보고자 하였다.

이 책을 쓰면서 많은 분의 도움을 얻었다. 책을 내도록 제안하고 격려해주신 연세대 백영서 선생과 가족 같은 분위기에서 마음 다치지 않고 연구할 수 있게 해준 중국지역학과 동료교수들은 내 공부의 든든한 버팀목이었다. '가르치는 일이 곧 배우는 일이다'라는 말처럼 학생들은 늘 필자를 자극하였다. 그리고 평생을 독서인으로 살아오시면서 지금도 엄청난 양의 독서와 연구에 매달리고 계신 아버님은 언제나 필자의 학문적 콤플렉스를 자극하였다. 이 책을 책답게 만들어준 창비의 여러 분께도 고마움을 전한다. 늘 바쁜 아빠와 남편을 둔 강은과 강우, 아내에게는 언제나 미안한 마음이다. 많은 연구 벗들의 따가운 질정을 통해 이 책을 수정할 수 있는 기회가 있기를 바란다. 이 책 출간을 계기로 연구결과를 좀더 빠르게 집적하여 내놓을 수 있도록 다짐하는 한편, 연구의 전환과 '새로운 글쓰기'에 대한 도전도 약속한다.

2004년 6월
세마대 연구실에서 이희옥

차
례

제1장 '전환시대의
논리'

제1장 '전환시대의 논리'

1. 기로에 선 중국사회주의

'중국의 시대'가 다가오고 있다. 중국은 연평균 9%의 폭발적인 성장을 지속하고 있는 세계 4위의 무역대국이자 '세계의 공장'이다. 세계는 2050년 중국이 브릭스(BRICs-브라질B, 러시아R, 인도I, 중국C)의 핵심축으로 부상할 것으로 내다보고 있으며, 중국과학원은 중국이 2020년에 현대화 1단계를 종료하고 2050년에는 세계 10위권 국가로 진입하며, 2080년에는 미국에 필적할 현대화 국가로 진입한다는 장기적 전망을 내놓았다. 이렇게 경제력이 확대되자 국제문제에 대처하는 방식에서도 근본적인 변화가 일고 있다. 중국은 고립주의에 가까웠던 그간의 내정불간섭원칙에서 벗어나 책임대국론(great responsible state)을 역설하면서 국제문제에 대한 발언권을 높여가고 있다.[1] 2002년 말에는 당내외 좌파들의 강력한 반대를 무릅쓰고 세계무역기구(WTO)에 가입함으로써 중국의 발전경로가 전지구적 자본주의체제 속에서 모색될 것임을 상징적으로 드러내었다.

이러한 변화는 중국의 미래를 현재의 사회주의 이데올로기로 맞는 데 대한 근본적 회의를 불러일으켰다. 그렇다고 중국사회주의를 대체할 만한 뚜렷한 대안이념이 현실적으로 존재하는 것은 아니다. 자본주의로의 복귀를 예측하는 시각도 있지만, '사회주의가 중국을 구한 것이 아니라 중국이 사회주의를 구했다'는 역설이 존재할 만큼 중국문제는 매우 복잡하다. 더구나 벌써부터 중국 곳곳에서 개혁개방의 피로가 나타나고 있다. 이것은 사회주의 개혁의 피로이자, 자본주의적 근대화에 따른 피로이기도 하다. 화려한 성장의 뒤꼍에서는 청년실업이 늘어나고 있고, '딴웨이(單位, work-unit, 중국에서 딴웨이는 노동·복지·교육·생활이 이루어지는 공동체의 일종이다. 중국사회주의는 이러한 딴웨이를 통해 작동해왔다)사회주의'[2]로 일컬어질 만큼 강고하던 체제가 해체되면서 도시노동자들은 대책없이 시장으로 내몰리고 있다. 농촌 또한 도시경제의 발전과 대비되어 심각한 상대적 박탈을 경험하고 있다. 2004년 「정부공작보고」도 농민·농업·농촌이라는 이른바 '삼농(三農)문제'가 중국경제의 걸림돌이라는 것을 다시 확인했다. 여기에 도시와 농촌 가릴 것 없이 '부자가 되자'는 열기 속에서 정신노동과 육체노동의 차이까지 확대되면서 평등과 우애정신 대신 경쟁과 적자생존이라는 정글의 법칙이 중국을 지배하고 있다. 지방은 지방대로 해외자본 유치에 사활을 걸고 있고, 중앙정부는 적자재정을 아랑곳하지 않고 부국강병의 꿈을 실현하기 위해 군비를 증강하고 때로는 이를 부추기기 위해 민족주의 이데올로기를 활용하고 있다.

　21세기에 접어들면서 중국사회주의는 새로운 단계로 진입하였다. 지금까지의 개혁은 시장경제를 수용하고 확산하는 경제개혁이 중심이었고, 정치개혁은 경제개혁을 효율적으로 추진하기 위한 보조장치였다. 그러나 사회주의 정치경제학의 경제범주를 남김없이 해체한 후 추진하고 있는 지금의 개혁은 법·제도·이데올로기 등 정치적 상부구조에 대한 개혁이라는 점에서 한층 근본적이다. 이러한 정치개혁은 되돌릴 수 있는 일시적이고 과도적인 현상이 아니며, 다만 추진속도와 폭이 문제일 뿐이다. 개혁개방 이후 일반학자들과 민주인사들이 다당제와 서구형 의회제도, 선거제도 개혁, 연방제 등 자유주의적 프로그램 도입을 제기한 바 있으나, 당정수준에서는 사회주의질서 자체를 문제 삼는 급격한 이데올로기적 충격은 없었다. 당정분리 등 정치개혁을 추진했던 후 야오빵(胡耀邦)이나 쟈오 쯔양(趙紫陽) 총서기도 권위주의적 지배에 기초한 강력한 리더십을 통해 중국근대화를 추진하고자 하였다. 계몽주의의 전통을 계승한 일단의 자유주의자들도 정책결정과정에 참여했지만 그들도 정치영역에서는 사회주의적 지배를 넓게 인정하였다. 그러나 개혁개방의 영역이 확대되고 질적으로 심화되는 과정에서 소유제에 기초한 전통적인 사회주의 해석은 한계를 드러내기 시작했다. 특히 사회주의 시장경제의 확산과 계급계층의 분화, 경제활동 공간의 확장에 따른 시민사회의 성장, 특히 중국형 자본가계급이 출현하면서 이러한 현상은 더욱 강화되었다.

이 새로운 상황에 직면하여 떵 샤오핑(鄧小平) 이후 중국의 지도부는 소유제를 통해 사회주의를 해석하는 대신, '공산당 지도'와 같은 정치적 의제를 통해 사회주의를 설명하기 시작했다. 이러한 배경에는 서구 자유주의의 유입이나 지방 단위의 기층선거 경험 또는 시민사회의 성장 같은 내부의 압력요인이 있었으나, 근본적으로는 개혁이나 '민주' 담론을 선점함으로써 밑으로부터의 개혁보다는 위로부터의 개혁을 추진하여 정치적 정당성과 안정성을 확보하려는 의도가 크게 작용했다. 이런 점에서 중국공산당이 계급정당에서 국민정당으로 근본적 전환을 시도하고 있다는 평가는 지나친 해석으로 보인다. 그러나 당의 구조와 기능을 현실의 변화에 따라 조정하면서 공산당의 유연성을 확보하려고 시도하는 것은 틀림없는 사실이다. 특히 혁명원로들이 일선에서 물러나고 경제적 합리성에 기초한 새로운 세대가 대거 정책결정과정에 참여하면서 이러한 추세는 심화·확대되고 있다.

이러한 변화는 역사적 복합체(historical bloc)라 불려온 중국의 전통적인 인치구조와 권력계승방식, 의사결정구조 등은 물론 현대중국의 지도자 선발과 선거방식, 핵심영역의 정책결정과정에도 영향을 주었다. 비록 중국사회주의 혁명세대들의 문헌과 언술에 전통사상의 맥락이 들어 있고, 사회주의질서와 지배이데올로기의 변화과정에 전통적 요소가 남아 있다고 하더라도 현대중국 현실을 설명하는 데는 개혁 이후 중국사회주의 이념의 변화과정을 체계적으로 정리하는 것이 더 바람직하다. 이 중에서도 마오 쩌뚱(毛澤東) 사회주의와 떵 샤오핑으로 대표되는 개혁사회주의의 지속과 단절보다는 현단계 중국사회주의의 발전이 어떠한 변화를 거쳐왔는가를 집중적으로 논의한다는 점에서 1978년 이후 제2의 혁명이라 불리는 개혁개방기를 다루는 것이 더 의미있다.[3] 그것이 개혁사회주의 이론 내부의 차이와 그 차이들이 현실 속에서 수용·변용되는 양상, 그리고 전체적으로 흔들리지 않는 것은 무엇인가를 발견하는 데 유용하기 때문이다. 그리고 맑스주의의 영향력이 강했던 시기, 맑스주의를 적극적으로 재해석하는 시기, 맑스주의의 한계를 지적하는 시기, 새로운 유형의 사회주의를 창신(創新)하고 발전시키는 시기를 거치면서 중국사회주의가 질적으로 변해온 과정을 명확하게 드러내줄 수 있기 때문이다.

현재 개혁사회주의의 이데올로기적 기반은 1978년 11기 3중전회(제11기 중앙위원회 제3차 전체회의)를 기점으로 하지만, 문헌적으로는 1982년 헌법정신인 맑스-레닌주의, 마오사상을 행동지침으로 삼고 있다. 1997년 당강령과 1998년 수정된 헌법에는 제2세대 지도자인 떵 샤오핑의 이론이 추가되었고, 2003년 당강령과 2004년 수정된 헌법에는 쟝 쩌민(江澤民)이 제기한 '3개 대표론'이 추가되었다. 이렇게 보면 제1세대와 제2세대 그리고 제3세대가 각자 독자적인 이념을 가지고 역사적 임무를 수행했다고 볼 수 있다.[4] 그러나 이들 사이에는, 특히 개혁 이후 적어도 이념의 차원에서는 단절성과 급진성보다는 연속성과 점진성이 두드러지며 시대정신에 따라 이를 적절하게 조정하고 보완해온 것으로 보인다. 그리고 당정핵심은 새로운 이론을 만들어 전파하기보다는 현실의 변화를 반영하는 이론적 토론공간을 확보해주고 여기에서 여과된 이론을 수용해 전파해왔다. 이런 점 때문에 중국 내에서 실험된 사회주의론은 전통적 맑스주의와 비교하여 급진적 전망을 담고 있으면서도 중국 내부에서 이론적 충격을 흡수할 수 있었다. 그리고 이러한 이론적 충격을 반복하는 과정에서 맑스-레닌주의는 점차 정치적 수사로 전락하였고 현실을 설명하기 위한 이론적 '장식'에 그치게 되었다. 예컨대 맑스주의의 합리적 핵심을 자본주의에 대한 비판적 분석보다는 만년 맑스(Late Marx)의 동방사회론에서 찾는다거나, 마오사상에서 계급투쟁과 대중노선, 프롤레타리아독재의 자리에 실사구시론, 근대화론을 채워넣고 성긴 이론의 그물을 빠져나가는 것은 '중국사회주의'의 숙명이다.

이것은 결국 중국식 사회주의에서는 사회주의보다 '중국적인 것' (chineseness)을 강조한다는 의미이다. 현실사회주의의 성공모델이 없는 상태에서 실험하기 때문에 더욱 그러하다. 이처럼 중국사회주의는 새롭게 나타나는 현상을 이론적으로 해석하도록 끊임없이 요구받고 있다. 그만큼 이론적 가변성이 크고 포괄하는 범위도 넓다. 이 과정에서 이론적 외연의 확대와 내포의 공허라는 모순된 상황이 출현하고 있으며, 당 내외에서 끊임없이 이데올로기논쟁이 불거질 조짐도 보인다. 일단 중국지도부는 이데올로기논쟁을 피하기 위해 '논쟁하지 말자'는 부쟁론(不爭論), 중국의 역사적 특수성을 강조하는 중국환원론으로 갈등을 풀어가고 있으며, 이 과정에서 사회주의의 공백을 틈타 동원적 민족주의, 중화주의, 유교의 충성관 등도 등장하였다. 향후 이러한 이론적 외연의 확대는 결국 세 가지 가운데 하나를 선택해야 하는 상황을 맞게 될 것이다. 하나는 실질적인 시장의 우위에 기반한 중국형 자본주의모델이고, 다른 하나는 사회민주주의나 유럽형 사회당모델 같은 사회주의적 경로이며, 남은 하나는 중국적 성장모델을 새롭고 보편적인 유형으로 규정하고 이를 추수하는 중국형 민족주의모델이다. 중국형 민족주의모델은 전통적 삼민주의를 재해석해 민생·민족·민주 등 새로운 삼민주의의 이론을 구축할 가능성도 있다.

이처럼 개혁 이후 중국사회주의의 이론적 계보를 역사적으로 파악하고 분석하는 것은 현단계 중국사회주의의 이론적 모순과 향후 이데올로기의 방향과 관련하여 중요한 의미를 지닌다. 개혁 이후 중국사회주의는 두번의 결정적인 이론적 위기를 겪었거나 겪고 있다. 한번은 구소련과 동유럽이 몰락한 후 중국사회주의의 진로를 둘러싼 위기였고, 다른 한번은 사회주의 정치개혁이 본격적으로 진행되는 중국사회주의의 21세기 '지금 여기서'의 문제이다.

1) 현실사회주의에 대한 반사 (反思)

소련과 동유럽의 현실사회주의가 무너진 후 몰락원인에 대한 많은 평가가 있었다.[5] 그중에서도 '계획의 실패'와 '민주주의의 문제'가 집중적으로 제기되었다. 현실사회주의는 사회주의라는 이름만 걸쳤을 뿐 사실은 민족주의와 반유대주의였다는 후일담도 나오고 있다. 이것은 현실사회주의의 통치는 이념의 문제가 아니라 정치권력의 문제임을 보여준다. 현실사회주의가 몰락한 원인을 둘러싸고 역사적 맥락에서 사회주의가 자기 역할을 다했기 때문이라는 논리부터 왜곡된 사회주의의 예비된 붕괴라거나, 사회주의가 아닌 체제의 붕괴라는 등 여러 견해가 존재하였다.

한편 소련과 동유럽 사회주의의 몰락으로 중국사회주의의 안정성에 대한 평가가 확산되었다. 우선 중국사회가 '사회주의'로부터 이탈하면서도 체제는 상대적으로 안정되어 있는 점을 볼 때 이론의 생명력도 유지되고 있다는 견해가 있었다.[6] 여기에는 두 가지 해석이 혼재되어 있었다. 중국사회주의는 민주주의에 대한 요구와 전체주의적 속성에 비추어 불가피하게 자본주의의 길로 걸어갈 것이라는 해석과, 중국이라는 '역사특수성'을 강조하면서 다양한 이념적 수정을 통해 전형적인 자본주의와는 다른 모습으로 전개될 것이라는 해석이 그것이다.[7]

반면 좌파와 자유주의자들 모두 중국의 '사회주의적' 발전에 대해 부정적인 인식이 강했다. 이것은 사회주의에 대한 개념을 정반대로 해석하고 있는 점에서 동전의 양면 같은 것이었다.

후쿠야마(F. Fukuyama)나 브레진스키(Z. Brezezinski)는 소련과 동유럽 사회주의의 붕괴에서 보듯 공산주의의 역사는 이미 끝났다는 보수적 견해를 대변한다.[8] 이들은 중국사회주의가 강도 높은 전체주의이고, 계서적 정치·경제사회이며, 국가숭배·당숭배를 강요하고, 이데올로기와 대중매체를 독점하는 등 경직된 체제라고 해석한다. 따라서 변하는 경제환경과 밑으로부터의 요구를 견디지 못해 필연적으로 몰락할 것이라고 본다.[9] 이들은 소련과 중국이 사실상 맑스주의를 포기함에 따라 자유주의적 이념과 제도들을 통해 해결해야 할 기술적 문제만 남아 있으며, 국제관계도 공동시장화를 촉진할 것이고 국가간의 갈등도 축소될 것이라며 '역사의 종언'을 주장했다.[10] 이와 유사한 관점에서 대규모 체제경쟁에서 자본주의의 우월성이 입증되면서 곧바로 체제의 논의가 종식되어 이데올로기가 종언을 고하게 됐다는 주장도 있었다.[11] 중국은 비록 북한이나 꾸바보다는 비교적 안정되어 있으나, 국내외의 압력을 극복하지 못한 채 궁극적으로 실패할 것으로 보거나,[12] 민족문제와 지방의 분리주의운동에 따라 사회주의 붕괴의 도미노현상을 겪거나 안락사할 것으로 보는 시각이 지배적이었다.[13]

좌파의 견해도 다양하게 나타났다. 대체로 이들은 먼저 중국 개혁개방노선의 우편향적이고 시장만능적인 시각을 지적하는 한편 중국사회주의의 관료자본주의 성격을 비판하였다. 첫째, 몰계급주의에 기초한 중국식 사회주의 근대화론은 중남미 사회주의가 그랬던 것처럼 근본적으로는 관료자본주의, 내용적으로는 국가자본주의의 성격에서 조금도 벗어나지 못하고 있는 까닭에 결국 한계를 드러낼 것으로 보았다.[14] 둘째, 개혁개방노선이 중국사회의 제문제를 혁명 이전의 사회체제로 환원시키고 있으며, 관료적이고 권위적인 권력의 원인이 되고 있는 '4개 견지'(사회주의 견지, 공산당지도 견지, 맑스–레닌주의 마오사상 견지, 인민민주독재 견지)[15]가 지닌 이념적 질곡을 피해가면서 민주주의를 위한 노력보다는 세계적 규모의 상품교환과 시장사회주의를 위한 질서있고 합리적인 국가기구를 만들어내고 있다고 비판하였다.[16] 셋째, 현실사회주의가 몰락하면서 전세계는 자본주의로 일원화되는 쪽으로 나아가고 있으며 지금까지 세계체제의 기본모순 가운데 하나였던 진영모순이 사실상 소멸하고 민족모순과 계급모순의 중요성이 부상될 가능성이 있다고 주장하였다.[17] 넷째, '역사의 종언'은 맑스주의와 현실사회주의의 몰락이라기보다는 계몽주의시대 이후에 등장

한 서구의 보편주의, 과학주의, 합리주의로 상징되는 근대문명의 종언을 의미한다고 보았다.[18]

하지만 전체적으로 중국은 경직된 사회주의체제의 모순이 폭발한 것이라고 해석할 뿐 사회주의 자체가 소명을 다했다고 보지는 않았다.[19] 즉 맑스주의가 비록 역사적 한계나 분석상의 부분적인 오류는 있으나 그렇다고 여전히 착취적인 성격을 지닌 자본주의가 현실사회주의를 극복할 수 있는 대안이라는 데에는 동의하지 않은 것이다. 그럼에도 중국의 사회주의적 전망은 중단기적으로 매우 빈곤하였다. 따라서 장기적 전망을 정치적 수사로 피해가면서 이론과 현실의 공백을 보완하고자 했다. 우선 전지구적 자본주의체제가 중국에서도 관철되는 상황에서 일국사회주의의 한계를 인정하고 급진적 사회주의적 전망을 유보하는 것으로 대응하였다. 당시 중국은 소련과 동유럽의 몰락이라는 급변에 직면하여 경제적 긴축정책을 유지하는 한편, 체제이데올로기를 강화하는 이데올로기적 보수성을 견지하면서 위기의 국면을 벗어나기 위한 시간을 확보하고자 했다. 동시에 개혁개방을 본격적으로 추진하고 이데올로기적 질곡을 풀어내는 적극적인 방향전환을 모색하여 '사회주의의 외로운 섬'에서 탈출하고자 하였다.

당시 중국은 심각한 국내외의 모순에 직면하였다. 국내에서는 1989년 톈안먼(天安門)사건 이후 개혁개방이 위축됐고, 일반대중의 정서도 침체해 중국사회의 유연성을 크게 떨어뜨렸다. 여기에 도농간·지역간 불균형, 정치부패, 실업문제, 농촌위기, 체제이데올로기에 대한 신념의 위기, 이농과 유동인구의 문제, 지방분열주의, 황금지향적인 사회의식 등 잠복했던 사회적 위기가 드러나고 있었다. 국제적으로도 몰락한 동유럽 사회주의 국가들이 생산수단의 재(再)사유화, 시장경제의 도입, 프롤레타리아독재의 포기, 다당제와 다원주의 도입과 같은 양상으로 발전하고 있었으며, 톈안먼사건 이후 국제적 경제봉쇄와 인권을 매개로 한 유·무형의 압력에 대처해야 하는 이중과제에 직면했다. 물론 이러한 위기가 곧 체제붕괴를 의미한다고 할 수는 없으나, 중국사회주의에 대한 근본적 성찰과 반성을 요구했던 것은 분명하다.[20]

2) 뉴밀레니엄과 사회주의의 고민

톈안먼사건과 소련 및 동유럽의 몰락은 개혁 이후 중국사회주의의 성격을 다시 생각하게 했다. 하지만 21세기 중국사회의 존재방식을 둘러싼 논의는 1990년대 초반과는 다른 맥락에서 진행되고 있었다. 1980년대 후반 개혁개방의 피로는 21세기 들어 매우 복잡한 방식으로 나타나고 있으며, 단일한 국제경제질서와 국내 사회세력간의 힘의 관계에도 변화를 가져와 공산당 개혁이라는 매우 본질적인 문제를 제기하고 있다. 21세기 초 중국은 성장과 개발의 열풍 속에서 무수익여신(NPLs)이 절반에 달하고 있다. 신용대부가 국내순생산의 절반을 넘어서는 상황에까지 이르자 '중국발' 금융위기를 우려하는 목소리도 나오고 있다. 중국정부도 성장의 부정적 증후군을 해소하기 위해 목표성장률을 낮추고 이에 부응하는 정책수단을 발 빠르게 추진하고 있다. 경제이론가들 사이에서 중국경제 과열논쟁이 본격적으로 재개되고 있는 것도 이러한 맥락에서이다. 중국적 성장방식이 당분간 유지될 것이라는 전망이 우세하지만, 그것은 말 그대로 희망적 관측(wishful thinking)에 그칠 공산이 크다.

중국의 개혁개방과 전지구적 자본주의의 확산에 따라 형성된 경제활동공간은 중국 내에서 민주화맹아론, 시민사회론, 권위주의 이행론 등에 이론적 토양을 제공하였다.[21] 반면 개혁개방이 성과를 내고는 있으나 현단계 중국 사회성격은 조작적 수준(operational level)에서만 변화했을 뿐, 근본적 수준에서는 변화한 게 없다며 전체주의모델의 유용성을 다시 제기하는 시각도 있다.[22] 심지어 적절한 정책적 수단을 통해 제도에 변화를 주면 문화대혁명과 같은 혼란 없이 사회주의로 복귀하거나 그것을 재발견할 수 있다는 주장도 여전히 남아 있다.[23] 중국사회의 존재방식을 둘러싼 이러한 논의구조는 21세기 중국사회주의 이데올로기에 대한 재평가라는 측면과 맞물리고 있다. 특히 공산당 16전대회(전국대표대회)와 11기 전인대(전국인민대표대회)를 통해 제4세대 당정지도부가 출범하면서 이런 논의는 가속화되고 있다. 즉 떵 이후 새로운 지도부들은 사회주의 정치경제학이 마지막까지 용인하지 않은 범주였던 시장과 주식, 사적 소유뿐 아니라 인권보장 요구 등을 과감하게 수용하고 이를 사회주의 이데올로기를 통해 뒷받침하면서 근본적인 사회주의 혁신을 추구하고 있다.

중국은 지금 국유기업의 민영화과정을 거쳐 국가자본주의에서 사적 자본주의로 나아가는 기로에 있다. 과거 중국이 국가자본주의적 특징을 보여주었다면 새로운 세기의 신지도부는 사적 자본주의의 특성을 더 많이 강조하면서 사실상(de facto)의 자본주의를 추구한다고 볼 수 있다. 중국사회의 딜레마는 전지구적 자본주의의 확산에 따라 자본축적에 더 유리한 형태의 시장중심 경제와 사회질서 구축을 위해 노력하고 있으나, 사회적 세력관계상 '사회주의적'이라고 간주했던 토대와 정치적 상부구조의 요소를 쉽게 버릴 수 없다는 데 있다. 그런 개혁사회주의의 발전과 그 성격변화를 통해 중국사회주의의 경향성을 읽을 수 있다.

2. 중국사회주의를 보는 이념의 잣대

1) 이데올로기의 역할

중국사회주의의 성격이 변한 것은 사실이지만 중국의 사회성격을 분석하는 데 있어 이데올로기의 역할은 매우 중요하다. 우선 중국은 개혁개방의 확대와 심화에도 사회주의라는 틀을 버리지 않고 있고, 당정의 공식적인 국가이념은 여전히 맑스-레닌주의와 마오사상에 정향되어 있다. 뿐만 아니라 사회주의 이데올로기는 중국지도부의 정책선택을 결정짓는 마지막 검증장치로 작동하고 있기 때문에 중국사회의 성격을 설명하는 데 여전히 유용한 틀의 하나이다.[24] 실제 정치과정에서도 정책을 정당화하고 행동을 통제하는 데 이데올로기를 폭넓게 활용하고 있다.[25] 이처럼 중국에서 사회주의 이데올로기는 중국공산당의 독점적 권력을 정당화하고 '사회주의 건설'의 역사적 사명을 합법화하는 데 기여해왔다.[26] 개혁개방 이후에도 이데올로기적 장치를 적절하게 조작함으로써 개혁개방의 속도를 조절하는 한편 경제개혁이 과도한 정치개혁으로 확산되어 체제의 위기로 전화되지 않도록 방어할 수 있었다. 나아가 중국은 '강국화의 꿈'을 가로막는 서구 자본주의의 충격 앞에서 여전히 수용과 배척이라는 이중적 자세를 취해왔는데 이때에도 사회주의는 서방의 자유주의 사조에 대한 대항이데올로기로 기능하였다.

다만 마오 쩌뚱은 먼저 이론적인 틀을 만들고 이 틀 속에서 현실을 해석하고 문제점을 파악하여 행동을 도출하였다면, 떵 샤오핑은 이론적 틀에 얽매이지 않으려는 실용주의적 태도를 가지고 있었다. 실질적인 정책에 이데올로기를 부여하는 이른바 '중국적 특색을 지닌 사회주의론'에서 '중국적'이라는 함의를 강조하는 이념의 도구화 현상이 두드러지게 나타난 것이다.[27] 또 정책수행에 장애가 되는 과거의 이념을 폐기하거나 다시 해석함으로써 정책의 유연성을 확보하고자 했다.[28] 이런 점에서 사회주의 이데올로기는 급격한 변화를 동반하는 개혁개방이라는 동학(動學)을 설명하는 이념적 역할의 한계를 드러냈고 이에 따라 '유토피아와 모더니티' 사이의 괴리가 발생하고 있다.[29]

그러나 사회주의 이데올로기 무용론(過時論)이나 이데올로기 종언론을 중국에 적용할 경우 지나친 일반화에 빠질 수 있다. 왜냐하면 당정은 사회주의 이데올로기의 약화가 중국약화론이나 분열론으로 발전할 가능성이 크다고 보고 이에 대비한 대내외전략을 수행해왔기 때문이다. 이데올로기의 속박에서 상당히 자유로워진 대중 역시 탈사회주의적 경향에도 불구하고 공산당에 의한 국가통합이나 중화주의에 대한 자의식이 강하며, 학계에서도 '모색' 이상의 뚜렷한 징후를 발견하기 어렵다. 요컨대 이런 요소들 때문에 중국이 사회주의로부터 이념적으로 전향할 것이라고 기대하기 어렵다. 이것은 이데올로기 분석이 향후 중국 정치사회 분석에서 결정적인 변수는 아니지만 다른 영역의 한계를 보완할 수 있는 중요한 변수의 하나로 기능할 수 있다는 것을 의미한다.

이러한 이데올로기의 역할을 염두에 두면서 이 책은 중국사회주의의 성격을 해명할 것이다. 첫째, 과도기논쟁이라는 본격적인 토론을 통해 개혁사회주의론이 이론적 승리를 거두고 개혁개방의 이데올로기가 정착되는 과정을 드러낸다. 둘째, 개혁사회주의가 고전적 사회주의의 어떤 측면을 어떻게 강조하는가를 구체적인 문헌분석을 통해 입증하고 그것이 중국사회주의의 탄력성과 유연성을 강화하는 데 어떻게 기여하고 있는가를 밝힌다. 셋째, '중국적 특색을 지닌 사회주의'의 원형이라고 할 수 있는 떵 샤오핑이론의 발전과정을 맹아기부터 추적해이후 남순강화(南巡講話, 떵 샤오핑이 대륙 남부의 경제특구 등지를 순시하며 개혁·개방을 강조한 연설)에 이르기까지 변화과정을 분석한다. 넷째, 현단계 중국사회주의 시기구분론의 핵심인 사회주의 초급단계론의 이론구조를 구축과정, 당내토론과정, 쟁점과 과제로 나누어 살피면서 기존연구의 과도한 일반화를 보완한다. 이 과정에서 3대 사회형태론, 4좌표 역사론, 동방사회론과 같은 중국의 새로운 역사이행경로의 이론구조를 밝히면서 중국사회주의의 독자화가 어느 수준까지 진행되었는가를 추적한다. 다섯째, 사실상 자본주의의 전면 도입을 의미하는 사회주의 시장경제론의 원형이 되었던 남순강화 전후의 이론계 동향과 이것이 정책화되는 과정을 설명하면서 중국 내부의 이념적 분기와 차이를 드러낸다. 여섯째, 남순강화 이후 1990년대 중국사회주의는 질적 전환에 접어들고 있고 사회주의 상부구조를 문제삼으면서 전개되는 탈사회주의적 특징을 드러내고 있다고 보고 이것이 지니는 정치적 의미와 향후 발전방향을 예측한다. 또 당정지도부가 체제의 정당성을 확보하고 공산당의 일당적 지배를 통해 체제안정성을 확보하려는 전략을 포기하지 않는 한, 사회주의 이데올로기는 늘 강조되고 모든 정책은 이데올로기적 측면에서 해석되고 정당화된다는 점, 정권의 변화가 내면적으로는 권력투쟁의 성격을 띠고 있으나, 표면적으로는 이데올로기를 둘러싼 노선갈등의 성격을 띠게 된다는 것도 해명하고자 한다.

한편 중국적 사회주의가 어떤 과정을 거쳐 어떤 방식으로 구축되는가 하는 이론의 정책화과정에 대한 함의도 제공할 것이다. 중국은 개혁개방정책을 추진하는 과정에서 개혁의 진행속도에 따라 맑스-레닌주의의 방법론과 사회주의 및 자본주의에 대한 재해석의 폭을 심화시켜왔으며, 이를 통해 기존체제에 부합하는 이념을 개발해왔다. 이러한 새로운 이데올로기를 창출하려는 노력은 당과 국가뿐 아니라, 국가연구기관이나 학계의 활발한 논의를 바탕으로 하고 지도부가 이러한 논의를 정책적으로 수렴하는 형태로 전개되었다. 그러나 당과 국가의 과도한 신중함과 수용폭의 한계 때문에 실질적으로 사회주의 담론은 학계가 주도하였다. 중국사회의 이론적 백화제방에도 불구하고 중국학계가 학술면에서 체제의 구속을 벗어나지 못하는 것이 사실이지만, 이러한 한계는 오히려 이론이 정책설정의 틀에서 많이 벗어나 있지 않다는 점에서 실제와의 공백을 메워줄 수 있다는 역설적인 의미도 지닌다. 따라서 지금은 다소 급진적으로 보이는 해석과 주장이 이후 대내외적인 환경변화에 따라 새롭게 추진될 정책의 이론적 근거로 수용될 가능성도 완전히 배제할 수는 없다. 이 점은 체제이데올로기를 분석하면 중국의 변화를 읽을 수 있고 중국정치변동의 징후를 알 수 있다는 것을 말해준다.

요컨대 이 책은 1970년대 후반 이후 중국의 개혁사회주의와 1980년대의 사회주의, 남순강화를 기점으로 한 1990년대의 사회주의, 그리고 제3의 혁명으로 일컫는 2000년대 사회주의의 가능성을 역사적으로 검토하고 거시적인 변화의 과정을 드러내고자 한다. 이를 통해 중국사회주의론을 구축하고 수용하는 과정에서 나타나는 지속과 단절의 측면을 분석할 것이다. 그리고 약화되는 경향을 보이는 중국사회주의의 '사회주의'를 대체하면서 형성되고 있는 민족주의 담론 등 전지구적 자본주의시대의 중국사회주의의 가능성을 함께 검토할 것이다. 그것은 중국적 자본주의일 수도 있고 중국사회주의의 또 다른 변형일 수도 있으며, 중국적 사회민주주의 모델이거나, 자본주의와 사회주의의 전통적 기획을 넘어선 또 다른 유형의 길일 수도 있다고 본다.[30]

중국사회주의를 연구하는 것은 '중국사회주의가 수준과 폭의 편차에도 불구하고 여전히 맑스-레닌주의와 마오사상에 정향되어 있다'는 것을 검증하기 위해서가 아니다.[31] 오히려 맑스학(Marxology)의 긍정과 맑스주의자학(Marxistology)에 대한 비판적 인식, 현대자본주의에 대한 현실적 수용, 사회주의의 자기모순에 대한 재평가 논의를 드러내고 그 이론이 정립되는 과정을 분석하면서 향후의 바탕이 될 배경을 분석하는 게 목적이다. 또 다른 목적은 중국사회주의의 자리에 들어선 민족주의 담론의 유용성과 한계, 자본주의적 근대와 사회주의 이데올로기의 불화와 융합, 지배블록 내의 이데올로기적 합의구조 등을 분석하는 데 몇가지 함의를 제공하는 것이다.

첫째, 중국연구에서 사회주의 연구의 필요성과 유효성에 대한 환기이다. 한국의 중국연구는 중국의 개방 이후 자료에 접근하기 쉬워지고 세련된 서구 방법론이 수용된데다 학문간 공동연구가 활발해지면서 많이 발전하였다. 특히 미시적이고 경험적인 연구의 중요성이 강조되면서 거대담론의 유효성을 회의하는 시각이 나타나고 있다. 그러나 경험적인 연구들은 장점과 의의를 갖고 있음에도 전체 중국사회의 변화를 신속하게 포착하는 데는 한계가 있다. 이것은 미시연구와 거시연구의 부조화 때문이며 일정부분 연구공백이 생기는 것은 이데올로기 분석이 취약하기 때문일 것이다. 실제로 '중국식 사회주의' 내지 '중국 특색을 지닌 이데올로기' '사회주의 초급단계론' 등을 정치적 수사로 간주하면서 정책의 이론구속성이 갖는 의미를 과소평가하는 경향이 있었다. 나아가 중국의 발전추세에 비추어 중국사회주의가 예정된 자본주의의 길로 진행할 것이라거나 중국이 자본주의적 개혁에도 불구하고 사회주의를 그대로 유지할 것이라는 과도한 일반화도 반성 없이 제기되고 있다. 하지만 중국 내 사회주의논쟁은 자본주의 도입을 '위장'하기 위한 것만은 아니며, 여전히 당·국가체제가 기능하고 있는 중국현실에서 현실적 힘을 가지고 있다. 이런 점에서 기존 중국연구영역의 공백을 다루거나 그동안 다루지 않았던 사례를 분석하는 것은 한국적 중국학 담론을 구축하는 데 보완적 역할을 할 수 있을 것이다.[32]

둘째, 기존의 연구성과를 검토하는 과정에서 일부 중국연구가 중국원전을 인용하고 해독하는 데 철저하지 못한데다 특히 1차자료의 판본 차이에서 나타나는 차이점을 확인하지 않음으로써 결과적으로 기본논지를 왜곡하는 경향이 있었다는 것을 염두에 두고 이러한 문제점을 최대한 극복하고자 했다. 중국연구에서는 구체적인 사실분석 없이 '중국적 분위기'라는 그늘에 가리어 연구자의 가치가 지나치게 실린 인상비평이나 과잉해석이 나타나는 경우가 종종 있다. 이 책에서는 연구자의 정치적 견해나 정치노선에 따라 중국사회현실을 재단하는, 이른바 '풍부한 현실을 통해 이론을 발견하는 것이 아니라, 반대로 (교조적) 이론을 통해 현실을 왜곡하고 재단하는 경향'도 멀리하였다.

셋째, 중국의 새로운 이데올로기 담론을 분석함으로써 동아시아 담론과 같은 거대서사의 유용성을 제시하면서 논쟁의 지평을 넓혀나갈 수 있을 것으로 보았다.[33] 중국이 사회주의의 공백을 민족주의로 메워나가고 일본에서 보수정치와 국가주의가 부활하는데다 한중간, 중일간, 한일간의 영토분쟁이 첨예해지는 싯점에서 동아시아 평화를 만들어가는 것은 매우 중요한 과제이다. 중국사회주의 담론을 어떤 준거의 틀에서 수용하고 비판해야 하는가는 그런 점에서 매우 중요하다.[34]

넷째, 중국사회주의 연구는 중국과 북한사회주의의 변화를 살펴보는 데에도 몇가지 함의를 제공할 수 있다. 중국과 북한은 전통적으로 '사회주의적 연대'를 과시해왔으나, 사회주의 '진영'의 해체에 따른 사회주의시장의 붕괴, 중국의 적극적인 자본주의 인식과 이에 따른 정책화, 특히 한중수교로 이어지는 일련의 상황변화는 북한의 정책선택과 변화를 강제하는 측면이 있다.[35] 그러나 북한은 권력구조와 지도부의 대내외적 정세인식, 주체사상으로 정향된 정치문화, 혁명전통의 차이, 체계능력(system capability)의 차이, 국제적 위상과 환경의 차이로 인해 중국적 모델을 기계적으로 차용하지 않고, '방충망'을 통한 외부사상의 유입 같은 제한적인 개혁개방을 추구하고 있다. 그 과정에서 중국과는 다른 매우 제한된 형태의 개혁을 통해 활로를 모색하고 있으며 중국과 북한이 이전의 전통적인 관계로 복원될 가능성은 오히려 축소되고 있다. 이런 점에서 향후 중국사회주의의 변화는 북한사회주의 성격변화에도 불가피하게 영향을 미칠 것이다. 북한이 중국모델을 수용하는 경우에도 여기에 걸맞은 북한형 사회주의론을 재검토할 필요가 있어 보인다.

2) 내재적 접근과 한계

중국사회주의를 연구하는 데 가장 손쉬우면서도 중요한 것은 문헌을 분석하는 방법이다. 이 방법은 중국사회구조의 동태적 측면을 분석하는 데는 한계가 있으나, 개혁기 사회주의 성격을 논의하는 데는 매우 유용하다. 특히 정책에 영향을 미치거나 학문적 완성도가 높은 문헌과 정책변화의 징후들을 포착할 수 있는 문헌을 선별함으로써 연구의 신뢰도를 높일 수 있다. 중국문헌은 중국어의 의미, 은유와 상징의 문제, 맑스-레닌주의 용어와의 관계를 고려해야 한다는 점에서 더욱더 중요하다.[36]

이러한 문헌분석은 결국 내부자적 시각을 요구하게 된다. 기존의 중국 이데올로기 연구나 중국사회주의 일반에 관한 연구는 주로 서구가 개발한 모델중심적 외재적 접근방식을 써왔다. 물론 접근방법이나 연구방법은 어떤 주제나 문제를 탐구할 때 이용하는 정향일 뿐, 자연과학에서와 같이 보편적으로 받아들여지는 패러다임이 있는 것은 아니다. 중국사회주의를 논의하는 데서, 내부의 이념적 맥락을 과소평가하거나 기존의 이론에 중국의 이념적 현상을 억지로 끼워넣어 중국사회주의의 맥락을 단순화하는 오류도 나타나고 있다. 이것은 당내 이데올로기 스펙트럼을 그리면서 보수 대 개혁세력 간의 파벌모델 또는 단순한 노선갈등을 통해 접근하려는 시도로 나타나기도 했다.[37]

이후 기존이론을 수정한 논의도 서구적 정의관에 기초한 가치를 과도하게 부과하거나 전제해, 중국사회주의를 분석하는 데 장애가 있었다.[38] 즉 이데올로기적 체제우월론에 기초해 중국을 연구할 경우 분석은 정교할지언정 중국사회 내부에서 작동하고 있는 중국식 사회주의론, 사회문화구조, 정치 메커니즘을 객관적으로 설명하는 데는 한계가 있다.[39] 서구의 정치체제 분석을 위해 개발된 개념과 접근법을 사회주의체제에 적용하는 것이 부적절하다는 마이어(A. Meyer)의 방법론적 예외주의(methodological exceptionalism)[40]나 이론적 고립주의(theoretical isolation) 등은 기존의 서구모델 중심의 연구에 한계가 있음을 보여준다. 존슨(C. Johnson)이 초기 중국연구의 현황을 서술하면서 문제삼았던 '개념의 저개발'(conceptual underdevelopment)[41]도 이러한 맥락에서 이해할 수 있다.[42]

따라서 사회주의사회가 자본주의와는 다른 이념과 정책의 바탕 위에 서 있다는 것을 인정하고 사회주의가 이룩한 성과를 자신이 이미 설정한 이념에 비추어 검토·비판해볼 필요가 있다. 이러한 내재적 접근은 기존의 이분법적인 전체주의적 접근태도나 기능론적인 산업사회론적 접근방법과는 달리 사회주의 스스로가 설정한 이념에 근거하여 사회주의 현실을 평가하고 비교하는 데 중점을 둔다. 내재적 접근의 장점은 사회주의를 극단적으로 추상화하여 마치 단 하나의 모델만 있다고 보는 태도나, 이와는 반대로 각 사회주의국가의 특수성만 강조하고 사회주의사회가 지니고 있는 이념과 정책의 공통성을 부정하는 이른바 신역사주의적 약점을 극복하여 사회주의 국가들 사이에 존재하는 일반성과 특수성 양면을 종합적으로 분석할 수 있다는 점이다. 예컨대 개혁기 중국사회주의의 이론적 위기와 대응을 평가하려면 중국사회주의의 구축과정과 이론적 대응과정을 중국적 논리에 따라 수집하고 정리할 필요가 있다는 것이다.

그러나 내재적 접근은 연구자가 이념적으로 경사되어 있을 경우 가치개입의 폭을 확장하여 연구의 객관성을 해칠 수 있는 점, 최근 사회과학의 경험연구와는 달리 비교의 관점을 거부하고 지나친 이론의 상대화를 강조하는 점, 중국모델[43]을 통해 법칙성을 찾아내어 다른 사회주의를 분석하는 데 유용한 틀을 제공하는 것이 아니라, 중국사회주의에서 어떠한 이론적 변화가 일어나는가를 서술하는 데 그친다는 점에서 한계를 드러낸다. 따라서 내재적 연구를 효율적으로 진행하려면 풍부한 사실의 집적 위에 이루어지는 경험연구의 방법론을 보완하고 사회주의국가간 비교연구를 통해 분석수준을 한층 정교하게 할 필요가 있다.

제2장 '중국적'인
것의 의미

제2장 '중국적'인 것의 의미

1. 중화주의의 뿌리

중국사회주의에는 중국 전통문화가 깊게 배어 있다. 개혁개방 이후 사회주의에 대한 실사구시적 접근에는 물론이고 마오 쩌뚱의 사회주의에도 중국 고대전통이 남아 있다.[1] 최근 중국이 경제성장에 힘입어 국력이 커지자, '자신을 드러내지 않고 감춰왔던(韜光養晦)' 일련의 정책을 수정하고 적극적인 역할을 모색해가며 중화의 꿈을 강조하기 시작한 것도 이러한 맥락에서이다.

중국사회주의가 이질적인 요소를 중국화하는 문화적 기반은 다양한 층위에서 설명할 수 있다. 중화중심주의와 중국적 전통이라는 정치문화, 맑스주의를 중국화해 중국혁명을 승리로 이끈 경험, 사회주의 건설 이후 중소분쟁과 문화대혁명 등을 거치면서 중국은 특유의 사회주의관을 형성하고 변용시켜왔다. 특히 개혁개방 이후 마오노선이 폐기되고 생산력을 통해 사회주의 강국화를 추구하는 실용주의노선이 등장하면서 사회주의에서 '중국적' 요소 내지 중국적 전통의 함의는 더욱 강조되어왔다.[2] 중국사회주의에 남아 있는 중국 전래의 요소는 사상적 전통과 타문화에 대한 융화력 그리고 중화사상 또는 화이사상(華夷思想)과 관련이 있다.

첫째, 중국의 전통적인 국가지배체제는 군주가 민중의 정치적·도덕적·인격적 주체성을 전면적으로 장악한 체제였다. 이러한 체제에 대한 '반(反)권력사상'은 노장사상으로 나타났고 이것은 '권력의 사상'인 유교와 함께 중국정신사에 커다란 영향을 끼쳤다. 그러나 노장사상은 직접 권력에 대항하는 대신, '권력사회는 계급사회'라는 것을 제시하는 것을 넘어선 '더 진정한' 인간적 삶을 탐구하는 데 주력했다. 노장사상이 인간적 이미지를 가질 수 있었던 것은 그것이 자연과 인간이 대립하지 않는 씨족공동체에 뿌리를 두었기 때문이다.[3] 노장사상의 이러한 측면은 중국인의 세계관에 암암리에 작용하여 사회주의에 극단적 비판이나 반격을 가하지 않은 원인(遠因)이 되었다. 또 고대 중국의 민간사회는 씨족제로 유지되었고 자신의 족신(族神)을 지니고 생활하는 경향이 있었다. 이러한 도교적 일상 속에서 공동생활을 추구하는 원리가 생겨났다. 통속도교는 때로 이러한 공동성의 이상을 크게 확대해, 권력의 논리에 맞서는 혁명사상으로 변모하기도 했다. 그러나 통속도교는 본디 불로장수를 꿈꾸며 복록(福祿)을 누리고자 하는 기복적 신앙에 기초하였고 이것은 중국인 특유의 세속적 이익과 유용성 추구로 이어진다.[4]

둘째, 중국사회주의에 나타난 또하나의 전통적인 흐름은 중국 이외의 것을 중국화하는 특징이다. 중국역사는 유교·불교·도교 등 종교사상을 중국문화 속에 용해하면서 발전해왔다. 기독교와 유태교는 중국에 전파된 뒤 기구한 운명에 빠지거나(命途多舛) 소리없이 사라졌으며(無疾而終), 불교는 육조(六朝) 이후의 선종(禪宗)과 결합하여 중국의 주류 고급문화였던 유가문화에 편입된 채 심학본체론(心學本體論)의 공통성(겸용의 동일성)이 존재하였고, 다른 한편 유가의 가족중심문화가 가진 인정(人情)의 한계를 불교 출가문화의 멸정(滅情)으로 보완하여 새로운 중국문화를 구성했다. 이러한 중국문화의 흡수력은 사회주의 유입과정에서도 그대로 나타났다. 사회주의는 비록 외래의 것이나, 중국의 전통사상인 대동(大同)사상 속에서 그 이념의 단초를 찾고자 하였다. 즉 사회주의의 핵심을 공유제, 노동에 따른 분배, 인문주의의 심화라고 한다면 대동과 사회주의에는 공통적인 요소가 있다는 것이다. 대동시기 또는 태평시기[5]의 특징은 생산수단의 공유, 공평한 사회적 분배, 노동일의 단축, 계급적대의식의 감소, 개인의 자유왕국의 확대를 통한 인간소외의 극복에 있었다.[6] 다시 말해 중국이 사회주의를 수용할 수 있었던 것은 이러한 문화적 용해력 때문이었고, 수용방식에서도 전통적 요소에서 사회주의적 요소를 적극 찾아내면서 문화적 정체성을 유지하려고 했다. 따라서 중국에서의 맑스주의는 이념적 유연성을 지닐 수 있었다. 이와 같이 중국문화는 혈연적 유대를 기초로 한 고금(古今)동일체, 역사적 복합체, 순환적 균형발전이라는 특징을 지니고 있다. 서방문화가 단선적인 릴레이(接力)모델이라면 중국문화는 순환을 특징으로 하는 피드백(反饋)모델이라고 할 수 있다.[7]

셋째, 중화사상의 영향이다. 한족이 황하유역에서 농경생활을 시작했을 때, 동아시아는 북방은 적인(狄人), 동방은 이인(夷人), 서방은 융인(戎人), 남방은 만인(蠻人)을 중심으로 안정된 질서를 구축하고 있었다.[8] 한족은 이들과 접촉하면서 우수한 농경문화를 발전시켜왔으며, 기원전 11세기경 서주시기에는 문화적 우월성을 가지고 스스로를 '화(華)' 또는 '하(夏)'라고 칭하면서 자신의 영토를 중화 또는 중국이라 불렀다. '중(中)'은 지리적·문화적 중심이라는 것을 뜻했고, '화(華)'는 주나라 왕실과 중원지역의 수준 높은 문화를 지닌 제후국을 의미하였다. 이를 통해 한족 사이에는 화이만융(華夷蠻戎)이라는 이민족을 낮추어 보는 관념이 형성되었다.[9] '세계의 한가운데 있는 꽃'이라는 의미로 기원전부터 사용되어온 중화의 관념은 시간이 갈수록 중국중심 또는 중국적 우월감 등을 포함한 자기중심적이고 폐쇄적인 의미를 지니게 되었다.[10] 이러한 사상의 뿌리는 스스로가 가장 선진적인 민족이라는 배태적 자부심에서 연유하였다. 타자의 자주성을 자신의 자주성과 나란한 것으로 인정하지 않고 자기의 정치체제와 문화의 가치를 다른 것보다 높이 여기는 우월성 때문에 자기 민족을 민족국가(nation-state)의 개념으로 이해하지 않고 천하세계라는 하나의 질서 속에서 이해하게 되었다.[11] 따라서 한족은 세계를 '하늘과 사해 안의 모든 것'[12]으로 이해한 채, 이러한 강렬한 역사의식을 가지고 정치적 통일이라는 이상을 추구해왔다. 당시 중국인들은 서구문화를 의식하지 못하고 중국을 사해의 야만인들에 둘러싸인 독특한 문화의 땅이라고 생각해 '중원국' 또는 '중화제국'이라고 불렀다.[13]

이러한 중화사상이 하나의 신념체계로 자리잡게 된 계기는 7세기 초 당의 중국 재통일이었다.[14] 당 이후는 분열보다는 통일의 역사가 더욱 길었고 중국인들의 의식 속에도 통일제국이 정상적이고 올바르다는 관념이 자리잡게 되었다. 이러한 대통일(大一統) 개념이 천하를 평정하는(平天下) 현실의 개념으로 정착하는 과정은 분열된 국가들을 정치단위로 인정하지 않고 문화적 공동체로 보면서 다른 지역과 민족을 야만시하는 중국 전례의 우월의식이 부활하고 정착하는 과정과 맥을 같이했다.[15]

이러한 중화의 자민족중심주의를 되돌아보게 된 계기는 아편전쟁으로 대표되는 서양의 중국침략과 그 결과로 맞은 '강요된 근대'였다. 중국은 19세기 중엽 아편전쟁·태평천국운동·의화단운동 등 외부압력과 내부갈등을 겪으며 국가의 권위가 현저하게 떨어져, 더이상 사해를 복속시키고 문명을 베풀던 우월민족으로서의 긍지와 이에 상응하는 힘을 지닐 수 없게 되었다. 따라서 18세기 후반 이후에는 중화의식을 유지하고 발전시키기보다는 문화적 선민의식을 누렸던 고대의 중화사상으로 복귀하기 위해 더 힘을 쏟았다. 당시 중국인들은 서구인들이 우수한 과학기술을 가지고 있는 것은 인정하기 시작했으나, 그것을 곧 서구인의 인종적 우월성이나 문명의 우월성을 입증하는 증거라고 생각하지는 않았다.[16] 이같은 혼돈 속에서 서양문명이 칼을 앞세워 계속 들어오자 중국사상계에는 변화된 질서를 수용하는 한편, 중화의 자존을 지키려는 절충적인 형태가 나타났다. 이것이 바로 '중학을 근본으로 하고 서학을 응용하는(中學爲體 西學爲用)' 중체서용론이다. '중체'는 중국적인 것을 고집했던 정신세계의 일단을 보여준다.[17] 외래사물이 들어오면, 중국은 기본적으로 중국문화의 '체'의 요소로 보완하거나 이를 변형해 중국화시켜 결국 초안정체계에 편입하였다.[18] 이런 점에서 "중국의 근대는 유럽을 초월한 것도 유럽에 뒤떨어진 것도 아니다. 다만 처음부터 역사적으로 독자적인 길을 걸어왔을 뿐이며 지금도 그러하다"[19]고 볼 수 있다. 이후 중화사상은 사회주의 혁명과정에서 민족주의로 윤색되어 중국의 독자성을 구성하는 하나의 계기로 작용하였다. 신해혁명(辛亥革命)을 주도했던 쑨 원(孫文)의 민족주의에도 이러한 요소가 상당부분 남아 있었다.

　〔중화민족은〕 (…) 수많은 자연의 영향을 받으면서 오늘까지 존속해왔다. 하늘은 우리를 소멸시키지 않고 번성케 해 4억의 인구를 생장시켰다. (…) 세계의 다른 민족과 비교해보면 우리들은 인구가 가장 많고 큰 민족

인데 이는 우리 민족이 다른 민족에 비해 하늘의 혜택을 유독 두텁게 입었다는 것을 의미한다. 따라서 우리는 사람과 하늘에 의한 여러가지 변화를 겪으면서 4천년 역사 이래 오직 문명의 진보를 보았을 뿐, 민족의 쇠퇴를 보지 않았다. 대대로 이어져 오늘에 이르러 오히려 세계에서 가장 우수한 민족이 되었다.[20]

마오 쩌뚱의 혁명관에도 중화사상에 뿌리를 둔 민족주의적 요소가 강하게 반영되어 있다.[21] 첫째, 그는 고대 중화사상으로의 복귀를 열망하고 있었다. 마오 쩌뚱사상은 한족의 역사적 경험에 의해 이론의 토대가 마련되었다. 아울러 과거 그들의 선조가 누렸던 문화적 선민으로서의 긍지를 되찾고자 하는 당시 중국인들의 욕구도 전통적 요소인 중화사상에 바탕을 두고 있었다. 둘째, 아편전쟁 이후 중국민족은 서구열강의 침략행위를 최대의 당면 모순으로 파악하고 이것을 중국혁명의 최우선과제로 인식했다. 셋째, 마오사상은 근대 이후 세력권을 크게 상실한 국난에 처하여, 중국적 통합을 달성하기 위한 전략적 요소를 포함하고 있었다.[22] "만리장성 안쪽에서 우리의 주권을 지키는 것뿐 아니라, 우리의 모든 실지(失地)를 되찾는 것이 오늘 중국의 가장 절박한 문제"[23]라는 마오 쩌뚱의 주장에는 이러한 인식이 짙게 깔려 있다. 중화사상과 민족주의로 윤색된 중국사회주의는 사회주의 건설기와 중소분쟁기 그리고 개혁기 사회주의에 중국이 맑스주의를 이해하는 과정에서도 대체로 관철되었다. 즉 중국은 중국말고도 압도적인 힘을 가진 세력이 있다는 것을 인정하면서도, 여전히 서양에 대해 체질적으로 반발하고 있었다. 중국은 자신이 세계사의 일부라는 생각에 완전하게 동의하지는 않은 것이다. 예로부터 중국은 세계사는 '다른 사람의 역사'라며 그 속에 자국을 포함시키지 않았다. 아편전쟁 이후의 세계질서를 '다른 사람'이 만든 것으로 인식한 것도 비슷한 맥락이다. 외부세계에 대한 이러한 인식은 오랜 중화의식의 산물이다.[24] 이것은 전반서화론(全盤西化論)을 비판하고 중국의 옛 중화적 전통을 복원하고자 했던 1980년대 계몽주의나, 부국강병론으로 전환한 제3~4세대 권력지도부에서도 내재적으로 관철되고 있다.[25]

2. 마오 쩌뚱의 유산

1) '중국적' 혁명

중국에서 맑스주의는 대체로 1917년 러시아혁명 전후, 1919년 5·4 운동이라는 계기를 거쳐 1921년 중국공산당 창당으로 발전하면서 단기간 내에 시민권을 획득하였다.[26] 그러나 초기 혁명과정에 나타난 리리싼(李立三), 취 츄빠이(瞿秋白) 등의 좌편향과 코민테른의 중국혁명에 대한 국공합작 전술의 실패로 소련형 혁명이론의 적실성에 대한 회의가 일어났고 중국현실과 맑스주의의 변증법적 재구성이 모색되었다. 그것은 농민혁명을 지도할 필요성이 커지면서 더욱 강화·발전되었다. 이에 따라 주로 중국적 전통이 녹아든 '농민화'와 새로운 형태의 '유교화'라는 두 요소가 맑스주의와 결합하였다. 중국공산당은 농민혁명의 정당성을 주장하기 위해 빈농을 프롤레타리아계급(반半프롤레타리아계급)으로 보고 농민에 의한 당건설이 가능하다는 것을 이론적으로 증명하면서 소련과 코민테른의 이론과는 다른 새로운 혁명노선을 채용하였다. 농민혁명의 과제를 수행하기 위해서는 기존의 맑스–레닌주의를 적절하게 분식하고 수정하지 않을 수 없었다.[27] 이를 위해서 주지주의(主知主義)를 버리고 전통적인 이데올로기와 유사한 윤리중심주의로 회귀하면서 기존의 전면적인 반(反)전통주의 경향을 수정하였다.

주지주의와 전면적인 반전통주의를 극복하기 시작한 것은 대략 1930년 말 무렵이었다. 10여년 동안이나 계속된 혁명과 대장정의 과정에서 5·4운동 시기의 반전통주의적 지식인이 상당부분 도태되었고, 인간의 신념과 도덕윤리를 중심으로 하는 주의주의(主意主義, voluntarism) 이데올로기가 강조되었다.[28] 실천적인 측면에서도 대장정을 겪으면서 농촌을 혁명근거지로 삼는 의식과, 제한된 자원을 가지고서도 일제와 맞서 싸울 수 있다는 자신감을 얻었다. 이러한 경험을 바탕으로 10월혁명에 의해 예고되었지만 스딸린적 퇴화과정에서 정지된 역사의 '비약'에 대한 전망이 되살아났다. 특히 코민테른이 중국혁명의 목표를 소련의 일국사회주의의 이해에 종속시키자, 중국공산당은 자기의 경험을 절대지침으로 삼아 자력갱생과 자력항전에 호소하게 되었다. 이러한 국내외 정세는 1935년 장정과정 중에 개최된 쭌이(遵義)회의에서 마오 쩌뚱노선이 승리하는 주·객관적 요인으로 작용했다.[29] 이 회의를 계기로 마오 쩌뚱은 맑스주의의 이론적·철학적 문제에 대해 독창적인 해석과 견해를 제시하기 시작했다. 마오 쩌뚱은 1930년대에 이미 홍군 내의 교조주의를 극복하기 위해 교과서에 매달려 문제를 해결하려는 경직된 사상을 배격하였다.[30] 현실을 고려하지 않고 러시아의 경험을 기계적으로 도입하는 것을 배척했던 마오의 사상과 이론은 신념지향적 정치주의와 감각적인 경험주의를 최대한 적절한 지점에서 결합하여 중국혁명을 확고한 승리로 이끌어가는 이론적 무기가 되었다. 마오의 독창성은 유격전을 중심으로 하는 군사사상과 전략 및 전술 속에서 찾을 수 있다. 마오는 근거지 의식과 토지혁명의 전망을 가지고 프롤레타리아와 농민을 중국혁명의 주력군으로 설

정했다. 이러한 그의 생각은 「모순론」과 「실천론」 등에서 단초를 발견할 수 있다.[31]

「실천론」에서는 진리는 실천을 통해 검증된다는 기초 위에서 '실천-인식-실천'이라는 변증법적 반복을 통해 경험주의의 오류와 이론주의적 경향을 비판하고 '중국적' 혁명의 가능성을 철학적으로 설명했다.[32] "주관과 객관, 이론과 실천, 지(知)와 행(行)의 구체적인 역사적 통일과 역사적인 좌와 우의 사상착오를 반대한다"[33]는 것이었다. 「모순론」에서는 중국혁명의 모순을 내인과 외인으로 구분하고, 사물 발전의 근본 원인은 사물의 내부모순, 즉 계급모순에서 찾아야 한다고 주장하였다. 그러나 변화의 조건으로 작용하는 외부모순의 중요성을 간과해서는 안된다고 강조하면서, 일본의 제국주의적 침략으로 중국사회에 내재해 있는 계급모순의 성격이 변했으니 이에 따라 혁명전략도 바꿔야 한다는 논리를 폈다.[34] 즉 「모순론」은 객관적 모순, 복잡한 모순, 구체적 모순을 중심개념으로 논리체계를 구축했으며, 모순의 보편성과 모순의 특수성의 관계를 구분하고 하나의 새로운 모순에 관한 학설의 논리체계를 구축하여 맑스주의를 중국화하는 데 크게 기여했다.[35]

이처럼 맑스-레닌주의의 중국화, 주지주의에서 유교의 도덕적 이상주의로의 회귀[36]와 더불어 마오 개인의 전통문화에 대한 인식도 변하기 시작했다. 마오 쩌둥은 1937년 중반 이전까지는 중국 전통문화에 대해 대체로 부정적인 입장을 취했다. 왜냐하면 마오 쩌둥의 사상형성에 가장 큰 영향을 끼친 1917년의 신문화운동과 5·4운동은 모두 반유교주의와 전통문화를 전면적으로 파괴하자는 입장이었고 마오 자신도 이러한 논리를 수용해왔기 때문이다. 사실 1932년 중화쏘비에뜨 정부가 근거지를 구축했을 때 마오 쩌둥은 「혁명과 전쟁」이라는 팸플릿에서 『손자병법』을 프롤레타리아 계급투쟁의 지도에 운용할 수 있다고 여기는 견해를 비판했으며,[37] 당지도부도 맑스-레닌주의를 중국적 전통과 결합할 수 없다고 밝혔다. 마오 쩌뚱을 포함한 지도부는 "시대에 뒤떨어진 『손자병법』『증호좌치병격언(曾胡左治兵格言)』은 우리의 적인 장 제스(蔣介石)가 독차지하는 것이 좋다"[38]고 말하기도 했다. 그러나 마오 쩌뚱은 자신의 정치비서였으며 사상형성에 큰 역할을 한 천 뽀따(陳伯達)의 영향을 받아 전통문화에 대한 전면적 거부를 수정하기 시작했으며, 공산당 내에서도 이러한 변화가 반영되었다. 천 뽀따는 맑스-레닌주의가 중국의 구체적인 현실과 결합하면 더욱 독특하고 풍부한 중국문화형태로 나타날 것이라며, 중국 전통문화 속에 독자적으로 존재해온 변증법적 유물론 같은 진보적 요소를 발전시켜야 한다고 주장하였다. 다시 말해 그는 맑스주의의 내용과 전통문화형식이 융합되는 과정, 맑스주의와 전통문화형식이 상호작용하여 전통적인 중국형식을 근대적인 형식으로 전환하는 과정, 근대적인 맑스주의의 과학적 내용과 근대적인 중국의 민족적 내용이 주체적으로 통합되어 과학적이고 민주적인 새로운 문화가 형성되는 대립통일의 단계를 제시하였다.[39] 이어 그는 중국의 전통철학을 체계적으로 비판하지 못한 것과, 맑스주의와 중국의 정치현실을 만족스럽게 통합하지 못한 데 대하여 자기비판을 해야 한다고 주장하기도 했다.[40] 뿐만 아니라 1938년에는 중국의 민족적 전통에 대한 태도를 재평가할 것을 요구하면서,[41] 당내에서 맑스주의와 중국역사에 관한 주제를 중심으로 광범한 이데올로기논쟁을 전개하였다.

맑스-레닌주의의 중국화의 내용을 둘러싼 쟁점은 두 가지였다. 하나는 자본주의가 미성숙하고 노동자계급이 약한 반면에 농민의 역할이 압도적인 중국과 같은 후진국의 조건에 맑스-레닌주의가 적용될 수 있는가의 문제였다. 다른 하나는 문화이론의 영역에서 외래적인 맑스-레닌주의와 특수한 중국문화의 성격이 조화될 수 있는가의 문제였다. 이 문제에 대해 마오 쩌뚱은 1938년 10월 14일 옌안(延安)에서 개최된 당 6기 6중전회에서 다음과 같은 중요한 연설을 했다.

> 오늘의 중국은 역사적인 중국에서 발전해왔다. 우리는 맑스주의 역사주의자이기 때문에 역사를 단절해서는 안된다. 우리는 공자부터 쑨 원까지를 종합하여 진귀한 유산들을 계승해야 한다. (…) 공산당원은 국제주의적 맑스주의자이다. 그러나 맑스주의는 우리나라의 구체적인 실정과 결합하고 일정한 민족적인 형식을 통해야만 실현될 수 있다. 맑스-레닌주의의 위대한 힘은 그 나라의 구체적인 혁명적 실천과 연결되어 있다는 것이다. (…) 중국공산당은 맑스-레닌주의를 구체적인 중국환경에 결합하는 것을 배워야 한다. (…) 중국의 특성을 떠나 맑스주의를 운운한다면 그것은 추상적이고 텅 빈 맑스주의에 불과할 것이다. (…) 양팔고(洋八股)를 폐지해야 하고 공허하고 추상적인 소리를 하지 않아야 하며 교조주의를 버려야 한다. 신선하고 활기있고 중국의 인민들이 좋아하고 즐기는 중국의 작풍과 기풍으로 이를 대신해야 한다.[42]

이것은 소련과 코민테른의 경험과 이론을 러시아혁명과 세계사회주의 혁명에 관련된 개념으로 인식한다는 것을 반영한 것이다. 마오는 중국의 경우 전인구의 90% 이상이 농민이고 군벌과 제국주의 및 국내 봉건세력이라는 삼중의 압박을 받고 있는 만큼, 맑스-레닌주의의 합리적 핵심을 중국실정에 맞게 새로 재구성해 응용해야 한다고 주장했다. 또 자신이 중국공산주의 운동의 주도권을 장악한 이후인 옌안시기에는 유물변증법 연구에 특히 관심을 기울이면서 맑스주의의 중국화를 지속적으로 강조했다.

맑스·엥겔스·레닌·스딸린의 이론은 보편타당성을 가지는 혁명이론이다. 그러나 우리는 그들의 이론을 교조가 아니라, 행동의 지침으로 간주해야 한다. 우리는 맑스주의의 용어를 배우는 것으로 만족해서는 안되며 맑스주의를 혁명의 과학으로 간주해야 한다. (…) 맑스-레닌주의의 입장·관점·방법에 의거하여 중국의 현실조건과 중국역사 그리고 중국혁명 과정에서 발생하는 문제에 대한 구체적인 분석과 해결을 모색해야 한다.[43]

지금까지도 많은 사람들은 맑스-레닌주의의 서적에 있는 몇몇 문구를 만병통치약으로 간주하면서 마치 그것을 얻기만 하면 힘들이지 않고도 만병을 고칠 수 있을 것처럼 생각한다. 이것은 유치한 사람들의 몽매함이므로 우리는 이러한 사람들에 대해 계몽운동을 벌여야 한다. 맑스-레닌주의를 종교적 교조로 간주하는 사람들이 바로 이러한 무지몽매한 사람들이다. 이러한 사람들에 대해서는 그들의 교조가 무용하다는 것을 솔직하게 말해주어야 한다. 맑스·엥겔스·레닌·스딸린은 자신들의 학설이 교조가 아니라 행동의 지침이라고 거듭 말했다.[44]

마오 쩌뚱의 맑스주의와 러시아혁명에 대한 이해는 처음부터 행동의 지침으로 간주되었다.[45] 1941년 4월 이후 중국공산당은 맑스주의의 중국화가 단순히 중국혁명에 국한된 것이 아니라, 다른 지역에도 적용할 수 있는 이른바 아시아형 혁명이론이라고 주장하며 중국모델의 일반화를 시도했다. 이처럼 맑스주의의 중국화는 '마오 쩌뚱의 사상(毛澤東的思想)'으로 통칭되면서 '중국혁명이라는 목표를 달성하기 위한 수단이자 도구'[46]가 되었다.

중국공산당은 또한 옌안정풍운동을 통해 소련에서 귀국한 소련파를 정치적으로 도태시키는 한편 거당적으로 맑스–레닌주의로의 태도변경을 한층 강화하였으며, 마오 쩌둥에 대한 숭배도 드러내기 시작하였다. 이처럼 변형된 유교윤리, 농민문화, 그리고 농민혁명과 기층정권 건설 시에 얻은 경험을 맑스–레닌주의와 결합한 마오 쩌둥은 그 집대성자로서 중국공산당의 이데올로기적 권위가 되었다. 중국화된 맑스주의를 최초로 '마오 쩌둥사상'이라고 명명한 것은 1943년 7월 8일 왕 쟈샹(王稼祥)의 「중국공산당과 중국민족 해방의 길」이라는 문건에서였다.[47] 이를 통해 중국에서 최초로 당의 활동을 통합하는 인격적 사상이 창출되었다. 1945년 4월에 열린 제7차 전대회에서 류 샤오치(劉少奇)는 건당원칙을 언급하며 "마오 쩌둥사상을 학습하고 마오 쩌둥사상을 선전하며, 마오 쩌둥사상을 준수하는 것이 모든 당원의 임무"[48]라고 밝혔으며 중국공산당 강령에도 이를 채택하였다.[49] 이것은 단일사상의 체제 (a one-idea system)가 단일인물의 체제(a one-man system)로 이행하는 공식적인 전환점이었다.[50]

　　옌안시기 중국적 맑스주의는 대체로 혁명이라는 우선과제를 수행하기 위한 것이었다. 이에 따라 독자적인 중국철학과 인민의 군대에 의한 자력갱생의 방법으로 민족해방을 달성하고, 쏘비에뜨 내의 빈농헤게모니를 주장하는 등 농민을 강조해, 농촌이 도시를 포위하는 전략을 수립하고 매판적인 관료자본가를 통일전선에서 제외하는 전략·전술이 만들어졌다. 현실의 필요와 중국적 전통에 따라 새로운 이데올로기가 창출되면서 중국사회에 일원화의 역사가 시작되었다. 진 꾸안타오(金觀濤)는 이러한 중국의 정치문화와 이후에 새롭게 나타난 사조를 다음과 같이 정리하였다.[51]

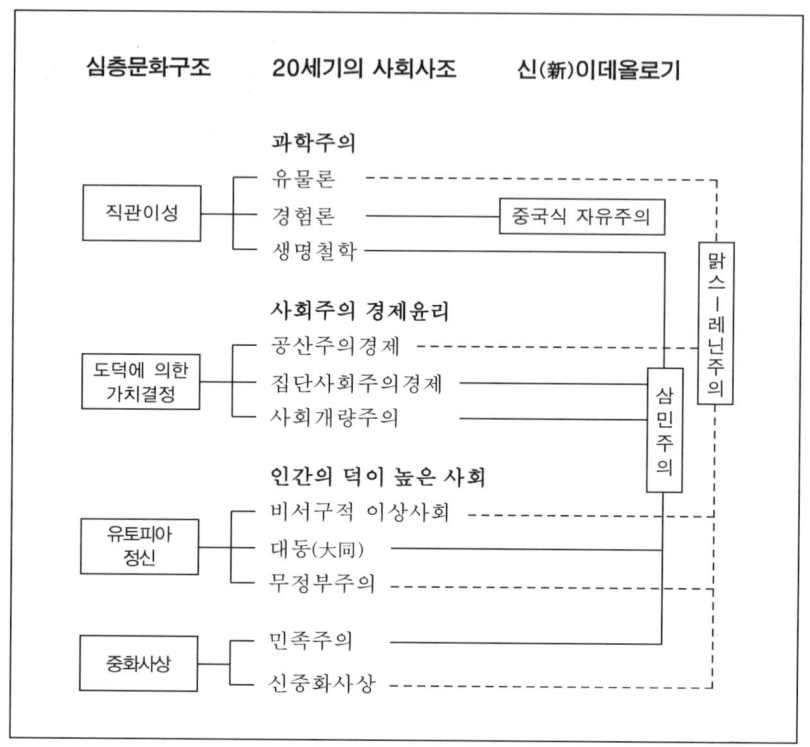

2) 중소분쟁과 '중국화'

중국은 혁명과정에서 맑스-레닌주의의 중국화를 강조하여 독자적 사회주의를 수립했으나, 사회주의 건설과정에서는 소련과 갈등하면서 중국적 요소를 자의적으로 강조해 변형된 맑스주의를 형성하였다.

사회주의국가를 수립한 이후 새로운 발전모델을 모색하고 있던 중국은 일단 스딸린모델을 택하였다. 그 이유는 중국이 자본주의 성숙단계를 거치지 않은 채 사회주의로 전환한 탓에 생산력 수준이 낮았고,

효율적인 엘리뜨 충원에 실패하여 국가건설에 대한 장기 전망을 갖지 못했기 때문이었다. 따라서 당시로서는 사회주의라는 이념을 공유해 온 소련모델에 따라 사회주의를 건설하는 것을 최선의 대안으로 생각했다. 이러한 배경에는 소련이 사회주의제도를 통해 경제성장을 성공적으로 달성했다[52]는 현실인식이 크게 작용했으며, 서구 부르주아국가에 비해 상대적으로 체제위협의 우려가 없는 소련의 전례를 좇는 것이 중국의 근대화와 경제건설에 더 유리할 것이라는 판단도 깔려 있었다.[53] 다시 말해 사회주의 건설초기에는 중국혁명의 독자성과는 달리 소련모델을 답습해가는 후발자의 성격을 보여주었다. 실제로 1949년 「인민민주독재론」에서도 소련일변도(向蘇一邊倒)의 정책은 정확하게 관철되었다.

레닌과 스딸린의 영도 아래 그들은 혁명뿐 아니라, 건설도 할 수 있게 되었다. 그들은 이미 찬란하고 위대한 사회주의국가를 건설했다. 소련공산당은 우리의 가장 훌륭한 선생이므로 우리는 그들을 따라 배워야 한다.[54]

그러나 1953년 스딸린이 사망하면서 중국은 소련모델의 수용을 비판적으로 검토하기 시작했다. 당시 소련에서는 자본주의 경제이론인 바르가(E. Barga)이론이 복권되고, 말렌꼬프가 시작한 신경제정책은 자본주의적 요소를 꽤 많이 가미하였다. 즉 "중공업 투자를 동결하고 다시는 증가시키지 않는다. 경공업을 발전시켜 국민의 생활수준을 높인다. 농업과 공업세를 감면하고 농민의 사유권을 늘려 자신이 생산한 농산물을 시장가격에 따라 팔도록 한다. 국가에 부속된 집단농장의 발전을 중지시킨다. 황금을 수출하여 공산국가 이외의 국가에서 생활필

수품을 구입한다"[55]는 것이었다. 이러한 소련의 정책변화에 따라 중국은 기존의 스딸린모델을 전면 재검토하는 한편, 소련경제의 수정주의적 경향을 비판하기 시작하였다. 특히 1956년 2월 소련공산당 제20차 전당대회에서 흐루시초프가 스딸린을 비판한 것을 계기로 중소갈등은 이론과 실천 영역 모두에서 심화되었다. 소련은 당시 세계정세를 핵시대로 규정하고 두 체제간의 평화공존을 주장했으며 선진국의 사회민주당을 주요 공격대상으로 삼는 방향을 수정하고 '평화적 이행론'을 내세웠다. 후진국에서도 민족 부르주아에 대한 공격론을 폐기하고 민족민주혁명을 새로운 대안으로 제시하였다.

흐루시초프의 새로운 이론은 스딸린주의에 대한 비판에 촛점을 맞추고 있었으나, 국제적으로는 스딸린주의와 보조를 맞추어온 마오노선에 대한 비판의 의미를 함께 담고 있었다. 왜냐하면 그동안 마오 쩌뚱의 정치노선은 후기스딸린주의라는 커다란 범주에 속해 있으면서 그것을 대체로 지지해왔기 때문이다. 이에 따라 중국공산당은 새로운 노선을 표방한 소련공산당에 대하여 기존의 동맹적 시각을 유지할 수 없었고 반소련적 태도를 강화할 수밖에 없었다. 중국의 반소련정책은 먼저 경제관계에서 중국의 독자성을 강조하면서 출발하였다. 그 내용은 소련의 평화적 이행론에 대한 반론의 성격을 띠는 것이었다.

중국공산당과 마오 쩌뚱의 지도하에 있던 노동자계급은 국가권력을 탈취한 후 곧바로 자본주의경제의 주요한 독점부분, 즉 중국의 관료자본을 몰수했고 그밖의 중소자본, 즉 중국의 민족자본에 대해서는 사회주의적인 평화적 개조라는 방법을 취하여 국가자본주의라는 과도적인 형태를 거쳐 점차 그것들을 전인민적 소유로 변화시켰다. 중국사회주의 혁명의 발전은 자본주의적 생산수단 소유제를 폐지하고 부르주아계급을 소멸시킨다는

50

점에서 국제공산주의 운동에 새로운 역사적 경험을 가져다주었다.[56]

　이러한 논리가 소련의 수정주의적 경향을 극복하기 위한 것이었다면, 1956년 마오 쩌뚱의 「10대 관계론」은 '중국적' 특수성을 강조하기 위한 것으로 볼 수 있다. 즉 중공업과 농업의 비율을 재조정하고, 내륙지역의 공업발전에 역량을 집중할 것과 이를 뒷받침하는 연해지역의 발전을 도모하며, 경제관리체제를 개혁하고 자본주의국가의 과학기술과 기업관리 방법을 흡수할 것을 주장하였다.[57] 중국은 공산당 8전대회를 계기로 소련모델을 대체할 독자적인 마오 쩌뚱모델을 세우게 되었다.

　당시 3년 동안이나 지속된 중소간 공개적인 이데올로기 논전은 세계적인 관심을 끌었다.[58] 그 논쟁은 크게 세 가지 문제를 두고 벌어졌다. 첫째는 사회주의를 어떻게, 그리고 얼마나 빠르게 실현하는가를 둘러싼 이른바 이데올로기 대립문제였다. 둘째는 핵시대의 평화와 전쟁을 보는 시각의 문제였다. 즉 현대세계의 주요모순, 구체적으로 미제국주의를 인식하는 방법, 국제정세와 세계의 변혁을 둘러싼 문제였다. 셋째는 사회주의 국가간 관계의 문제였다. 즉 국제주의인가 사회주의 공동체인가, 중국도 평화공존의 원칙을 택할 것인가 등 사회주의 국제관계를 둘러싼 문제였다.[59] 그러나 중소 이념분쟁에서 누가 정통이고 이단인가, 누가 옳고 그른가, 누가 선이고 악인가 하는 것은 양국의 현실적인 기준에 따라 다른 결론을 내렸다.[60]

　이러한 갈등의 와중에서 흐루시초프는 중국에 대한 비판서한을 각국 공산당대표에게 전달하면서 중국을 사회주의권에서 고립시키기 시작하였다. 1963년 떵 샤오핑과 수슬로프 간 회담이 결렬되었고, 『쁘라브다』(pravda)와 『인민일보』 간에 국제적 이념논쟁이 공개적으로 진행되었다. 1963년 9월 6일부터 1964년 7월 1일까지 중국공산당은 아홉 차례에 걸쳐 소련의 수정주의를 비판하였다. 이 당시 중소간 이데올로기논쟁의 구체적인 쟁점은 사회주의사회에 계급투쟁이 존재하는 가였다. 소련공산당이 1961년 10월 제22차 전당대회에서 전인민국가론과 '전인민당' 이론을 제기하고 향후 20년 안에 공산주의를 실현한다는 강령을 채택하자 중국은 이를 수정주의라며 강력히 반발하였다. 전인민국가론에 반대해 마오 쩌뚱은 사회주의 단계에서의 계속혁명론을 주장하고 문화대혁명을 발동하였다. 이것은 중소논쟁이 이념의 영역에서 정치운동으로 확산되었다는 것을 보여주었다.

마오 쩌뚱은 문화대혁명을 통해 인간의 의지와 사회주의하의 계급투쟁을 강조하는 노선을 사회주의 건설과정에도 도입하면서 소련과는 다른 사회주의를 모색하였다.[61]

나는 맑스주의에도 발생·발전·소멸의 과정이 있다고 본다. 이 말이 이상하게 들릴지 모른다. 그러나 맑스주의 이론이 모든 사물에 대해 그것이 언젠가는 소멸할 것이라고 주장하는 것이라면, 이 이론이 맑스주의 자체에는 적용되지 않는다고 말할 수 있는가? 맑스주의가 소멸하지 않는다고 주장한다면 그것은 이미 형이상학이다. 물론 맑스주의의 소멸은 이보다 더 나은 것으로 대치된다는 것을 의미한다.[62]

이와 같이 중국의 문화대혁명 시기 맑스주의 인식은 혁명의 순결성과 주관능동성을 과도하게 강조했으며, '중국적 특징'을 주관적으로 해석하여 사회주의 건설기의 과제와 혁명적 열정을 뒤섞어 좌편향의 오류를 낳았다. 중국의 구체적 현실을 떠난 맑스주의의 중국화는 필연적으로 실패할 수밖에 없었고, 1978년 11기 3중전회를 계기로 중국사회주의는 더욱 '중국적' 특색과 중국현실을 강조하는 방향으로 전개되었다. 기존의 맑스주의가 중국혁명의 연장선상에서 생산관계의 변혁을 강조한 것이라면, 떵 샤오핑의 노선은 유연한 사회주의의 틀 내에서 생산력을 강조하는 실용주의적 방식으로 전개될 수밖에 없었다.

요컨대 맑스주의의 중국화는 그것이 맑스주의의 합리적인 핵심에 얼마나 근접했는가 하는 점을 떠나 중국적 독자성을 강조한 흐름이 관철되었다. 그러나 이러한 독자성은 중국혁명기의 '맑스주의 중국화'와 달리 중국적 성격에 대한 자의적인 해석이 강했다. 즉 건국 직후에는 연합독재의 개념을 통해 맑스주의의 프롤레타리아독재와 프롤레타리아의 계급헤게모니를 유연하게 이해하였으나, 1953년 제1차 5개년계획 이후부터는 소련의 스딸린모델을 대체로 답습했다. 그러나 중소분쟁으로 소련기술자가 철수해가는 상황에서 자력갱생에 기초한 삼면홍기(三面紅旗, 대약진·인민공사·총노선)정책을 추구했으나 실패하고, 이후 조정기를 거치면서 다시 생산력 중심의 경제발전노선을 채택했다. 이 시기 '중국화'의 특징은 소련과의 국제적인 투쟁을 통한 이념의 중국화가 아니라, 중국 내부의 노선투쟁의 성격을 띠고 있었다. 그리고 1966년부터 시작된 문화대혁명은 신계급의 출현을 방지하고 '대민주'를 실현할 수 있는 이론의 실천을 주도하였다. 그러나 문화대혁명을 주도했던 정치이론은 상황의 논리는 이해할 수 있으나, 중국사회주의의 경험과 맑스-레닌주의 이론에 비추어볼 때, 매우 예외적이었고 맑스주의를 현실에 끼워맞춘 것(削足適履)으로 볼 수 있다.

제3장 맑스주의와
실사구시

제3장 맑스주의와 실사구시

　건국 이후 중국의 정치노선은 보수와 개혁, 급진과 온건노선 사이를 주기적으로 반복하는 진자(振子)운동의 양상을 보였다.[1] 신민주주의론에 기초한 건국을 좌우의 균형으로 본다면 인민공사, 총노선, 대약진운동을 추진하던 시기는 급진적 경향을 보였고, 류 샤오치와 떵 샤오핑이 주도한 1960년대 조정기의 경제정책은 한층 개혁적이면서 온건한 성향을 띠었다. 이후 문화대혁명으로 다시 좌편향이 우세해졌으나 이것은 평화적 혁명[2]이라 부르는 개혁개방노선을 통해 수정되었다. 개혁개방 이후에는 적어도 정치지도부에서는 개혁개방을 역류시키려는 흐름이 눈에 띄게 약해졌다. 주로 문제된 것은 개혁개방의 속도와 폭을 둘러싼 차이였다.[3]

　1978년 11기 3중전회를 계기로 '실천이 진리를 검증하는 유일한 기준'이라는 생산력주의(唯生産力)노선이 대두하면서 기존의 마오 쩌뚱 사회주의론이 수정되었다. 이를 개혁사회주의의 출발로 볼 수 있다. 기폭제가 된 것은 개혁초기인 1979~80년의 이른바 '미발달 사회주의' 또는 '과도기논쟁'이었다. 이 무렵부터 중국은 짧은 과도기를 거친 후 이미 사회주의로 진입했다는 이른바 '소과도론'에 기초한 사회주의론이 이론적 주류를 형성하였다. 이것은 사회주의사회는 여전히 과도기이며 그 기간에 계급투쟁이 계속되어야 한다는 마오사상을 수정하는 것이었다.

이러한 논의에 기반하여 중국은 기존의 고전적 사회주의를 더욱 중국화하기 시작했다. 1987년 공산당 13전대회에서는 사회주의 초급단계론을 공식화하면서 중국적 사회주의의 틀을 완성하였다. 이것은 중국이 반봉건·반식민지 상태에서 먼저 정치권력을 장악했으나, 향후 낙후된 생산력을 높이는 데 주력하면서 사회주의의 과제를 풀어가야 한다는 것이었다. 이 과정에서 기존의 원시공동체에서 공산주의에 이르는 5단계 역사발전론(이하 5단계론)을 스딸린적 편향으로 규정하여 비판하였고, 만년 맑스의 논리 속에서 '중국적' 특수성을 발견하여 동방사회론을 제기하는 등 중국적 사회주의론의 이론적 근거를 지속적으로 발견하고자 했다. 이것은 중국공산당이 맑스주의자학(Marxistlogy)을 비판하고 맑스를 중시하는 맑스학(Marxology)으로 기울어졌다는 의미이기도 하다.

1. 비판의 대상: 마오 쩌뚱노선

마오 쩌뚱의 사회주의론은 반식민지·반봉건적 성격을 지닌 특수한 역사적 경험에 기초하여 형성되었다. 중국은 모든 계급을 포괄한 통일전선에 기초하여 중국혁명을 수행하고 인민민주독재 국가를 수립했기 때문에, 혁명 직후 중국사회의 성격을 곧바로 사회주의로 규정하지 않고 상대적으로 자립적이고 상당히 오랫동안 존속하는 신민주주의사회

(경제적으로는 사회주의경제인 국영경제 이외에 자본주의경제, 국가자본주의경제 등이 포괄된 다多우클라드경제)4)로 규정했다. 그러나 1953년 「과도기의 총노선」을 제기하면서 중국혁명의 성격을 단순한 신민주주의혁명의 완결이 아니라, 사회주의를 향한 과도적 단계라는 데 무게중심을 두고 이해하기 시작했다.5) 이것은 신민주주의혁명을 통해 사회주의국가를 수립하게 된다는 논리적 모순을 극복하기 위한 것으로 당시 정치적·경제적 조건을 주관적으로 평가한 좌편향의 출발이었다.6)

중국이 창건된 때부터 사회주의적 개조가 기본적으로 완수될 때까지가 하나의 과도기이다. 이 과도기에 당의 총노선과 임무는 상당히 오랜 기간에 걸쳐 국가의 공업화와 농업·수공업·자본주의적 상공업에 대한 사회주의적 개조를 기본적으로 실현하는 것이다.7)

이 시기까지만 해도 마오 쩌뚱의 사회주의론은 신경제정책(NEP) 시기에 스딸린의 지도 아래 작성되고 실시된 과도기 소련의 기본방침을 대부분 수용하였다.8) 즉 1956년을 기점으로 생산수단 소유제에 대한 법적 사회화가 기본적으로 완성되었다고 이해하고, 제1차 5개년계획의 일정한 성과를 바탕으로 1957년 10월 중국공산당 8기 3중전회에서 중국사회의 주요모순을 프롤레타리아계급과 부르주아계급 간의 모순, 사회주의 길과 자본주의 길의 모순으로 규정한 것이다. 이러한 마오 쩌뚱의 사회주의론은 결국 대중동원을 발판삼아 공산주의로 직접 이행하려 한 대약진운동으로 나타났다. 그러나 대약진운동은 중소분쟁의 와중에서 소련기술자가 철수하고 자연재해로 막대한 작물피해가 나면서 결과적으로 실패했다. 1958년 8기 6중전회에서는 대약진운동의 오류를 수정하였고, 1960년 7월 뻬이따이허(北戴河)회의에서 류 샤오치의 조정노선을 채택하면서 마오 쩌뚱의 사회주의는 일단 후퇴하였다.

그러나 흐루시초프의 스딸린 비판으로 본격화된 중소분쟁[9]은 스딸린의 사회주의 건설방식을 따랐던 중국의 정책방향에 많은 영향을 끼쳤다. '소련에서 배우자'는 그동안의 태도를 근본적으로 비판하게 만든 것이다. 일단 중국은 흐루시초프노선을 수정주의적 경향으로 간주하였고, 중소간 국제공산주의운동의 기본노선을 둘러싼 논쟁은 격화했다. 이러한 배경 속에서 마오 쩌뚱은 1959년 말에서 1960년 초 소련의 『정치경제학 교과서』의 사회주의 부분을 학습하면서[10] '사회주의 건설의 날이 바로 공산주의 도래의 싯점(社會主義建設之日，就是共産主義到來之時)'이라는 인식에 기초하여 맑스의 「고타강령비판」의 '자본주의에서 공산주의 사이에는 하나의 혁명적 변혁의 시기'가 있다는 명제를 새롭게 이해하기 시작하였다.[11] 이러한 과정을 거쳐 마오 쩌뚱의 사회주의론은 1962년 9월 8기 10중전회부터 하나의 정리된 형태로 정리되기 시작했다.

사회주의사회(이 전체시기가 과도기인―인용자)는 상당히 장기간에 걸친 역사적 단계이다. 사회주의라는 이 역사적 단계에는 여전히 계급투쟁이 존재하고 사회주의와 자본주의라는 두 가지 길이 존재하며, 자본주의가 부활할 위험성도 존재한다.[12]

이러한 정식화는 선진 자본주의와 낙후된 인민수요 간의 생산력 모순을 사회주의사회의 기본모순으로 이해한 류 샤오치의 노선을 부정하고 계급투쟁을 주요모순으로 인식하는 생산관계 모순론을 구축하기 위한 것이었다. 마오 쩌뚱의 사회주의관을 도식화하면 다음과 같다.

마오 쩌뚱의 사회주의관

공산주의(광의)				
과도기(사회주의사회)				공산주의 사회 (협의)
프롤레타리아혁명	제1과도기	제2과도기	제3과도기	
반식민·반봉건사회	3종 경제요소	2종 경제요소	단일 전민소유	
◄──── 1949~1956 ────►◄──── 1957년 이후 ────►				
◄──────── 프롤레타리아독재 = (계속혁명) ────────►				

즉 자본주의에서 공산주의로의 과도기 전체를 사회주의로 규정하고 이를 다시 세개의 과도단계로 구분하였다. 제1과도기는 사회주의경제·소상품경제·자본주의경제가 병존하는 경제이고, 제2과도기는 전민소유제와 집체소유제가 중심이 되는 경제형태이며, 제3과도기는 공산주의로 이행하는 단일한 전민소유제를 갖는 경제형태이다.[13] 특히 사회주의론의 쟁점이 되었던 제1과도기(1949~56)를 사회주의 시기로 편입하여 '과도기 속의 소과도기'로 이해하였다.[14]

이렇게 마오 쩌뚱이 주장한 대과도론은 생산력과 생산관계의 모순, 토대와 상부구조의 모순을 계급투쟁으로 규정하는 것을 골자로 한다. 그러나 자본주의사회에서는 격렬한 '적대와 충돌'에 따라 자본주의제도가 스스로 조절할 수 없는 계급투쟁이 일어나지만, 프롤레타리아혁명을 완수한 중국사회주의의 모순은 적대성을 내재하지 않는 모순이며, 사회주의 그 자체를 일관하여 끊임없이 해결해가는 모순으로 본다[15]는 점에 차이가 있다. 그러나 생산력과 생산관계의 모순을 잘못 이해해 대응할 경우 자본주의로 복귀할 수도 있다고 주장하여 당시 중국사회에 필요한 것은 계급투쟁이라는 점을 분명하게 밝혔다. 이와 같은 사회주의하에서 새로운 형태의 계급투쟁은 레닌의 프롤레타리아독재 시기의 계급투쟁론과 상당부분 일치한다.

> 계급투쟁에 대한 인식을 프롤레타리아독재에 대한 인식으로 확장하는 사람만을 맑스주의자라고 할 수 있다. (…) 기회주의는 계급투쟁에 대한 인식을 (…) 자본주의에서 공산주의로의 이행기까지 확장하지 않는다. 실제로 이 시기는 불가피하게, 전례 없이 치열한 계급투쟁의 시기이다.[16]

이 말은 자본주의에서 공산주의로 이행하는 장기간의 과도기를 모든 계급의 소멸을 지향하는 투쟁의 기간으로 보고 있다는 의미이다. 당시 마오 쩌뚱은 이 개념을 원용해 자신의 대과도론의 개념을 한층 정교하게 확립하였다. 이것은 1963년 6월 「국제공산주의운동 총노선에 관한 건의」에서 "프롤레타리아의 계급독재, 즉 프롤레타리아국가는 그 과도기 기간 가운데 수립되고 강화되며, 이 기간 속에서 점차 사멸에 이르는 변증법적 과정을 밟는다"[17]고 더욱 명확히 정리되었다.

이어 1964년 소련공산당 중앙위원회의 공개서한에 대한 공식적인 반론문건인 「흐루시초프의 사이비 공산주의와 세계역사에서의 교훈」에서는 "과도기에는 사상·정치·경제 등의 방면에서 장기간에 걸쳐 철저한 사회주의혁명이 필요하다"[18]고 밝혔다. 이와 같은 사회주의론에 근거한 프롤레타리아 문화대혁명은 '과도기 = 계속혁명기 = 사회주의 = 프롤레타리아독재'라는 마오 쩌뚱의 사회주의관을 극명하게 보여주는 것이다. 문화대혁명의 무정형적 운동양상이 부분적으로 정리된 1969년 공산당 9전대회에서도 사회주의 전(全)기간에 계급투쟁이 존재한다는 대과도론적 관점에 따라 정책방향을 더욱 분명하게 조정하였다. 이 논의는 1969년 중국공산당 8차 12중전회의 「중국공산당장정 (초안)에 관한 결정」의 제1장 총칙에 정확하게 나타난다.

사회주의사회는 상당히 긴 역사단계이다. 이 역사단계에서는 지속적으로 계급, 계급모순과 계급투쟁, 자본주의와 사회주의노선 간의 투쟁, 자본주의로 복귀할 위험성, 제국주의와 현대수정주의(소련을 지칭—인용자)의 전복과 침략의 위험이 존재한다. 이러한 모순은 맑스의 계속혁명이론과 실천으로 해결해야 한다. 우리나라 프롤레타리아 문화대혁명은 사회주의 조건하에서 프롤레타리아계급이 부르주아계급과 모든 착취계급에 반대하는 정치대혁명이다.[19]

이러한 논의는 1973년 개정된 중국공산당규약, 1975년 1월 제4기 전인대 10차대회에서 통과된 신헌법, 1977년 8월 11전대회에 제출된 당규약 개정안 등에서도 정확하게 관철되었다. 다시 말해 마오 쩌뚱은 맑스-레닌주의의 과도론을 대과도론으로 정리하고 자신이 이를 계승했다고 자평했다. 그러나 마오 쩌뚱의 대과도론에 근거한 사회주의는 이론적으로나 정책수행과정에서 상당한 한계를 가지고 있었다.

이 이론은 사회주의 제1과도기에서 소유제의 법적인 개조가 완성되는 싯점을 제2과도기인 사회주의의 새로운 단계로 진입하는 근거로 삼고 있다. 이것은 '실질적인 사회화'와 '법적인 사회화'를 동일시한 한계라고 볼 수 있으며 단순한 이론적 편향일 뿐 아니라, 대약진운동과 문화대혁명 등 구체적인 정치운동으로 전개되어 중국사회에 파괴적인 영향을 끼치는 이론적 기반이 되었다. 그뿐 아니라 전체 사회주의 시기의 주요모순을 계급투쟁으로 인식함으로써 사회주의사회의 계급모순을 자의적으로 확대하고 절대화해 중국사회주의의 '사회주의' 성격을 왜곡하였다. 또 과도기 총노선 시기의 과도론과 1960년대 정식화된 대과도론은 하나의 수미일관한 논리적 구조를 갖지도 않았다. 국내외 상황변화에 따라 맑스-레닌주의 전거를 이용하면서도 합리적 핵심보다는 자구(字句)만을 편의적으로 해석하는 한계도 있었다. 예컨대 마오 쩌뚱은 '부르주아 권리의 제한'이라는 개념의 근거가 맑스의 「고타 강령비판」(1875)이나 레닌의 『국가와 혁명』(1918)에 있다고 하나, 맑스와 레닌은 부르주아 권리를 '자본주의의 모반에서 출발한 사회주의'라는 관점에서 유연하게 인식한 측면이 강했다. 마오 쩌뚱은 사회주의를 자본주의 외부의 독립된 생산양식과 체제로 본 스딸린의 영향을 받아, 부르주아의 모든 권리를 박탈하는 이른바 '제한(限制)'이라는 의미만 엄격하게 수용하였다.[20]

이러한 마오 쩌뚱의 사회주의론은 기존의 사회주의하의 계급모순 중시론을 비판하고 낙후된 생산력과 인민의 수요 간의 모순이라는 생산력 주요모순론을 도입한 개혁사회주의 노선이 등장하면서 비판적으로 극복되었다.

2. 미성숙한 사회주의의 쟁점

중국식 사회주의론과 사회주의 초급단계론은 1978년 11기 3중전회에서 이론화의 계기를 맞았지만, 1979~80년에 사회주의 성격논의를 거치면서 좀더 확실하게 정립되었다. 1979년 10월 30일에서 11월 6일까지 쟝쑤성 우시(無錫)에서 약 150여명의 이론활동가가 참가하여 '사회주의사회의 발전법칙 문제에 관한 토론회'를 열었다. 이곳에서 집중 논의한 것은 자본주의와 공산주의 사이의 과도기 문제, 계급과 계급투쟁의 문제, 사회주의사회의 기본모순과 주요모순의 문제 등이었다.[21] 이 토론회에서 마오시기의 '과도기 = 사회주의 전체시기 = 프롤레타리아독재하의 계속혁명'이라는 사회주의의 역사적 지위와 계속혁명론이 집중적으로 비판되었다. 비록 사회주의 및 현대자본주의의 재인식 같은 본격적인 토론으로 확산되지는 않았지만, 중국사회의 낙후성을 실사구시적으로 인식하고 이에 부합하는 발전이론과 근대화론을 도출했다는 점에서 이 토론회는 사회주의 연구사에서 매우 중요한 의미를 지니고 있다. 이 토론은 국무원 산하의 연구기관인 중국사회과학원 경제연구소 기관지 『경제연구』와 상하이 사회과학원 기관지 『(상하이)사회과학』을 중심으로 활발하게 전개되었다. 논쟁의 축은 쑤 샤오즈(蘇紹智) 등의 중과도론에 대해 쥬 슈셴(朱述先), 마 지화(馬積華), 류 젠싱(劉建興) 등의 소과도론자들이 비판하는 형식으로 전개되었다. 논쟁의 중심축은 아니었으나 린 위화(林雨華) 등은 새로운 대과도론을 제시하기도 하였다.

토론 끝에 중국사회에는 '발전하지 않은 사회주의'가 존재한다는 사실이 인정됐으며, 무엇보다 소과도론이 이론적 주도권을 장악하면서 이후 중국식 사회주의론과 사회주의 초급단계론을 형성하는 데 중요한 이론적 교두보를 마련하였다. 소과도론이 논쟁의 주도권을 잡으면서 '미발달 사회주의론'을 정식화한 것은 본래의 과도기 또는 맑스주의적 과도기(자본주의에서 공산주의 고급단계로의 과도기)와 특수한 과도기 또는 레닌적 과도기(자본주의에서 사회주의로의 과도기) 가운데 특수한 과도기의 입장[22]에서 중국사회주의를 파악하게 됐다는 것을 의미한다.

개혁 초기 과도론의 쟁점

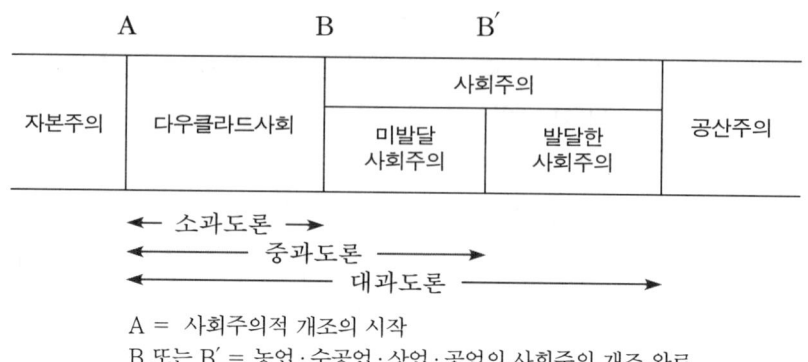

A = 사회주의적 개조의 시작
B 또는 B′ = 농업·수공업·상업·공업의 사회주의 개조 완료

1) 중과도론

이 논의는 당시 대표적인 맑스주의 이론가의 한사람이었고 이후 중
국사회과학원 맑스-레닌주의 마오사상 연구소 소장이 된 쑤 샤오즈와
펑 란루이(馮蘭瑞),[23] 쉬에 한웨이(薛漢偉) 등이 주도했다. 이들은 맑스
와 레닌의 사회주의론을 중국에 적용하는 것은 부적합하다고 지적하
는 한편, 마오노선의 근거가 되었던 중국의 대과도론을 비판하였다.
중과도론자들은 맑스의 「경제학-철학수고」(1844), 「고타강령비판」
(1875), 엥겔스의 「공산주의원리」(1847) 등을 근거로 이미 '자본주의
사회와 사회주의사회 사이에 과도기가 있다'는 이론을 전제하면서 마
오 쩌뚱의 대과도론을 비판하였다. 다만 이러한 과도기를 어떻게 이해
하고 어떻게 단계를 구분할 것인가를 고민하였다.[24]

중과도론자들은 맑스와 엥겔스가 1850년 3월 「중앙위원회가 공산
주의자 동맹에 보내는 글」에서, 또 레닌이 「맑스주의 국가론」에서 자
본주의에서 공산주의 고급단계에 이르기 이전까지를 몇개의 작은 단

계로 구분한 것에 주목하였다.[25] 맑스-엥겔스는 제1단계인 민주주의 공화국(민주파가 통치권을 확보하였으나 불가피하게 약간의 사회주의적 조치를 허용하는 시기), 제2단계인 사회공화국(사회주의적 경향을 띤 공화국, 즉 사회주의를 향한 과도기), 제3단계인 사회공산주의공화국(공산주의적 경향을 띤 공화국, 즉 사회주의에 해당하는 완전한 공산주의를 실현하기 위한 과도기), 제4단계인 순수한 공산주의공화국으로 구분하였다. 이들은 또 레닌이 「맑스주의 국가론」에서 프롤레타리아독재정권이 수립된 이후 시기를 장구한 진통단계, 공산주의사회 1단계, 공산주의 고급단계로 구분한 것에 주목했다. 특히 중과도론자들은 레닌의 '발달한 사회주의 개념'[26]과 마오 쩌뚱 사회주의론의 차별성을 지적하였다. 즉 자본주의에서 공산주의로 이행하는 기간에, 자본주의에서 사회주의(미발달 사회주의)로 옮겨가는 시기와 사회주의에서 공산주의(미발달 사회주의에서 비교적 발달한 사회주의)로 나아가는 단계를 설정하여 마오 쩌뚱의 '사회주의=과도기' 논리를 전면 부정했다.

이러한 미발달 사회주의 시기는 공유제의 두 가지 형식이 존재하고, 상품생산과 상품교환이 있으며, 부르주아계급은 소멸했으나 자본주의의 잔재와 부르주아세력, 심지어 봉건주의적 잔재도 남아 있는 시기로 파악했다. 또 "소생산자가 꽤 존재하고 있으며, 노동자와 농민 사이에도 생산수단의 소유관계가 다르고 생산력의 발전수준이 다르다. 소생산자의 습성을 간직한 세력의 심리상태는 여전하며 생산력 또한 큰 발전이 없고 상품도 풍부하지 않다. 따라서 대규모 계급투쟁은 이미 끝났으나, 계급투쟁과 프롤레타리아독재는 여전히 존재하기 때문에 사회주의를 향한 과도기는 끝난 것이 아니다"[27]라고 보았다.

발달한 사회주의의 특징은 맑스가 「고타강령비판」에서, 레닌이 『국가와 혁명』에서 언급한 바와 같이 생산력의 발전, 기계화, 자동화의 과정이 크게 제고되고 물질적 생산도 매우 풍부한 단계이다. 사상적으로는 공산주의 의식이 매우 높아지고 소생산자세력과 이들의 심리상태가 사라지며, 정신적인 생산활동도 다양해진다. 따라서 중국이나 러시아같이 소부르주아계급이 우세한 국가에서는 비록 생산수단 소유제의 사회주의적 개조가 완성되었다고 하더라도 오랫동안 미발달 사회주의를 거쳐야만 사회주의로 진입할 수 있다고 주장했다.[28]

나아가 중과도론자들은 중국이 '사회주의 사회에 속한다'는 것을 근본적으로 의심하였다. 그러면서 레닌이 "쏘비에뜨 사회주의공화국이라는 명칭을 사용한 것은 쏘비에뜨정권이 사회주의를 향한 과도기를 실현할 결심이 있다는 의미일 뿐, 새로운 경제제도가 사회주의라는 것을 표명한 것은 아니다"[29]라는 주장을 근거로 삼았다. 이들은 레닌이 사회주의 용법을 1918년 당시 러시아 상황, 예컨대 생산수단의 사회화가 실현되지 않았고 다섯개의 경제요소가 병존하는 상황에서 제한적인 의미로 사용했다고 인식하고 중국이 사회주의사회에 속한다는 견해를 비판하였다. 중국은 프롤레타리아계급이 정권을 장악하고 생산수단 사유제의 사회주의적 개조가 이루어졌을 뿐 아니라, 공산당의 지도하에 수많은 인민대중이 사회주의를 향한 과도기를 실현할 결심을 하고 있다는 점에서는 사회주의국가라고 말할 수 있다. 그러나 그것이 맑스-레닌이 언급한 공산주의 1단계(사회주의 단계)를 수립한 것과 같은 의미는 아니라고 보았다. 중국에는 여전히 자본주의뿐 아니라 심지어 봉건주의의 잔재가 남아 있고 소생산자세력이 상당한 지위를 차지하고 있으며 소생산자의 습성과 심리상태가 유포되고 있다[30]는 것을 근거로 중국이 미발달 사회주의 내지 사회주의를 향한 과도기 상태에 있다고 주장했다.[31]

중과도론자들의 사회주의 논의는 프롤레타리아혁명에서 승리한 후

생산수단 소유제의 사회주의적 개조가 기본적으로 완료되는 시기를 1 단계로 설정하고 미발달 사회주의를 과도기 2단계로 구분하는 것이 핵심이다. 즉 맑스가 말한 과도기는 사회주의제도의 확립(소과도)이나 공산주의 고급단계(대과도)를 목표로 하는 것이 아니라, 프롤레타리아 계급의 사회주의 건설, 즉 생산수단을 사회적으로 점유하는 경제제도의 건설을 목표로 한다고 보았다. 중과도론자들은 스딸린의 맑스주의 해석과정에서도 이런 중과도론의 의미가 소과도론으로 왜곡됐다고 비판했다.[32]

2) 소과도론

소과도론은 이 시기의 주류노선이었으며 이후 사회주의 초급단계론의 이론적 근거가 되었다. 당시 이 논의를 주도했던 사람은 쥬 슈셴[33] · 류 젠싱 · 정 카이(鄭開)[34] 등이었다.

이들은 쑤 샤오즈 등이 「고타강령비판」을 근거로 설명한 '과도기→공산주의 1단계(사회주의)→공산주의 높은 단계'로의 이행을 기본적으로 인정하였으나, 중국은 당시 자본주의에서 사회주의로 넘어가는 과도기(미발달 사회주의)에 처해 있기 때문에 중국사회를 사회주의에 편입할 수 없다는 견해를 비판하였다.[35] 쥬 슈셴 등은 현대 중국사회의 특징을 다음과 같이 규정했다. 첫째, 생산수단 소유제의 경우 공유제의 두 가지 형태인 국가소유와 집체소유가 병존한다. 둘째, 자본주의적 생산관계 및 봉건적 생산관계가 소멸하고 소사유제경제가 개조되고 있다. 셋째, 새로운 착취(독직 · 절도 · 투기 등)세력, 개조되지 않은 착취계급세력, 반혁명분자, 범죄자가 병존하고 있다. 넷째, 사적 소비재의 '노동에 따른 분배'를 충분히 실현할 수 있다. 다섯째, 국민경제

전체의 계획과 관리, 기업의 경영과 관리가 불완전하다. 여섯째, 자본주의와 봉건주의적 사상의 영향, 소생산자의 습성이 존재한다.

이들은 이러한 현대중국의 사회주의적 생산관계 및 상부구조 전반에 걸친 불완전한 상황은 생산력의 발전수준이 낮고 충분한 물질적·기술적 기초가 건설되지 않았기 때문에 생겨난 것이라고 주장했다. 그리고 이러한 문제는 생산력이 발전하는 과정에서 차차 해결될 수 있으며, 실질적으로 중국은 더이상 과도기가 아니라 사회주의로 진입했다고 평가하였다. 이들은 소과도기의 기본적 특징은 일종의 혼합경제 (mixed economy)인 다우클라드경제에서 비롯하는 것이라고 이해하였다. 그리고 다우클라드를 해소하는 요건으로 생산수단 소유제의 사회주의적 개조를 중시하였다. 따라서 이들은 다우클라드의 과도기와 두개의 공유제를 지닌 '미발달 사회주의'는 근본적으로 차이가 나지만, 두 가지 공유제가 존재하는 '미발달 사회주의'와 맑스가 상정한 단일한 전사회적 공유제의 '사회주의＝공산주의 1단계' 사이에는 이론적 차이가 그리 크지 않다고 주장했다.[36] 그러나 이들은 논리의 근거를 맑스에게서 찾지 않고 레닌의 「'좌익' 유치성과 소부르주아성에 대하여」 (1918)와 「프롤레타리아 집권시기의 경제와 정치」(1919)에서 찾았다. 즉 레닌이 당시 러시아에는 자연적인 가부장적 농민경제, 소상품생산, 사적(私人) 자본주의, 국가자본주의, 사회주의라는 다섯개의 우클라드가 존재한다고 언급한 것을 근거로 소과도론을 정식화했다.[37] 그러나 레닌의 다우클라드이론은 종속적이고 후진적인 자본주의국가에서 사회주의혁명을 통해 정권을 장악한 후, 어떤 단계를 거쳐 사회주의로 이행할 것인가 하는 것을 염두에 두었다는 점에서 중국의 소과도론의 입론과는 상당한 차이를 보인다.[38]

소과도론자들은 사회주의의 기본지표를 생산수단 공유제와 노동에 따른 분배에서 찾고 당시 중국은 이 두 가지를 모두 실현했기 때문에 더이상 과도기사회가 아니며, 이미 사회주의사회로 진입했다는 논리를 폈다. 그러나 같은 소과도론을 주장하면서도 왕 루이쑨(王瑞蓀) 등은 "사회주의 공유제에는 전인민적 소유제와 집단적 소유제라는 두 형태가 존재하고 있으며, 상품과 화폐 등의 범주도 사회적 생산에 적극적으로 기능한다. (⋯) 노동에 따른 분배는 원칙적으로는 관철되고 있지만 완전하지는 않다. 즉 두 가지 형태의 소유제 사이에서 노동자는 노동의 양과 질에 따라 같은 양의 소비재를 취득하는 권리를 완전히 실현할 수 있는 것이 아니며, 동일한 소유제 내부에서도 노동에 따른 분배원칙이 현재 가지고 있는 생활수준이 허용하는 범위에서 충분히 실현되고 있는 것은 아니다"[39]라고 하며 맑스 사회주의와의 차이를 인정하였다. 아울러 당시 중국에서는 자본주의, 심지어 봉건주의의 사상적 영향, 소생산자의 습성이 오랫동안 관철될 것이라고 주장하였다.

소과도론자간에도 이론의 편차는 있지만 과도기의 폭을 최소화한다는 점, 프롤레타리아가 정치권력을 장악한 후의 사회는 자본주의에서 과도기 단계로 나아간다고 보는 점, 공산주의 1단계인 사회주의를 미발달 사회주의와 발달한 사회주의로 구분하고 다음 단계인 공산주의 2단계로 진입한다고 보는 점은 같다.

3) 새로운 대과도론

이 시기 새롭게 제기된 대과도론은 일견 마오의 대과도론과 유사한 시기설정을 하고 있는 듯 보인다. 이 대과도론의 대표자는 린 위화·뤄껑모(駱耕漢)[40] 등이다. 린 위화 등이 주장하는 대과도론은 주로 레닌이 「공산주의 내의 '좌익' 유치성」에서 공산주의를 낮은 단계, 중간단계, 높은 단계로 구분한 것을 근거로 중국사회의 성격을 설명하였다. 이들은 과도기의 일반적 특징을 두개의 상호대립하는 사회경제제도 (자본주의와 공산주의)가 공존한다는 데서 찾았다. 또 과도기 종료의 지표를 자본주의 우클라드의 소멸로 보았으며, 사회주의의 경제적 본질을 생산수단의 공동소유와 노동에 따른 분배로 규정했다. 그리고 과도기의 근본적 임무는 계급을 폐지하고 지주와 자본가를 타도하는 것이며, 사회주의 시기의 근본적 임무는 노동자와 농민의 차이를 없애고 신속하게 농민의 공공(公共)대경영으로 이행하는 것이라고 주장하였다. 그러나 이러한 이행을 위해서는 상당히 긴 시간이 필요하다며 성급한 행정적·입법적 방안을 비판했다.

린 위화 등은 사회주의사회는 원칙적으로 과도기에 속하지 않는다면서도 레닌이 「국가론노트」에서 언급한 '자본주의에서 완전한 공산주의로 가는 과도기'에 주목하였다. 즉 "사회주의사회는 비록 과도기에 속하지 않지만 '과도형 국가의 과도적 성격을 지닌 사회'에 속하기 때문에 사회주의사회를 과도기로, 계급사회에서 무계급사회로 가는 과도적 사회로 부를 수 있다"[41]는 것을 재평가한 것이다. 이들은 레닌이 말한 과도기를 자본주의에서 (협의의) 공산주의사회로 이행하는 시기로 보았다. 따라서 사회주의사회는 완전한 공산주의사회가 아니므로 당연히 과도기에 속한다고 인식하였다. 그리고 프롤레타리아 집권기와 과도기가 조응하고, 프롤레타리아 집권의 형태도 프롤레타리아 민주국가에서 비정치적 국가로 그리고 국가사멸의 방향으로 부단히 발전하며, 자본주의에서 사회주의로 옮겨가는 과도기는 종료되었지만 미발달 사회주의에서 발달한 사회주의를 향한 과도기가 시작된다고 주장하였다. 따라서 이러한 새로운 과도기의 승리를 보장하기 위해 '4개 현대화'가 필요하며, 프롤레타리아독재를 견지해 프롤레타리아 민주국가를 향해 발전해가야 한다는 논리를 도출했다. 그리고 장차 완전한 공산주의사회로 이행하기 위해서는 완전한 사회주의를 실현해야 하는데, 그것 역시 또 다른 새로운 과도기라고 주장했다.

이러한 새로운 과도론은 앞에서 설명한 문화대혁명 시기 마오의 대과도론과는 과도기의 기점에서 차이를 보인다. 우선 새로운 대과도론을 주장하는 학자들은 기존의 대과도론에 기초한 정치운동인 문화대혁명을 린 뺘오(林彪)와 사인방이 쟝 츈챠오(張春橋)의 '극단적인 이행'사상에 기초해 집단적 소유제를 폐지하려고 일으킨 것으로 보았다. 그리고 무엇보다 문화대혁명은 중국의 농업기술 개조를 더디게 했고, 이 때문에 농민의 생활상태와 전국 인민의 생활개선이 늦어졌다고 보았다. 결국 이들은 이렇게 지체된 생산력을 갖고는 노동자와 농민의 차이를 해소할 수 없었다고 비판했다. 이러한 새로운 대과도론을 정리하면 다음과 같다. 자본주의에서 공산주의 1단계인 사회주의로 넘어가는 시기가 제1과도기이고, 공산주의 1단계 속의 미발달 사회주의에서 발달한 사회주의로 넘어가는 시기가 제2과도기이며, 공산주의 1단계 내의 발달한 사회주의에서 완전한 공산주의(공산주의 고급단계)로 넘어가는 시기가 제3과도기이다. 마오의 과도기가 공산주의 1단계, 즉 제2과도기와 제3과도기를 포함한 사회주의 전체를 장기적인 과도기로 파악한 점은 이와 유사하지만, 제1과도기를 사회주의에 편입하지 않는 점에서 큰 차이를 보인다.

이와 같이 과도기를 중심으로 사회주의의 역사적 지위에 관해 벌인 토론은 언론과 학문의 자유가 부분적으로 허용되던 당시의 지적 흐름을 반영한다. 이 논의는 권력교체기에 새로운 이념을 정립할 필요가 있었기 때문에 더욱 부각되었다. 토론과정에 다양한 이론(異論)이 제기되었으나 중국사회가 '소과도론을 거친 사회주의' 상태에 있다는 점에는 대체로 합의하였다. 즉 맑스-레닌주의에서 말하는 사회주의의 합리적 핵심과는 달리 '미발달 사회주의'라는 개념으로 사회주의사회를 구분하고, 사회주의를 독자적 사회구성체로 파악하고자 하는 경향이 강했다. 중국은 더이상 과도기사회가 아니며 이미 사회주의로 진입했다는 인식은 생산력은 낙후되어 있으나 소유제의 법적 개조가 완료되었다는 점에서 중국을 사회주의로 파악할 수밖에 없는 지도부의 고민과 그럼에도 미발달 사회주의에서 생산력을 비약적으로 향상해야 하는 현실 사이의 이론적 절충이었다. 이런 점에서 과도기논쟁은 중국의 국정(國情)에 부합하는 실사구시의 논쟁이며 중국식 사회주의론을 구축하는 이론적 가교 역할을 했다.

그러나 개혁 초기 사회주의론은 맑스주의 해석에서 명백한 한계를 드러내었다. 맑스와 레닌이 의존했던 독일과 러시아의 현실이 중국현실과 명백한 차이를 보이고 있음에도 불구하고 맑스-레닌의 논거를 지나치게 자의적으로 해석해 중국사회주의의 발전방향을 설명했기 때문이다. 그리고 논거로 삼고 있는 고전 맑스주의의 의미도 당시의 조건을 고려한 포괄적 의미망 속에서 도출한 것이 아니라, 편한 대로 자구를 재해석한 경향이 강했다. 사회주의와 과도기에 대한 맑스와 레닌의 용법이 매우 추상적이며 때로는 이중성을 띠고 있기 때문에 전체적인 맥락을 고려하지 않고 자구에 매달릴 경우 자기합리화에 빠질 수밖에 없는 한계를 출발부터 지니고 있었던 것이다. 레닌의 경우만 해도 '자본주의에서 공산주의로 이행하는 과도적 단계' '자본주의에서 공산주의로의 과도' 등의 서술과 함께 '자본주의에서 사회주의로의 과도' '구체적인 과도형태하에서 사회주의로의 이행' 등을 혼용하였다. 신경제정책 추진 이전에는 '자본주의에서 (협의의) 공산주의로의 과도기'라는 뜻으로 사용하다가, 그후에는 '자본주의에서 사회주의로의 과도기'라는 의미로 주로 썼다.[42] 이러한 한계는 1979~80년 논의에서 출발해 1984년의 맑스주의 재해석과 이후 사회주의와 현대자본주의 재인식 논의를 통해 수정되고 극복되었다.

3. 맑스주의의 '중국화'

1) 발전의 학술로서의 맑스주의

맑스주의에 대한 중국의 사전적 정의는 "모든 학설의 이론적 기초로서의 철학, 철학을 기초로 사회경제법칙을 연구하는 과학으로서의 정치경제학, 모든 학설의 귀결점이자 이론적 결론으로서의 과학적 사회주의를 구성하는 (교조가 아닌) 행동지침"[43]이다. 그러나 개혁개방 이후 맑스주의 해석은 맑스주의의 교조화·경직화·통속화를 비판하는 방향으로 전개되었다. 이것은 문화대혁명 시기 '권력 + 이데올로기 + 문화'를 장악한 개인에 대한 숭배현상이 커지고 그 과정에서 대중이 신념의 위기를 맞은 데 대한 반성에 따른 것이다. 그러나 그 기조는 맑스주의의 전면 폐기가 아니라 맑스주의의 분석도구를 이론적으로 추상화하면서 현실사회주의와의 불일치를 해소하려는 것이었다.

하나의 당, 하나의 국가, 하나의 민족이 만약 책에서 출발한다면, 사상은 경직되고 전진할 수 없게 될 것이다. 활력이 사라지고, 나라와 당은 망하고 말 것이다.[44]

이것은 맑스주의의 포괄적 핵심은 긍정하면서도 맑스주의가 복잡한 제반문제를 분석하는 데 불충분하다는 것을 드러내어 그 한계를 밝히기 위한 것이었다. 맑스주의의 합리적 핵심이 현재까지도 유용하다고 주장하는 것은 맑스가 『자본론』을 통해 자본주의사회의 착취적 본질과 자본주의의 기본모순 그리고 자본주의 경제운동의 일련의 법칙을 제시했고, 자본주의 역사의 일시성을 논증했기 때문이다. 따라서 『자본론』은 현실사회주의의 몰락과는 무관하게 자본주의에 착취적 본성이 존재하는 한, 여전히 사회주의가 자본주의를 대체할 수 있다는 이론적 출발점으로 여겨졌다.[45] 또 레닌의 『제국주의론』에 나타난 독점생산의 필연성, 독점이윤과 그 원천, 자본수출 등의 논의도 현대자본주의를 분석하는 유력한 무기로 삼았고, 시간은 꽤 걸리지만 '사회주의가 자본주의를 대체할 것'이라는 전제하에 자본주의의 선진기술과 자본을 도입해 자본주의를 극복한다는 틀을 수용하였다.

그러나 중국의 이론가들은 자본주의에 대한 맑스주의의 분석과 이를 극복할 수 있는 대안으로서의 사회주의를 긍정하면서도 현대자본주의는 고전자본주의가 논의되던 시기와는 상황이 많이 다르기 때문에 맑스주의의 일부 관점은 정확하게 들어맞지 않고 따라서 이 관점은 역사적인 한계가 있다고 평가했다. 즉 맑스는 자유경쟁 자본주의에 살았고 레닌도 독점자본주의가 출현하는 시기에 살았기 때문에, 사회주의와 자본주의에 대한 이들의 관점은 자본주의의 기본모순이 첨예한 유럽현실을 분석하는 데는 유효했으나, 과학기술혁명을 통해 자기생산력을 제고한 현대자본주의를 분석하는 데는 실패했다고 본 것이다. 특히 레닌의 관점은 1917년 사회주의혁명 성공 이후, 자본주의의 기본모순이 첨예화하고 혁명적 정세가 고양되었던 독일과 같은 자본주의에서만 제한적인 의미를 가진다고 평가했다.[46] 나아가 자본주의가 빠르게 쇠퇴할 것으로 보면서 독점자본주의의 부패와 사멸을 연계하여 자본주의 발전을 독점단계, 이미 사망한 단계, 최후의 단계로 규정한 레닌의 논리는 역사적 한계성을 가진다고 비판하였다.[47]

이러한 비판과 함께 '맑스주의는 발전해야만 생명력이 있다'[48]는 이른바 '발전의 학설'이 맑스주의를 재해석하는 핵심적인 주제로 등장했다. 즉 맑스주의는 과거 1백년 동안 정체와 후퇴 그리고 질적 변화를 거쳐왔다는 것이다. 당내에서 이론적 영향력을 가지고 있던 져우 양(周揚)은 맑스 서거 100주년을 기념하는 글에서 다음과 같이 지적하였다.

맑스주의는 발전하는 것이기 때문에 사회주의혁명과 사회주의 건설에서도 고정적인 모델은 없다. 맑스주의의 발전은 반드시 각 국가, 각 민족의 역사와 실제를 서로 결합했기 때문에 저마다 고유한 특성을 지닌 맑스주의를 가질 수밖에 없다. 레닌은 모든 민족은 사회주의의 길을 걸어야 하지만 각 민족이 가는 길은 서로 다르며 각 민족은 각각의 특성을 지닌다고 말했다. 중국특색을 지닌 사회주의를 건설하자는 우리 당의 문제제기는 레닌의 이러한 사상의 운동과 발전이다. 다양성, 각각의 특색을 지닌 사회주의 학설의 다양성은 결국 맑스주의를 풍부히 하고 그 발전을 촉진시키는 것이다. 우리는 길을 거슬러갈 수 없을뿐더러 습관적인 타성에 젖어 좌우로 이동하면서 새 신을 신고 낡은 길을 가는 경향을 극복해야 한다.[49]

위 꽝위안(于光遠)도 맑스주의의 두드러진 특징 가운데 하나는 폐쇄적 체계가 아니라, 새로운 관점을 통해 꾸준히 보완해가는 발전의 학설이라는 것을 강조하였다.

맑스주의는 시대에 적응할 수 있는 새로운 과학적 성과를 받아들이며 자신의 새로운 관점과 이론을 이용하여 자신을 풍부히 할 수 있다. 맑스주의 학설은 창립 이후 발전과정 속에서 다양한 조류를 흡수하였다. 맑스주의는 하나의 커다란 강이다. 레닌이 제시한 세 가지 연원(영국의 고전맑스주의, 프랑스의 사회주의사상, 독일의 고전철학—인용자)은 몇개의 지류로 볼 수 있다. 그리고 맑스주의는 발전과정 속에서 지속적으로 각 방면의 수원(水源)을 흡수할 것이다.[50]

대표적인 맑스주의자의 한사람이었던 쑤 샤오즈도 맑스주의의 핵심은 맑스주의라는 '화살(矢)'을 중국혁명과 건설의 '목표(的)'에 명중시키는 것이라는 마오 쩌뚱의 말을 인용하며, 현실생활 속에서 새롭게 나타나는 사물, 새로운 경험의 상당부분은 이전에는 상상하지 못한 것인데도 당시 중국이론계가 현실을 벗어난 추상적인 태도를 버리지 못하고 있다고 비판하였다.[51] 맑스주의에 대한 새로운 이해는 『자본론』의 역사적 성과와 자본주의에 대한 날카로운 분석에 찬사를 보내는 한편 그 한계를 비판하는 것으로 나타났다.

『자본론』의 일부 원리는 자본주의 전기(前期)의 실제상황을 개괄한 것으로 자본주의 발전의 모든 단계에 반드시 적용되는 것은 아니다. 『자본론』의 일부 결론은 근거가 부족하여 반드시 성립될 수 있는 것은 아니다. 『자본론』과 기타 저작들이 내린 미래에 대한 일부 예측은 여전히 미래학의 범주에 속하며 향후 그대로 될 것인지는 두고 보아야 한다. 맑스가 『자본론』에서 사용한 방법은 기본적으로 정태분석이기 때문에 제한적이다.[52]

더 나아가 비록 '자본형식을 옮겨온다면'이라는 전제를 붙이기는 했으나, 자본주의의 착취적 본성이라고 이해해왔던 잉여가치의 법칙도 사회주의 기업에 도입하여 노동생산력 제고를 위한 수단으로 수용할 필요가 있다는 주장까지 나왔다.[53] 이러한 이론적 논의에 힘입어 중국 지도부도 공식적으로 자본주의를 일부 도입하는 것을 두려워할 필요가 없으며, 어느정도의 자본주의는 해가 되지 않는다고 주장했다.[54] 이후 『인민일보』 사설에서는 맑스주의가 중국문제를 해결할 수 있는 대안의 사상이 아닐 수도 있다는 지적까지 나왔다.

맑스가 사망한 지 101년이 지났다. 그의 저작은 1백여년 전에 씌어진 것이며, 일부는 당시에 구상한 것으로 지금은 상황이 많이 바뀌었다. 일부의 구상은 더이상 타당하지 않다. 많은 상황은 맑스와 엥겔스가 경험해보지 못했고 레닌도 겪어보지 못했다. 맑스와 레닌의 당시의 저작으로 **우리가 직면한 문제(我們當前的問題)**를 해결할 것을 요구할 수 없다.(강조—인용자)[55]

맑스는 사회주의 조건하에서 상품과 화폐가 필요하지 않다고 했다. 그러나 우리나라의 사회주의 건설에는 상품과 화폐가 반드시 있어야 하고, 상품생산을 더욱 발전시켜야 한다. 사회주의경제는 공유제가 주체가 된 계획적 상품경제라는 것을 실천으로 증명했다. 이러한 사회주의 건설이라는 성패의 문제에 있어 맑스가 백년 전에 구상한 것을 맹목적으로 지켜서는(墨守) 안되며 실제에서 출발해야 한다."[56]

그러나 쑤 샤오즈는 이러한 『인민일보』의 사설에 대해 1978년 말 이후 떵 샤오핑노선과 차이가 없기 때문에 전혀 새로울 것이 없다고 평가했다. 그는 오히려 맑스주의의 원리와 방법을 중국상황에 적용하여 맑스주의이론을 완성해야 한다는 창조적 맑스주의를 주장했다. 즉 중국이 소련의 사회주의와 다른 점은 창조적으로 맑스주의를 중국에 적용하여 국가를 통합한 것이라는 점을 강조했다.[57] '이론과 실천'을 둘러싼 논의는 당 기관지 『홍기(紅旗)』가 맑스주의의 넓고 풍부한 이론으로 중국적 상황을 정확하게 설명하는 것이 진정한 의미의 맑스주의라며 실천적이고 실사구시적인 태도를 강조하면서 일단락됐다.

> 맑스의 기본원리는 옳다. 그런데 그 기본원리는 시대의 발전에 따라 계속 발전한다. 이것은 맑스주의가 정체하지 않는 과학이기 때문이다. (…) 맑스의 사회주의사회에 대한 여러가지 구상을 교조로 삼아서는 안된다. 따라서 맑스주의를 학습할 때는 실제와 이론을 결합하여 연구하고 분석하는 태도를 지녀야 한다.[58]

이러한 논의는 중국이 맑스주의 방법론에 대한 새로운 분석을 시도하고 있었음을 보여주며, 이론의 교조성에 매달리지 않겠다는 중국당정의 입장을 반영한다. 1938년 마오 쩌뚱이 중국공산당 6기 6중전회에서 제기한 '맑스주의의 중국화'가 개혁개방기에 새로운 모습으로 나타난 것으로도 볼 수 있다. 왜냐하면 맑스주의의 중국화와 현재의 맑스주의 변용의 관점은 모두 민족형식이라는 역사특수적인 형태로 맑스주의를 응용하는 공통점이 있기 때문이다. 그러나 혁명기에는 주로 농촌혁명의 수행이라는 전략전술의 측면이 강했고, 사회주의 건설 이후 중소논쟁과정에서는 중국적 사회주의 건설에 치중했다면, 개혁 이후에는 주로 개혁정책을 추진하기 위한 현실적인 필요 때문에 마오식 맑스주의의 해석을 벗어나고자 했다는 점에서 근본적인 차이가 있다.

결국 이러한 논의는 이데올로기란 특정한 시공의 현실적 산물일 뿐, 이전에 적용했다고 반드시 현재에도 적용할 수 있는 것은 아니며, 유럽에 적용한 것을 중국과 아시아에 그대로 적용할 수 있는 것도 아니라는 것을 명백하게 보여주었다. 또 소련과 중국은 같은 사회주의국가이지만 상황변화와 수용자에 따라 사회주의이론은 달라질 수 있으며 구체적인 역사적 환경에 구속된다고 주장하였다.[59]

문제는 '발전의 학설'로 맑스주의를 이해하는 것은 사회주의의 포괄적인 핵심을 간과하면서 지나치게 생산력주의를 합리화하는 논거가 된다는 점이다. 그 결과 재해석을 통해 맑스주의를 풍요롭게 한다고 주장하지만 내용면에서는 맑스주의의 외연만 확대될 뿐 내포는 공허해지는, 말하자면 '맑스주의 없는 중국적 맑스주의'를 구축하는 모순에 빠지고 말았다. 생산력주의의 우편향을 수정할 당내 경쟁이론과 세력이 없었던 점도 문제이다. 결국 개혁담론이 중국사회를 지배하는 상태에서 원래 의미의 사회주의를 주장하거나 중국사회주의의 과도한 민족주의 경향을 비판하는 것을 보수역류나 자유주의자로 낙인찍는 등 맑스주의 해석의 역편향까지 나타났다.

2) 맑스 사회주의의 수용과 비판

맑스는 그의 저작 속에서 현실사회주의를 설명하는 구체적인 개념으로 '사회주의'[60]라는 용어를 쓰지 않았으며, 주로 자본주의의 극복태라는 다소 추상적인 용어를 사용하였다.[61] 그가 예견한 미래는 사회적 생산의 자연법칙성, 자본주의사회의 발전경향, 그리고 적대적 사회구성체인 자본주의를 적극적으로 지양해가는 후기자본주의에 대한 윤곽을 포괄적으로 설명하면서 나온 것이다.[62] 이러한 맑스의 사회주의 이해는 「고타강령비판」을 통해 설명할 수 있다. 「고타강령비판」은 맑스 이후의 레닌과 스딸린은 물론이고 현실사회주의 국가에서도 사회주의 재해석의 기본적인 출발점으로 삼은 문건이다. 개혁기 사회주의의 역사적 지위를 둘러싼 중국의 논의도 맑스의 「고타강령비판」에 대한 독자적인 해석에서 출발하였다.

　　자본주의와 공산주의 사이에는 전자에서 후자로 하나의 혁명적 변혁(轉變)의 시기가 존재한다. 이 시기에는 여기에 조응하는 정치적 과도기가 존재하는데, 이때의 국가는 프롤레타리아의 혁명적 독재에 다름아니다.[63]

　　〔자본주의사회의 출생흔적으로부터 발생한〕 이러한 병폐는 오랜 진통을 거쳐 자본주의에서 갓 태어난 형태인 공산주의사회 제1단계에서는 불가피하다. 〔부르주아적〕 권리는 사회의 경제구조와 그 경제구조가 제약하는 사회의 문화발전을 초월할 수 없다.[64]

　　여기서 논의된 공산주의의 의미를 협의의 개념(공산주의의 높은 단계)으로 볼 것인가, 광의의 개념(공산주의의 낮은 단계, 즉 사회주의)으로 볼 것인가, 프롤레타리아의 혁명적 독재의 성격과 관련한 과도기의 정치경제형태는 어떻게 볼 것인가 하는 점이 맑스 사회주의의 역사적 지위에 관한 논의의 핵심이었다. '자본주의와 공산주의 사이'에 나타난 '공산주의'의 의미를 해석하는 방법을 둘러싸고 국제적으로 두 가지 견해가 대립했다. 이것은 중국 내에서도 사회주의론을 둘러싼 중요한 쟁점의 하나였다.
　　첫째, 스딸린식 사회주의 해석방법이다. 스딸린은 소련이 1936년을 기점으로 자본주의를 거쳐 독자적인 사회주의 생산양식의 시기로 접어들었으며 사회주의에서 (높은 단계의) 공산주의로 이행하고 있다고 주장하였다. 그는 사회주의 수립을 통해 적대계급이 소멸되어 계급투쟁의 과제가 해결되었기 때문에, 공산주의를 향한 남은 과제는 과학기술혁명을 통해 생산력을 발전시키는 것뿐이라고 주장했다. 아울러 계급지배를 강제하는 장치인 국가도 존재하지 않는다고 주장했다.[65]

둘째, 사회주의를 자본주의와 완전히 구분되는 독자적인 사회구성체가 아니라, 본래 의미의 공산주의 사회구성체로 나아가는 '공산주의를 향한 과도기'로 보는 견해이다. 이 과도기는 두 단계로 구분된다. "제1단계의 과도기는 자본주의에서 사회주의혁명을 통해 사회주의정권을 수립하는 시기까지이며, 제2단계의 과도기는 공산주의 1단계(사회주의)기간이다. 최초의 과도기(과도기 속의 소과도기)에는 다수의 노동자계급이 소수의 자본가계급을 타도한다. 두번째의 과도기는 사회주의사회로 진입했으나, 그 안에는 자본주의의 모반(母斑), 즉 자본주의적 사고양식과 부르주아 권리 등이 여전히 남아 있다."[66] 그러면서 공산주의 낮은 단계의 성격을 다음과 같이 규정하였다.

사회주의는 계속혁명을 선포하는 것이고 프롤레타리아계급에 의한 계급독재이다. 이러한 독재를 통해 모든 계급차별이 소멸하고, 차별이 만들어내는 모든 생산관계가 소멸하며, 생산관계에 조응하는 모든 사회관계가 소멸한다. 사회주의는 이러한 사회관계가 만들어내는 모든 사회관계를 바꾸는 필연적인 과도단계이다.[67]

맑스의 사회주의론은 대체로 프롤레타리아독재 시기와 조응하는 것이었다. 즉 "나는 다음과 같은 것을 새롭게 입증해냈다. 첫째, 계급은 생산발전의 특정한 역사단계에 존재할 뿐이다. 둘째, 계급투쟁은 필연적으로 프롤레타리아독재에 이르게 된다. 셋째, 이 모든 독재 자체는 계급의 폐지와 계급 없는 사회로 이행하는 한 부분에 불과하다"[68]는 것이다. 다시 말해 사회주의의 핵심은 프롤레타리아독재이며, 그 본질은 계급독재이기 때문에 공산주의의 낮은 단계 전기간에 걸쳐 계급이 폐지되고 기존의 생산관계와 이와 관련된 제반관념이 철폐되는 '필연적 과도단계'가 존재한다는 것이다. 이것은 자본주의사회에서 공산주의의 높은 단계 사이에 장기적 과도단계로서 사회주의가 존재한다는 레닌의 개념과 같은 맥락이며, 과도기 전체에 걸쳐 프롤레타리아독재가 관철된다는 의미이다. 이런 점을 고려할 때, 맑스가 말하는 사회주의사회의 특징은 다음과 같이 정리할 수 있다. 착취계급은 물론 어떤 계급적 구분도 더이상 의미가 없다. 사회적 개인들의 의식적 관계가 최대한 발현된다. 누구나 노동의 권리와 의무를 가지며 노동력이 더이상 상품이 되지 않는다. 개별노동이 직접 사회적 총노동의 일부로서 의식적·계획적으로 사용되지 않는다. 사회적 필요에 따른 사용가치의 생산이 목적이 되어 더이상 교환가치의 생산이 이루어지지 않는다. 개인들이 자유로이 활용할 수 있는 시간이 늘어난다. 오직 사용가치를 위한 생산만 이루어지는 가운데 노동생산성이 향상되어 노동시간은 줄어든다. 이러한 사회주의사회는 공산주의와 생산력 발전상의 '시간지체'(timelag)만이 존재할 뿐 동일한 생산양식을 구성한다.

한편 이러한 사회주의와 구별되는 공산주의 고급단계는 국가의 사멸, 무계급사회, 단일한 전민소유제, 최고의 생산력, 필요에 따른 분배, 구사회 모반의 소멸, 상품생산의 소멸, 분업에 예속되는 상태로부터의 해방이라는 특징을 갖고 있다.[69] 맑스는 「고타강령비판」에서 그 의미를 다음과 같이 밝혔다.

공산주의 고급단계에서는 개인이 노예와 같이 분업에 예속되는 상태에서 벗어난다. 이와 함께 정신노동과 육체노동의 대립이 사라지며, 노동이 생계수단일 뿐 아니라 일차적 생활의 요구가 되고, 개인의 전면적 발전과 생산력이 성장하여 사회적 부가 모든 원천에서 풍부하게 넘쳐흘러 비로소 부르주아적 권리의 좁은 한계를 완전히 넘어선다. 이때 사회는 깃발에 다음과 같이 새길 수 있다. '각자는 능력에 따라 일하고 필요에 따라 받는다!' [70)]

그러나 맑스는 공산주의를 자본주의의 역사발전과 관련하여 드문드문 언급했거나 라쌀르주의자들의 이론적 결점을 반박하는 과정에서 거론했지, 사회주의의 구체적 성격과 사회주의를 향한 경로를 밝히기 위해 사용하지는 않았다. 실제 맑스와 엥겔스는 '공산주의로의 이행'이라는 개념을 자본주의의 내재적 모순을 없애가는 하나의 역사과정으로 이해하는 데 그쳤다. 다시 말해 맑스의 사회주의론은 사회주의 메커니즘에 대한 대안이론을 제시하기보다는 자본주의사회의 착취적 성격을 분석하는 데 치중하였으며, 라쌀르주의자들의 사회주의론에 대한 비판이론의 성격이 강했다. 맑스는 「고타강령비판」에서 라쌀르가 「고타강령」에서 설명하는 '노동의 전수익' '평등한 권리' '공정한 분배'를 비판하면서 사회주의사회의 경제적 특징을 다음과 같이 설명했다.

첫째, 사회주의사회는 생산수단의 공유를 토대로 한 사회이다. 둘째, 사회주의사회는 방금 태어났기 때문에 경제·도덕·정신 등 모든 면에 모태인 구사회의 모반이 아직 남아 있다. 따라서 사회주의사회에서 개인적인 소비물자는 사회적 총생산물에서 공제한 후 노동에 따라 분배한다. 셋째, 개별노동은 직접 총노동의 구성부분이 되기 때문에 가치형태가 소멸하고 상품과 통화가 사회경제활동에서 사라진다.[71)]

이런 점을 근거로 맑스가 공산주의를 하나의 고정된 최종목표로 보았다는 해석은 맑스주의에 대한 정확한 분석과 이해가 아니라는 주장이 제기되었다. 물론 중국이론가들은 맑스와 엥겔스가 근본적으로 공상적 사회주의가 아닌 역사유물주의를 통해 미래사회의 발전을 분석하였으며, 관념에서 출발하지 않고 실제에서 출발한 점을 높이 샀다. 그러나 맑스와 엥겔스가 살던 시기의 사회주의는 여전히 이상에서 현실로 전화되지 않았다. 따라서 자본주의 발전이 만들어놓은 구체적인 사실에서 출발한 맑스는 공산주의의 메커니즘에 대한 구체적 상황을 묘사하거나 정치적 방도를 모색한 것이 아니었다는 주장이다. 이론가들은 그 근거로 다음과 같은 문건을 예시하였다.[72]

공산주의는 성립되어야 할 상태, 현실이 그곳에 맞추어 조정되어야 할 하나의 이상은 아니다. 우리가 공산주의라고 부르는 것은 현상태를 지양하기 위한 현실적인 운동이다. 그리고 이 운동의 조건은 현실적으로 존재하는 전제들에서 출발한다.[73]

하인젠(K.P. Heinzen)은 공산주의를 일정한 이론원리, 즉 자기의 핵심(사유재산의 폐기와 그 폐기의 직접적인 결과인 재화에 대한 공동이용의 원리)에서 출발하여 결론을 만들어내는 교의(敎儀)[74]로 해석했다. 하인젠은 큰 착오를 범했다. 공산주의는 교의가 아니라 운동이다. 그것은 원칙에서 출발하는 것이 아니라 실제에서 출발한다. 공산주의가 전제하는 것은 어떠한 철학이 아니라 과거 역사의 전체적인 과정이다. 특히 이 과정은 현재의 문명국가가 이룬 모든 성과를 전제로 한다.[75]

쉬에 한웨이는 공산주의가 현실운동이라는 것을 과학적 공산주의와 공상적 사회주의를 구분하는 경계로 삼았다. 여기서 말하는 운동은 공산주의의 최종목표를 실현하기 위한 혁명운동을 지칭하는 것일 뿐 아니라 이러한 현실상황을 소멸시키는 현실의 역사과정을 포함한다. 특히 자본주의 대공업의 발전은 공산주의 변혁의 경제적 조건과 계급역량을 강화한다고 보았다.[76]

이런 점에서 맑스가 말한 공산주의 낮은 단계는 레닌의 사회주의와 내용면에선 동일했으나, 레닌처럼 사회주의의 특징이 명료하지는 않았다. 즉 프롤레타리아독재와 자본주의적 권리가 존재함으로써 실질적으로 불평등이 극복되지 않는 사회라고만 언급했을 뿐, 공산주의 낮은 단계가 자본주의를 불완전하게 극복하기 때문에 나타나는 계급과 계급투쟁, 그리고 이러한 투쟁이 이전과는 그 형태가 다르다는 것, 또한 이와 관련해 국가는 폐지되는 것이 아니라 소멸된다는 점 등은 주목하지 못했다.

사회주의 초급단계론을 주장하는 중국의 이론가들은 이러한 맑스의 사회주의관에 대해 대개 앞에서 언급한 스딸린적 해석을 따르는 것으로 보인다. 왜냐하면 먼저 맑스의 「고타강령비판」에 나타난 '혁명적 변혁의 시기(革命轉變時期)'를 자본주의사회에서 공산주의의 낮은 단계로서의 사회주의로 이행하는 시기로 보기 때문이다. 즉 사회주의 자체가 과도기라는 의미를 폐기하고 자본주의에서 사회주의 사이의 기간에 프롤레타리아독재가 관철되는 것으로 이해하였다.

〔공산주의의 낮은 단계인 사회주의를 포괄한〕 공산주의사회에서 국가는 스스로 소멸해간다. 왜냐하면 과도기의 프롤레타리아독재를 거치고, 모든 계급을 소멸시켜 프롤레타리아의 공산주의사회로 진입하기 때문이다.[77]

장 우꾸(張武谷)는 여기에서 프롤레타리아독재가 '경제적으로 구사회의 흔적을 띠고 있다'고 말하면서도 공산주의의 낮은 단계에서는 프롤레타리아독재가 소멸된 것으로 보고 있다. 이것은 사회주의 초급단계 내에서 프롤레타리아독재(인민민주독재)가 존재하는 것을 설명할 수 없다. 따라서 중국의 개혁이데올로그들은「고타강령비판」에 나타난 맑스의 사회주의는 추상적이어서 적극 수용할 수 없으며, 유럽현실에 기초한 이론을 중국에 기계적으로 적용할 수도 없다고 비판하였다. 맑스-레닌주의를 중국에 적용하는 데는 한계가 있으며 중국사회주의는 독자성을 가져야 한다는 것이다.

맑스 사회주의의 중국적 이해

자본주의	과도기	공산주의	
		← 저차단계 →	← 고급단계 →

경제적으로 구사회의 흔적을 띰   생산력의 고도발전
정신노동과 육체노동의 대립   구사회의 흔적 소멸

```
단일한 전사회소유제
계획생산경제
```

노동이 생계의 수단   노동이 생활의 제1수요
노동에 따른 분배   필요에 따른 분배

```
계급소멸
국가소멸
```

도덕적 · 정신적으로   도덕적 · 정신적으로
구사회의 흔적을 띰   구사회의 흔적이 없음

그 배경에는 맑스와 레닌을 좌편향으로 해석한 마오의 대과도론 개념을 비판하면서, 사회주의 초급단계론을 구축해야 한다는 이론적 요구가 있었다. 그리고 중국의 초급단계론자들은 맑스의 사회주의, 특히 「고타강령비판」에 나타난 사회주의관은 사회주의사회에 대한 직접적인 언급이 아니라, 라쌀르주의자에 대한 비판으로 제기된 것이기 때문에 이를 근거로 사회주의를 정립하려는 논의에는 한계가 있다고 주장하기도 했다. 이처럼 맑스의 의도는 존중하되 그의 미래사회 구상을 현실사회주의, 특히 중국사회주의에 적용하는 데는 명확한 한계가 있으며, 넓은 의미의 공산주의는 하나의 규격화된 사회적 틀이 아니라는 점을 강조하는 것이 중국이론계의 주된 견해였다.[78]

3) 레닌 사회주의의 중국적 이해

맑스는 공산주의 각 단계의 구체적인 정치적·경제적 내용을 밝히지 않았으며, 국가에 대해서도 자본주의에서 공산주의로 이행해가는 정치적 과도기, 즉 프롤레타리아독재에 대해서만 언급하였다. 그러나 레닌은 맑스의 추상성을 보완하면서 사회주의 이해의 폭을 넓혔다. 그것은 러시아혁명과 사회주의국가의 건설이라는 실천적이고 구체적인 문제의식이 깊게 반영된 것이다. 우선 레닌은 『국가와 혁명』에서 맑스가 언급한 공산주의의 낮은 단계를 사회주의와 대응시켰다.[79] 그는 사회주의의 역사적 지위를 자본주의와 (협의의) 공산주의 사이에 놓고 사회주의 전체를 공산주의의 고급단계로 나아가는 과도적 성격으로 파악했다. 즉 "기회주의는 계급투쟁을 부르주아를 축출하고 완벽하게 폐지하는 가장 중요한 지점, 즉 자본주의에서 공산주의로 이행해가는 과도기에까지 필요한 것으로 인정하고 있지 않다. 실제로 이 시기는 미증유의 불가피하고 격심한 계급투쟁의 시기이며, 가장 첨예한 형태를 띠는 계급투쟁의 시기이다. 따라서 이 시기의 국가는 마땅히 새로운 민주적(프롤레타리아와 일반인민에 대한) 국가와 새로운 독재적(부르주아에 대한) 국가이다"[80]라고 보았다. 그리고 이 시기의 정치형태인 프롤레타리아독재의 중요성을 강조하였다.

모든 부르주아국가는 그들의 형태가 아무리 다양하더라도 그 본질은 동일하다. 궁극적으로 그것은 반드시 프롤레타리아독재로 나아가야 한다. 자본주의에서 공산주의로의 이행은 분명히 매우 풍부하고 다양한 정치형태를 산출하게 되지만, 그것의 본질은 필연적으로 동일하다. 즉 프롤레타리아독재이다.[81]

〔자본주의와 공산주의〕 사회경제형태의 두 가지 서로 다른 특질을 하나로 결합할 수밖에 없다. 다시 말해 '사멸해가는 자본주의와 생성하는 공산주의 사이'의 투쟁의 시기, 즉 패배하였으나 절멸하지 않은 자본주의와 생성하였으나 매우 미약한 단계의 공산주의 사이의 투쟁의 시기이다.[82]

사회주의의 역사적 지위와 정치적 성격에 대한 레닌의 관점을 이렇게 받아들인다면, '공산주의로의 과도기＝사회주의'의 정치형태는 프롤레타리아독재이며, 그 사회에는 계급투쟁이 존재한다는 것을 알 수 있다. 레닌은 프롤레타리아독재를 완전한 사회주의에 존재하는 국가 권력이라고 좀더 구체적으로 설정하면서 국가가 존속하는 것은 모든 부르주아적 권리를 완전히 극복하기 위해서라고 명시하였다. 이런 점에서 레닌의 사회주의론은 공산주의 1단계에서 계급차별을 주장한 맑스와는 차이가 있다. 레닌은 또한 자본주의에서 사회주의를 향한 '장기적 과도기 속의 소과도기'의 경제형태의 특징으로 국가자본주의경제를 꼽았다. 이것은 본래 의미의 공산주의로 나아가는 프롤레타리아독재 초기에 꼭 필요한 경제적 계급동맹이 실현된 형태로 파악할 수 있다. 국가자본주의는 사회주의를 일차 전망으로 설정하고 생산수단을 점진적으로 국유화하는 과도단계지만, 높은 단계의 공산주의로 나아가는 과도기에 계급동맹을 지지해주는 경제형태의 위상을 가지는 것이다. 「쏘비에뜨정부의 당면과업」에서 프롤레타리아가 전국적 범위의 회계(account)를 장악하고 경제를 통제하면서 발달하지 못한 생산력을 높이기 위해 부르주아의 권리를 일정부분 허용하고, 업적급(piece-work)과 테일러체제를 도입하며, 부르주아의 파업을 막기 위한 고임금정책을 수행[83]하도록 제안한 것은 이러한 의미에서 이해할 수 있다.

그러나 레닌이 과도기를 반드시 자본주의에서 공산주의로의 이행을 설명하기 위해 쓴 것은 아니다. 자본주의에서 사회주의로의 이행을 설명하는 논리도 여럿 있다. 레닌은 맑스를 빌려 "자본주의에서 사회주의로 이행하는 과도기에 프롤레타리아독재라는 한 시기가 존재한다"[84]고 말한다. 이 과도기의 성격은 러시아 상황에 따라 변용되기도 했다.

어떠한 예외도 없이 모든 공무원이 완전한 선거로 임명되어 언제라도 해임이 가능하다는 점, 그들의 봉급을 노동자의 임금 수준으로 낮춘다는 점이다. 이러한 간단하고도 자명한 민주주의적 정책은 노동자와 대다수 농민의 이해를 완전히 결합하면서 동시에 자본주의에서 사회주의에 이르는 가교가 된다.[85]

우리는 러시아에서 자본주의로부터 사회주의, 즉 공산주의의 가장 낮은 단계로 변화해가기 위한 첫걸음을 체험하고 있다.[86]

그런데 레닌 역시 맑스와 마찬가지로 사회주의 이후 단계에 대해서는 구체적으로 언급하지 않았다.[87] 기껏해야 "정치적으로 볼 때, 공산주의 1단계 혹은 낮은 단계와 높은 단계 사이는 아마도 시간차가 클 것이다. 그러나 지금의 자본주의하에서 이 차이를 확정한다는 것은 우스꽝스러운 일이며 오로지 일부 무정부주의자만이 그 차이를 중요하게 여길 것이다"[88]라고 말했을 뿐이다.

개혁개방정책을 본격 추진한 이후 중국은 레닌의 사회주의를 원뜻과는 다른 방식으로 파악하였다. 중국은 『국가와 혁명』 「프롤레타리아 독재 시기의 정치와 경제」 「맑스주의 국가론」 등에 근거하여 레닌의 과도기를 기본적으로 공산주의 1단계인 사회주의 시기에 놓았다. 그리고 과도기에는 프롤레타리아와 부르주아가 이익을 둘러싸고 대립하기 때문에 프롤레타리아계급이 정권을 장악한 후에 낡은 경제구조를 해체하고 사회주의 경제구조를 건립하는 과정이 필요하며, 또한 노동자와 농민의 차이를 없애야만 사회주의사회로 진입할 수 있다고 보았다. 이러한 이유를 들어 중국이론가들은 맑스가 「고타강령비판」에서 제기한 '자본주의와 공산주의 사이에는 하나의 혁명적 변혁의 시기가 존재한다'고 할 때의 공산주의의 의미를 광의의 개념으로 이해해 거기에 레닌의 사회주의를 결부시키고 있다. 결국 개혁 이후 중국은 레닌의 사회주의를 맑스의 사회주의관이나 과도기와 동일한 선상에서 이해하고자 했다. 그러나 전체시기가 과도기인 사회주의 전시기에 걸쳐 계급투쟁이 관철되고 프롤레타리아독재가 이루어진다는 레닌의 관점과, 과도기에만 프롤레타리아독재가 관철된다는 중국사회주의 개혁이론가들의 주장은 사회주의에서 계급투쟁을 다루는 방식에서 서로 달랐다.

착취계급이 소멸된 이후 계급은 우리사회의 주요모순은 아니지만, 국내외적 영향으로 인해 계급투쟁은 여전히 일정한 범위에서 장기적으로 존재할 것이며, 어떤 조건에서는 격화될 수도 있다. 우리사회의 커다란 모순은 갈수록 증가하는 인민의 물질문명에 대한 수요와 낙후된 사회생활 사이의 모순이다.[89]

이처럼 중국 개혁론자들은 레닌의 사회주의를 해석하면서 '사회주의＝과도기＝프롤레타리아독재'라는 도식을 부정하고 과도기를 소유제의 확립과 함께 종료되는 것으로 보았다. 즉 사회주의 초급단계론의 접근방식이 과거와 다르고, 과도기를 사회주의 초급단계론과 완전히 분리하며, 사회주의를 공산주의로 발전해가는 단계가 아니라 독립적인 사회구성체로 파악한 것이다. 이와 같은 소과도론에 근거하여 레닌의 사회주의에 대한 평가를 다음과 같이 도식화할 수 있다.

레닌 사회주의의 중국적 이해

자본주의	과도기	← 공산주의 →	
		← 공산주의(낮은 단계) → (＝사회주의)	← 공산주의(고급단계) →

2가지 경제제도
3가지 사회경제형태

단일한 전민소유제
계획생산

부르주아 없는
부르주아국가의 존재
국가사멸과정
노동에 따른 분배

국가사멸
필요에 따른 분배

프롤레타리아독재

무계급사회

4) 스딸린 사회주의와 중국적 평가

맑스-레닌의 사회주의론은 스딸린 시기에 새롭게 변모했다. 스딸린 사회주의는 자본주의 생산력을 사회주의 발전을 위한 유산으로 물려받지 못하고 자본주의에 의해 광범하게 포위된 조건하에서 사회주의적 공업화를 최단시간 내에 이룩해야 하는 당시 소련의 구체적 환경 속에서 나왔다. 따라서 스딸린은 사회주의를 위한 물적인 토대를 확보하고 낡은 자본주의적 요소를 청산하며, 사회관계를 사회주의적으로 개조하는 것을 사회주의로 가는 과도기의 핵심과제로 이해하였다. 특히 그는 공업화를 추진하는 과정에서 부르주아 지식인과 소상품 생산자층(상당부분은 당원)의 광범한 저항에 부딪히자, '사회주의로 가는 과도기에는 계급투쟁이 더욱 격화된다'는 계급투쟁 강화론을 바탕으로 국가강제력의 광범한 사용을 정당화하는 국가강화론을 제출하고 이를 프롤레타리아독재의 이름으로 정당화했다. 이처럼 스딸린은 프롤레타리아독재를 자본주의에서 협의의 공산주의로 나아가는 과도기의 국가권력 개념이 아닌, '자본주의에서 사회주의로 가는 과도기'에 관철되는 권력으로 이해하였다. 따라서 이 과도기를 사회주의에도 자본주의에도 속하지 않으며, 원시공동체-노예제-봉건제-자본제적 형태의 중간에 위치한 특수한 시기의 특수한 생산양식으로 간주했다.

스딸린은 사회주의의 역사적 지위를 '자본주의에서 사회주의로 이행하는 과도기→도시와 농촌에서 자본주의를 소멸하고 사회주의를 건설하는 단계→사회주의에서 공산주의로 이행하는 과도기'라는 세 단계로 구분하였다. 이것은 맑스가 「고타강령비판」에서 '자본주의와 공산주의 사이에는 전자에서 후자로 하나의 혁명적 변혁의 시기가 존재한다'며 제시한 사회주의를 포함한 공산주의 개념을 광의의 의미로 해석한 것이다. 또 러시아혁명을 통해 제정러시아에서 사회주의사회를 실현하기까지의 과도기를 특수한 생산관계라고 파악하면서 이 시기에는 사회주의적 요소와 비사회주의적 요소의 대립과 갈등이 격렬하게 일어난다고 주장했다. 그리고 각각의 과도기는 생산수단 공유제에 따라 구분된다고 주장했다.[90] 이러한 스딸린 사회주의론은 일국사회주의론을 둘러싼 뜨로쯔끼와의 갈등과 당시의 국내외적 정세를 반영한 것이다. 즉 광의의 공산주의사회를 실현하기 위해 선진자본주의 국가 혹은 그 수준 이상으로 공업화를 이룩해야만 하며 낙후된 농업생산력도 선진자본주의 국가 이상으로 높여야 한다는 국내외 상황에 따른 것이다. 따라서 스딸린의 사회주의론은 맑스와 레닌 사회주의론의 합리적 핵심을 의도적으로 제쳐두고 소련의 현실에 맞춰 이론을 과도하게 변용한 것이라 할 수 있다.[91]

스딸린은 맑스-레닌주의를 이처럼 자의적으로 해석함으로써 레닌의 계급동맹론에서 이탈하고, 인텔리 활용론을 폐기했으며, 프롤레타리아독재를 폭력과 강제력으로 동일시하는 오류를 범했을 뿐 아니라, 개인의 우상화와 부당한 숙청을 통해 정치적 정당성을 상실해갔다. 또 자본주의에서 사회주의로 가는 짧은 과도기가 종료되었다고 선언한 1936년을 기점으로 소련은 계급 없는 사회주의사회 건설을 완성하고 공산주의사회로 이행하는 시기에 접어들었다며, 공산주의로의 이행은 오직 생산력의 발전을 통해서만 이루어질 수 있다는 생산력주의로 기울었다. 그리고 제국주의세력이 강한 시기에 일국사회주의를 건설하기 위해 사회주의 모국론을 주장하고 여기에 근거해 국가의 억압기구를 강화해야 한다는 테제를 제출하게 되었다.

이에 대해 중국의 사회주의이론가들은 "스딸린은 사회주의를 모순 없는 통일체로 파악하여 계급투쟁을 첨예화하였으며, 신경제정책 등의 역사적 경험을 무시한 채 단편적으로 사회주의경제를 통일집중경제라고 인식하는 등 유심주의와 형이상학적인 독단에 치우쳤다"[92]고 비판하였다.[93] 스딸린의 사회주의는 맑스와 레닌이 논증한 사회주의와는 생산력 수준에서 상당한 격차가 있으며, 생산관계에서도 노농간 격차가 존재하고 도시와 농촌간의 차별이 존재하는 현실을 무시한 채 계급무모순 테제를 제시했다는 등의 이유로 비판하였다. 이러한 주장은 주로 스딸린 사회주의의 미성숙과 지령경제의 한계를 겨냥한 것이었다.

그러나 중국 개혁이론가들의 사회주의관이 스딸린적 편향에서 완전히 벗어난 것은 아니었다. 우선 소련의 제정러시아→과도기(1917년~1936년)→사회주의→공산주의로의 이행방식이나 중국의 반식민지·반봉건 사회→과도기(1949년~1956년)→사회주의 초급단계로의 이행설정이 매우 유사했고, 짧은 과도기를 종료한 후 사회주의로 진입하여 계급모순 등 주요모순론을 폐기하고 생산력주의 편향에 빠진 것도 비슷하다. 이런 점에서 스딸린 사회주의론을 전면 부정할 수는 없다는 견해도 조심스럽게 나왔다.[94] 즉 스딸린은 맑스가 공산주의 고급단계에서 제기한 '각자는 능력을 다하여(各盡所能)'를 공산주의 제1단계의 '노동에 따른 분배(按勞分配)'로 바꿔 사용하고 이를 사회주의로 정식화하였다는 것을 강조했다. 그리고 중국의 개혁이론가들은 "계급이 철저하게 소멸되지 않았을 때, 노동이 생존수단으로부터 인간의 가장 중요한 수요로 되는 것이 아니라 사회의 복지를 도모하는 자발적인 노동으로 변할 때, 인간은 자기의 노동으로 일한 보수를 받는다"[95]는 스딸린의 논리를 긍정적으로 평가했다. 중국의 일부 학자들은 스딸린의 이와 같은 논리가 맑스의 「고타강령비판」의 기본사상과 일치할 뿐 아니라, 십여개 국가의 사회주의 실천을 통해 증명됐다고 주장했다. 또 스딸린이 1936년을 계기로 '기본적으로 사회주의를 실현했다'고 주장한 것에 대해 '기본적'인 실현일 뿐, 완전한 건설을 의미하는 것은 아니며, 또한 제도의 건립을 지칭할 뿐 그 이상의 의미는 없다고 주장하며 스딸린 비판을 재검토할 것을 제안하기도 했다.[96]

제4장 개혁개방의
논리

제4장 개혁개방의 논리

1. 떵 샤오핑이론의 형성

중국은 이념의 투쟁을 거치면서도 근대화라는 목표는 대체로 공유해 왔다. 마오 쩌뚱이 역사의 불가역적 진보를 믿고 혁명과 대약진의 방법으로 근대화를 달성하려고 했다는 점에서 '반근대성의 근대성'[1](Anti-Modernist Modernism)을 추구한 반면, 떵 샤오핑은 시장을 중심으로 한 자본주의 근대화, 즉 계몽주의 시장론을 수용했다. 1978년 인민공사체제를 농가생산책임제로 바꾼 농촌개혁, 경제특구 설치, 대외개방 정책, 1984년에 시작한 도시개혁의 기본정책은 모두 시장을 통한 근대화과정이었다. 그 결과 중국은 연간 9%의 고도성장을 구가하는 '중국의 시대'를 열 수 있었다. 이러한 고도성장은 사회주의의 속박을 풀어갈 수 있는 이론을 찾아내고 발전시킨 덕분이기도 했다. 그리고 그 핵심은 떵 샤오핑의 개혁론이었다. 떵은 '개혁개방의 총설계사'라고 불렸고 그의 입장과 이론적 해석은 인치(人治)구조인 중국에서 결정적인 위치를 차지해 전당대회 등에서 지도이론으로 채택되어왔다.[2]

개혁개방론은 공산주의적 지배의 위기를 풀기 위해 고안되었다.[3] 체제 차원에서 보면 모험적 선택이었다. 경제발전과 정치적 자유의 확장은 사회주의의 합법성을 높일 수 있지만, 개혁개방이라는 '판도라의 상자'는 열었을 때 얼마큼 불안정해질지 가늠하기 어렵기 때문이었다.[4] 따라서 떵은 초기에는 마오 유산의 계승과 단절이라는 측면에서 개혁의 수준과 폭을 조정해야 했다. 마오와 차이를 두지 않을 경우 개혁정책의 주도권을 장악할 수 없었고 너무 많은 차이를 드러낼 경우 공산당 지배의 지속성과 합법성의 위기가 드러날 수 있었다. 따라서 떵은 마오 없는 마오사상을 개발하고 "마오의 술병에 떵의 포도주를 담"[5]았다.

1) 떵이론의 맹아

떵의 개혁개방론의 맹아는 타이항샨(太行山) 시기의 군사적 경험에서도 발견된다. 1943년에 쓴 「타이항샨지역의 경제건설」에서 떵은 임시의회 내 직접민주주의 도입과 확대, 상품경제의 고취, 농업중시와 '책임제' 형식의 상벌제 도입, 정치적 목표와 경제적 이익을 고려한 대중동원, 점진적 정치개혁, 항일정권에서의 당정분리 등을 제시하였다.[6] 이것은 초기 떵의 경제현실주의를 보여주는 것이다. 그러나 혁명기와 사회주의 건설 초기까지 떵은 정리된 이론적 입장을 가지지 못했기 때문에 마오의 「신민주주의론」(1940)을 옹호하면서 이론을 보완하고자 하였다. 중국혁명의 원래 목적이 경제발전이었고, 생산력이 발전해야 빈곤에서 해방될 수 있다고 강조하면서 자신의 개혁개방론을 옹호한 것이다.[7] 떵의 정치적 우산 속에 있던 쟝 쩌민도 공산당 창당 70주년 기념강화에서 마오사상의 핵심인 「신민주주의론」 방법의 유효성을 강조한 바 있다.[8] 특히 "무산계급이 영도하는 신민주주의공화국에서 국영경제는 사회주의적 성격을 띤 국민경제의 지도역량이 되지만, 이 공화국이 자본주의적 사유재산을 흡수하지 않거나 인민의 생계를 통제하는 자본주의 발전을 금지하는 것은 아니다"[9]라는 언급을 주목하였다. 즉 역사적 조건의 차이는 있으나, 개혁개방론은 신민주주의론을 복원해 계급연합론과 다양한 소유제의 도입, 경제발전의 필요성을 강조하면서 역사적 정당성을 확보하고자 한 것이다. 이것은 개혁이 곧바로 자본주의로의 후퇴나 복귀가 아니라는 것을 함축하였다.[10]

대약진운동의 실패 이후 권력을 장악한 류 샤오치와 떵은 신민주주의론에 기초해 한층 유연한 경제정책을 실험하였다. 그들은 맑스-레닌주의를 중국의 현실과 결합하고 '중국적 특징'을 연구해야 한다며, 선건설론을 주장했다.[11] 이것을 이른바 중국특색론의 단초라고 볼 수도 있으나, 이는 독창적인 이론이라기보다 구체적인 정책을 이론적으로 지원하는 수준이었다. 떵은 도시지역에서 인민공사 설치를 중단시켰고 긴축정책을 펴 무분별한 프로젝트를 중지시켰으며 물질적 유인체계를 도입하였다. 그 결과 농촌의 인민공사는 이전의 1/3 수준으로 축소되었다. 비록 빈농은 더욱 빈곤해지고 불평등은 확대되었으나 중농과 부농의 정치적 지위는 월등히 높아졌으며, 일부에서는 이들이 농촌지도자로 부상하였다.[12] 1962년 7월 떵은 「어떻게 농업생산을 회복할 것인가」에서 일부 농촌에서 실시하고 있는 청부제와 책임전(責任田) 문제를 예로 들면서 대중이 원하는 형식을 취해야 하고 합법적이 아닌 것은 합법화해야 한다고 주장했다. 그러면서 류 뽀청(劉伯承)이 쓰촨 속담을 인용해 말한 '노란 고양이든 검은 고양이든 쥐를 잘 잡으면 된다'는 견해를 높이 평가하였다.[13] 떵은 농업생산을 회복하려면 생산력의 발전과 대중의 적극적인 참여를 이끌어내야 하는데, 이를 위해서는 경직된 사회주의 생산관계 대신 유연한 방식을 사용해야 한다고 주장하였다. 류 사오치와 떵은 이러한 이론에 기초하여 조정정책(조정·공고·충실·제고)을 추진하였다. 또 떵이 주관한 조사연구에 기초하여 '공업 70조'를 제정하였다. 이에 따라 "국영공업 기업은 전민소유제 기업이자 독립적 생산단위이다. 기업은 당위원회의 감독하에 공장장책임제를 도입해야 한다. 기업의 기술사업은 총공정사가 모두 책임져야 한다. 기업은 직공대표대회 제도를 실행해야 한다"[14]는 원칙을 제기하였다. 이것은 '실제에서 진리를 찾는다'라는 개혁개방론의 1960년대식 모습으로, 1950년대 중반에 비해 진일보한 '체제' 차원의 초보적 구상으로 볼 수 있다.

그러나 조정기의 짧은 정책실험만으로 생산력 결정론에 기초한 중국식 사회주의의 이론적·역사적 정당성을 주장하는 데는 한계가 있었다. 따라서 떵은 마오노선에서 자신의 이론과 친화성이 있는 부분을 발견하고자 하였다. 우선 1956년 제8차 전당대회 전후 사회주의 건설기의 노선을 대대적으로 평가하였다.[15] 즉 마오가 소련의 제20차 전당대회가 개최되기 이전인 1955년 중앙의 영도핵심에게 '소련을 거울로 삼자'는 견해를 제기하고「12대 관계론」에서 이를 구체화, 체계화한 것을 주목하였다. 당시 국내적으로는 농업합작사가 건설되면서 중국식 건설전략이 필요했다. 국제적으로도 스딸린 사망 이후 소련 내부에서 농업정책을 둘러싼 논쟁이 첨예화되고 흐루시초프가 스딸린의 개인숭배를 비판하며 소련사회주의 건설의 착오를 폭로한데다 소련과 유고가 관계를 회복한 싯점이었다. 마오는 1956년 3월 중앙정치국회의에서 "소련의 모든 것을 곧이곧대로 따라 배워서는 안되며 자신의 머리로 생각해야 한다. 레닌주의의 기본원리를 중국혁명과 건설이라는 구체적 현실에 결합하여 우리나라에서 사회주의를 건설하는 것을 모색해야 한다"[16]고 역설했다. 떵은 이것을 중국식 사회주의 건설사에서 선구적 의미를 지니는 것으로 보면서 중국식 사회주의의 역사적 뿌리로 간주하였다.

개혁개방이 본격화되기 이전까지 떵은 생산력을 발전시키기 위한 다양한 정책을 실험하고 경제를 회복하는 데 촛점을 맞추었을 뿐 자본주의 선진문화의 도입과 같은 근본적인 변화에 대한 인식을 갖지는 않았다. 자본주의화과정에 대해서도 부정적인 자세를 취한 것을 볼 때 당시 떵은 경제활동의 중요성을 강조하면서 정치중심주의를 우회적으로 비판하는 데 촛점을 둔 것으로 여겨진다.

떵은 1973년 복권된 후, 중앙 군사위원, 정치국원, 부총리, 당부주석, 중앙군사위 부주석 겸 총참모장을 거치며 실권을 장악해나갔다. 또 당조직은 물론이고 농업과 공업, 군과 교육사업을 전면적으로 정비하는 과정에서 생산력 발전에 기초한 자신의 정치노선을 부각시키기 시작했다. 1975년 "농업을 기초로 농업에 복무하는 사상을 확립한다. 새로운 기술과 새로운 설비를 도입하고 수출입을 확대한다. 기업의 과학연구사업을 강화한다. 기업의 관리질서를 정돈한다. 생산품의 질을 좋게 한다. 규칙제도를 회복하고 건전화한다. 노동에 따른 분배를 견지한다"[17]는 '7개의 문제'를 제기했다. 이를 개혁개방사상의 맹아로 볼 수 있다. 특히 떵의 일련의 연설에 기초하여 작성된 「전당 전국 각종 공작의 총강령을 논함」에서는 1960년대 수정주의로 비판받았던 공업문제의 지도방침인 '공업 20조'의 복권이 선언되기도 했다.[18] 그러나 떵은 "마오의 중요지시를 기초로 이론을 학습해야 한다. 안정단결을 도모해야 한다. 국민경제를 발전시켜야 하며 이 중 하나라도 소홀히 해서는 안된다"[19]고 생각했다. 이처럼 당시 떵은 방법의 차이는 있었지만, 마오의 정신을 통해 자신의 개혁개방론을 설명하고자 했으며, 이

는 정치적 수사라기보다는 진심이 담긴 실제적인 정책선택이었다.[20]

2) 초기 개혁노선의 성격

떵은 1976년 10월 마오가 사망하자 마오와의 차이를 더욱 분명히
드러내었다. 떵과 후 야오빵 등 개혁그룹은 예 졘잉(葉劍英)파와의 협
력[21]을 통해 4인방을 제거하는 한편 화 꿔펑(華國鋒)의 권력기반을 약
화시키면서 개혁세력을 확대하였다. 이 과정에서 떵 샤오핑 대망론이
나타나기 시작했다. 떵은 화 꿔펑에 대한 지지를 표명하는 두번의 편
지를 계기로 1977년 7월 10기 3중전회에서 '떵 샤오핑 동지 직무회복
에 대한 결정'을 통해 모든 직무에 복귀하면서 당서열 3위의 지위를 확
보했다. 이어 린 뺘오보다 자신이 마오사상을 더 완전하고 정확하게
계승하고 있다고 주장하며[22] 역사적 정당성을 확보하고자 하였다. 요
컨대 마오사상을 자구로 해석하는 우를 범하지 말고 그 뜻을 실사구시
적으로 해석하자는 입장이었다. 떵은 "마오도 착오를 범했으며 (…) 한
개인이 일생 중 '30% 착오를 범하고 70%는 옳았다는 평가(三七開)'는
좋은 것이며 나쁘지 않다. 만약 내가 죽은 후 후세 사람이 이런 평가를
내린다면 매우 기뻐할 것이며 만족할 것이다"[23]라고 밝혔다. 떵은 이
러한 인식이야말로 철저한 유물주의자의 태도라고 주장하였다. 이것
은 마오의 '두 가지 모든 것(兩個凡是)'에 집착하면서 권력의 정당성을
주장하던 화 꿔펑파에 대한 노선투쟁을 의미했다.

떵은 먼저 세계 선진국과 경쟁하기 위해서는 과학과 교육에 투자해
야 한다며 노선전환의 필요성을 제기했다.[24] 특히 마오의 '천재론' 비
판과 관련해, 마오가 인재를 존중할 것을 반대한 것은 아니라고 전제
하면서도 지식인을 '구린내 나는 집단'으로 묘사한 것은 중대한 착오라

고 주장하였다.[25] 또 4개 현대화의 하나인 국방현대화를 위해 군대에도 교육의 중요성을 파급시켰다.[26] 떵은 또한 '실천이 진리를 검증하는 유일한 표준'[27]이라는 토론을 통해 '두 가지 모든 것'을 이론적으로 폐기했다. 이것을 토대로 마오사상에 대한 경직된 이해에서 벗어나자는 전국적인 사상해방운동이 전개되면서 사회주의 발전모델의 전환적 기초가 완성되었다.[28]

떵의 새로운 구상이 구체적으로 확인된 것은 1978년 11기 3중전회 직전 열린 중앙공작회의에서였다. 떵은 여기서 "사회주의제도의 근본적인 우월성을 드러내기 위해 사회생산력을 구사회에 없었던 빠른 속도로 발전시켜 인민들의 날로 늘어나는 물질문화에 대한 요구를 더욱더 만족시켜야 한다"[29]고 말했다. 떵은 사상해방을 강조하면서 경제정책을 통해 "일부 지역, 일부 기업, 일부 노동자 농민이 노력을 통해 수입을 더 얻는 것을 허용할 것"[30]도 요구하였는데, 이것은 11기 3중전회의 회의 주제보고로 자리잡았다.

그 결과 이 대회에서 떵의 '공작중점 이행문제'를 하나의 의제로 보는 화 꿔평파와 의제 가운데 하나가 아니라 관건이 되는 근본적인 문제라고 주장하는 떵파가 충돌하였다. 떵은 폐막연설을 통해 사상해방, 민주선양, 근대화로의 이행을 주장하는 한편 4인방의 '가난한 사회주의' '가난한 공산주의'의 오류를 비판하고 생산력 발전을 통해 인민생활을 개선해야 한다고 강조했다.[31] 이 견해가 회의정신으로 채택되면서 '제2의 혁명'으로 불리는 개혁개방은 새로운 국면으로 접어들었다. 이어 1979년 떵은 문예공작방침을 천명하면서 "4개 현대화는 오랫동안 전국 인민의 압도적인 중심임무가 되어야 한다. 이것은 조국의 명운이 걸린 천추의 대업"[32]이라고 주장하였다.

떵노선을 구축하는 과정에서 경제중심전략의 정당성을 확인하기는 했으나, 중국정치 전반을 지배하는 마오 개인과 마오사상에 대한 평가 문제는 여전히 '뜨거운 감자'로 남아 있었다. 실제로「공산당 11기 3중 전회 회의공보」에는 계급투쟁을 과감하게 폐기했다는 떵파의 사후 해석에도 불구하고, '계급투쟁을 중지한다'는 내용이 공식적으로 담기지는 않았다. 그만큼 이 주제는 신중히 단계적으로 추진될 수밖에 없었다. 11전대회 당시 최대과제는 마오와 문화대혁명에 대한 재평가였으며, 이를 둘러싸고 화 꿔평-예 졘잉-떵 샤오핑의 연정체제 내부에서 첨예한 논쟁이 벌어졌다. 그러나 11기 4중전회에서 예 졘잉은 연설을 통해 문화대혁명이 '대재앙'이었음을 밝혔다. 당시 예 졘잉은 문화혁명기에 비판받지 않은 몇 안되는 지도자의 한사람이었기 때문에 문화대혁명에 대한 그의 부정적인 평가는 대세를 형성할 수 있었다.[33] 그러나 여전히 남은 쟁점은 마오와 마오사상에 대한 비판수위였다. 사실 마오사상은 중국혁명과 초기 사회주의 건설과정에서 정통성을 갖기 위해 앞세운 중요한 이념이었기 때문에 이를 완전히 부정한다는 것은 쉽지 않은 일이었다. 떵의 정치적 동맹자였던 예 졘잉조차 "마오사상을 송두리째 부정해서는 안되며 그럴 경우 당이 이론적·사상적 틀을 잃게 되어 중국은 1949년 이전의 상태로 돌아가게 될 것"[34]이라고 경고했다. 이런 맥락에서 개혁세력도 마오의 영향력이 상대적으로 강하게 남아 있던 군부세력과 당내 보수파와의 타협을 시도하지 않을 수 없었다.[35]

우선 '두 가지 모든 것'과 관련해 떵은 마오가 생전에 스스로도 착오를 범했다고 한 것에 근거하여 '모든 것(凡是)'은 없다고 주장했다. 그러나 마오 자체를 부정하는 것은 스스로의 정당성을 함께 부정하는 결과를 초래하므로 '정확하고 완전한' 마오사상으로 전당·전군·전인민을 지도하자는 입장을 수용하였다. 당시만 해도 이후에 전개될 전면적 비판과 달리 마오사상을 역사적·과학적·실사구시적으로 보아야 하며 마오가 문화대혁명을 발동한 것은 소련의 수정주의를 반대하고 중국 사회주의를 방어하기 위한 것이었다는 주장이 강하게 남아 있었다.

새로운 개혁주체세력은 1년반 동안 면밀히 준비해 마오의 과오를 비판하면서도 마오사상을 집단적 지혜로 존중해야 한다는 견해를 도출하였다. 1981년 6월 당 11기 6중전회는 60년 중국공산당의 역사적 경험을 총괄하는 「건국 이래 당사에 있어서 약간의 문제에 대한 결의(이하 역사결의)」를 통과시켰다. 이로써 떵은 마오와 차별성을 갖는 데 어느정도 성공하였다. 떵은 경제발전과 과학기술을 중시하는 유물주의, 생산력 제고에 주력하는 경제결정주의, 물질적 유인을 특징으로 하는 실적주의, 그리고 대외개방을 강조했다. 이것은 인간의 자발적 의지를 강조했던 주의주의, 생산관계의 혁신과 계급의식을 강조한 정치중심주의, 평등주의와 자력갱생의 정신에 기초한 마오노선의 수정을 의미했다. 또 개혁개방론은 1960년대 조정정책의 본격화 내지 회복으로 볼 수도 있다. 다만 1960년대와 달리 자율성을 확대해 중앙과 지방의 상투적인 권한조정의 문제를 해결하였고, 미시경제 메커니즘의 문제를 제도적으로 안착시킬 수 있는 기반을 마련했다는 점에서 차이가 있었다.[36)]

3) 떵 샤오핑식 사회주의

11기 3중전회 전후의 사회주의전략은 두개의 기본점과 세개의 노선에 기초했다. 두개의 기본점은 4개 현대화의 주요이념인 개혁·개방의 활성화와 4개 기본원칙을 견지한다는 것이었다. 세개의 노선이란 정치노선, 사상노선, 조직노선을 말한다. 즉 계급투쟁 중심론을 폐기하고 현대화 건설로 옮기는 정치노선, 사상해방과 실사구시의 원칙 속에서 개인숭배와 교조주의의 속박에서 벗어나는 사상노선, 그리고 간부정책 등 정치체제개혁과 경제관리체제개혁 등 구체적인 현대화노선을 제시한 조직노선 등이 그것이다.

그러나 당시 두개의 기본점은 상호모순적인 정책을 낳을 개연성이 많았다. 이에 대해 개혁개방 지도부는 "상호대립적인 것이 아니라 통일적인 것이며 분리될 수 없다. 양자는 3중전회 이래의 노선과 일련의 방침, 정책 내에서 통일되고 중국식 사회주의 실천과정에서 통일된다"[37]고 생각하였다. 즉 4개 현대화만을 논하고 사회주의를 논하지 않는다면 문제의 본질과 중국적 발전의 길에서 이탈하는 것이라고 보았다. 이것은 4개 기본원칙에 위배되는 사회주의관을 비판하는 데 사용되었다. 즉 떵은 중국식 현대화는 중국적 특징에서 출발해야 한다고 강조하였다. 사회주의, 무산계급독재, 공산당지도, 맑스-레닌주의·마오사상의 견지를 주장하면서 이것은 새로운 것이 아니라, 사회주의 건설사에서 줄곧 견지해왔던 것을 재삼 강조하는 것이라고 밝혔다.[38] 이러한 사회주의관은 1979년 당시 '민주의 벽' 운동 등 '나쁜 요소'들이 있는 상황을 반영하고 있다. 당시 '사회주의 본질론'의 핵심은 1980년 5월 "사회주의는 좋은 단어이다. 그러나 만약 나쁘거나, 정확하게 이해할 수 없고, 정확하지 않은 정책을 취한다면, 사회주의의 본질을 드러낼 수 없다. 나는 사회주의의 길이 정확하다고 생각한다"[39]는 데에 잘 나타나 있다.

하지만 11기 3중전회 이후 초기 개혁개방론은 그 상징적 의미에도 불구하고 구체적인 정책 프로그램이 없었다. 이론적으로도 단일한 전민소유제경제에 대한 개혁구상과 사회주의 내에서 민주를 발전시키고 법제를 건전화하다는 원칙만 제시했을 뿐이다. 계급투쟁을 해석하는 과정에서도 중국사회의 일정한 범위 내에서 계급투쟁이 장기적으로 존재한다는 것을 인정했으며 어떤 조건에서는 더 격화될 수 있다고 보았다. 사상적으로도 공산주의사상, 공산주의정신, 공산주의도덕으로 인민을 교육해야 한다는 것을 강조했을 따름이다. 특히 공산주의사상은 자연발생적으로 나타나는 것이 아니라, 교육이 필요하기 때문에 모든 사람이 공산주의 세계관으로 무장해야 한다고 강조했다.

따라서 개혁 초기 떵의 개혁노선은 레닌주의모델로부터 벗어나려는 본격적인 과정으로 평가하기 어렵다. 오히려 떵은 마오의 과학적 체계와 착오를 구분하고 마오의 과학적 체계를 계승한다는 입장을 유지했다. 이런 점에서 당시 떵의 마오비판은 전면적이라기보다는 절충적인 측면이 강했다.[40]

2. 사회주의 초급단계

1) 이론의 구축과정

개혁개방론의 특징은 적자생존에 기초한 다원주의 세계질서와 중국 현실을 솔직하게 인식했다는 데 있다. 떵은 11기 3중전회 직후 중국식 현대화노선을 추구하면서 중국의 사회경제적 기반은 매우 취약하고, 인구는 많으나 경작지는 작으며, 이러한 현상이 짧은 시간 내에 변할 수 없다고 지적했다.[41] 그러나 농촌에서 도시로 개혁의 중점이 옮겨오면서 경제발전을 위해 시장과 상품경제의 확산은 불가피했고 이를 포괄적으로 정당화해줄 이데올로기 장치도 더욱 절실해졌다.[42] 중국당정은 일당지배에 기초한 레닌주의적 지배방식을 폐기하지 않은 채, 시장개혁의 이론적 정당성을 발견하는 데 주력했다.[43] 떵은 "중국이 사회주의로 진입했으나 여전히 초급단계이거나 저발전단계에 있다"[44]고 보면서 이론적 절충을 시도하였다. 이것은 중국사회의 주요모순은 대립적 사회계급간의 모순이 아니라, 비교적 선진적인 사회주의 생산력과 낙후된 생산력 사이의 모순이며, 이러한 모순을 해결하기 위해서는 모든 역량을 생산력 발전에 집중해야 한다는 맥락에서 제기된 것이었다.

사회주의를 구분하는 단계론은 중국의 현실과 이론의 괴리를 메울 수 있는 대안이긴 했으나, 고전사회주의 이론에서 보면 정통적이지 않은데다 모호한 면이 있었다. 따라서 이데올로그들은 기존의 맑스주의로부터 전거를 찾으면서도 이론의 모순이 드러날 경우 맑스주의를 비판하면서 이를 중국적 맥락에서 정당화하는 등 '중국특색'을 강조하는 사회주의를 모색하기 시작했다.

이들은 우선 단계론의 이론적 정당성을 마오와 류 샤오치, 져우 언라이(周恩來) 등의 언급에서 발견하고자 했다. 사실 마오의 사회주의는 대과도론에 입각한 계급투쟁론에 경사되어 있었기 때문에 소과도론에 기초한 개혁개방론과는 거리가 멀었다. 그럼에도 마오로부터 그 전거를 찾아나간 것은 마오가 지닌 이론적 영향력이 남아 있었기 때문이다. 1956년 마오는 사회주의의 법적 개조가 완성된 이후 사회주의 경제제도와 정치제도에는 공업적 기초가 필요한데, 대략 15~20년이 걸린다[45]고 주장했다. 그들은 또한 마오가 사회주의사회로 진입한 이후 '건립'을 '건립과 성취(建成)' 단계와 '더 강대한 발전' 단계로 구분한 것을 과정론사상으로 평가하였다.[46] 마오로부터 좀더 분명하게 단계론을 이끌어내는 데 이용한 것은 1958년 마오가 「각 성과 자치구, 지와 현급의 당위원회에 보낸 편지」에서 스딸린의 「소련사회주의 경제문제」「맑스-엥겔스-레닌-스딸린의 공산주의 사회론」「소련 '정치경제학(교과서)'에 대한 독서」를 강조한 부분이었다.[47] 특히 "사회주의는 두 단계로 나눌 수 있다. 1단계는 미발달 사회주의이고 2단계는 비교적 발달한 사회주의이다. 이후 단계는 전 단계에 비해 더 긴 시간이 필요하다. (…) 공산주의사회의 한 단계에서 다른 단계로 넘어가는 것도 혁명이다. 공산주의에는 몇개의 단계가 존재하는데 심지어 수만개의 단계를 거칠 수도 있다"[48]는 언급에 주목하였다. 그러나 이것은 마오의 인식을 의도적으로 확대해석한 것이었다. 왜냐하면 마오 자신이 이 개념을 이론적으로 명료화하지 않았고 이후에 반복적으로 제기한 것도 아니기 때문이다. 그것은 대약진과 인민공사 시기의 사회주의 경제문제를 파악하기 위해 한 언급에 불과했다. 그러나 떵 시기 개혁개방 이론가들은 이 논점을 생산력과 생산관계의 균형과 불균형, 생산관계와 상부구조의 균형과 불균형을 핵심으로 사회주의 경제문제를 연구해야 한다는 점을 역설한 것으로 해석하였다.

개혁이론가들은 또한 류 샤오치가 정치경제학(교과서) 학습토론회에서 사회주의와 공산주의라는 두 단계는 각각 몇개의 작은 단계로 나눌 수 있다고 말한 데서 사회주의단계론의 맹아를 찾으려고 했다.[49] 그리고 '사회주의 초급단계는 100년 동안 흔들림이 없어야 한다'는 이른바 초급단계의 장기론은 1961년 져우 언라이가 영국의 몽고메리 장군과 나눈 대화에서 '우리는 사회주의 건설을 하나의 장기적 임무로 생각하고 있다. 아마 50년은 필요할 것이다'라고 밝힌 데서 근거를 찾았다. 7천인 대회에서 마오가 이러한 견해를 더욱 진척시켜 '강대한 사회주의경제를 건설하는 것은 중국에서는 50년으로는 부족하고 1백년 또는 더 긴 시간이 필요하다'고 한 말도 적극 수용하였다. 1978년 12월 13일 떵은 "과거 우리는 이미 다년간에 걸쳐 사회주의 건설을 진행했으나, 우리는 [11기 3중전회 이후의] 이 시기를 새로운 역사발전단계의 시작이라고 말할 수밖에 없다"[50]고 선언하면서 사회주의 초급단계 장기론을 확정하고 본격적인 토론을 유도했다.

1979~80년 이른바 '미발달 사회주의'를 둘러싼 논의의 결과 1949 년 이후 1956년까지의 짧은 과도기를 거친 후 중국은 사회주의로 진입 했다는 소과도론이 이론적 정당성을 얻었다.[51] 이것은 중국이 비록 사 회주의 시기로 진입했으나, 생산력이 낙후했기 때문에 사회주의 내의 '초급단계'에 처해 있다는 사회주의 초급단계론의 이론적 토대가 되었 다. 사회주의 근대화의 과제를 풀기 위해 골몰했던 당중앙도 소과도론 의 이론체계를 수용하였다. 물론 중국공산당이 개혁개방 초기부터 사 회주의 초급단계라는 개념을 적시하면서 중국사회주의를 설명했던 것 은 아니다. 이는 개혁개방정책을 가속화하고 그에 맞는 중국적 이데올 로기를 수립하는 일련의 이론적 탐색을 벌이는 과정에 형성·확대된 것이다. 다시 말해 1979~80년 논의를 전사(前史)로 하고 이후 중국의 낙후된 생산력을 솔직하게 이해하면서도 사회주의를 유지해야 하는 정치적 문제를 복합적으로 고려하면서 모든 것을 만족시킬 수 있는 이 론적 근거를 찾아나간 것이다.

1978년 이후 '초급단계'의 의미는 새로운 형태의 사회주의관을 정립 하고자 한 「사상해방, 실사구시, 일치단결하여 전진하자」라는 떵 샤오 핑의 문건 등에서 엿볼 수 있다.[52]

4개 현대화를 추진하는 과정에서 우리가 익히 알지 못하고 예상하지 못했던 문제가 출현했다. (…) 특히 상부구조와 생산관계의 개혁은 순풍 에 돛단 듯이 갈 수는 없으며 각양각색의 복잡한 상황과 문제가 발생하므 로 우리는 여러 장애에 직면하지 않을 수 없다. 이에 대해 충분한 사상적 준비를 해야 한다. (…) 4개 현대화를 추진하는 것은 심각하고 위대한 혁명이다.·이 위대한 혁명 속에서 우리는 새로운 모순을 부단히 해결해야 한다. 따라서 전당동지들은 배우고 또 배워야 한다.[53]

과거 민주혁명을 할 때는 농촌에서 도시를 포위하는 마오 쩌뚱노선을 걷는 것이 중국국정에 부합하는 것이었다. 현재는 건설하는 것만이 중국국정에 부합하기 때문에 중국 현대화 건설의 길을 걸어야 한다.[54]

떵 샤오핑의 이러한 논의는 11기 3중전회 이후 새로운 사회주의를 모색하는 과정에서 실사구시와 중국실정에 부합하는 사회주의의 임무를 강조하는 쪽으로 옮겨갔으며, 다시 중국사회주의의 미발달 현상을 설명하고 이 문제를 극복하는 데 상당한 기간이 소요된다는 것을 강조하는 것으로 발전했다. 즉 "우리는 나라가 크고, 인구가 많고, 층이 얇다는 것을 늘 기억해야 한다. 그저 오래 노력해야만 발달한 국가의 수준에 이를 수 있다. (…) 결국 우리는 각종 유리한 조건을 가지고 세계의 선진국가를 따라가야 한다. 그러나 2~3세기, 적어도 4반세기 동안 누적된 차이를 단축하고 해소하려면 오래 투쟁할 결심이 서야 한다. 우리는 오랜 시간 동안 어려운 창업을 제창하고 실행해야 한다"[55]는 것이었다.

이어 1979년 예 젠잉이 건국 30주년 대회에서 언급한 '발전 중의 사회주의'라는 개념도 적극 이용되었다.[56] 예 젠잉은 중국이 이미 사회주의사회로 진입했는데도 여전히 자본주의와 사회주의의 과도기에 있다고 생각하는 사람들이 있어, 그들을 비판하려고 이 말을 썼다. 그러나 떵은 예 젠잉의 이러한 개념에 적극적인 의미를 부여했다. 초급단계라는 용어가 구체적으로 등장한 것은 1981년 「역사결의」에서이다.

오직 사회주의만이 중국을 구할 수 있다. (…) 우리의 사회주의제도는 여전히 '초급의 단계'에 머물러 있다. 그러나 의심할 나위 없이 우리나라는 이미 사회주의제도를 건립하고 사회주의사회로 진입했다. 이러한 기본 사실을 부인하는 관점은 모두 착오이다.[57]

그러나 여기에서 언급한 '초급단계'는 명료한 이론적 개념이 아니라 '초급의 단계(初級的階段)'라는 용법에서 볼 수 있듯이 낙후된 현실과 모순을 드러내주기 위한 일반용어였다. 12전대회에서 후 야오빵도 중국사회는 '사회주의 초급 발전의 단계'에 처해 있다고 밝혔으나 당강령과 헌법에 이 개념이 반영되지는 않았다. 이후 논의도 초급단계를 정리된 개념으로 사용한 것이 아니라, 주로 그 의미를 계승하여 '발전 중의 사회주의(發展中的社會主義)'와 '중국적 사회주의론' 등으로 혼용하면서 사회주의가 장기적으로 존재해야 할 필요성과 생산력 발전을 강조하는 형태로 사용하였다. 예컨대 1981년 쟈오 쯔양도 정세보고에서 "우리나라는 발전 중에 있는 사회주의국가이다. 과거 오랫동안 경제지도사상이 좌경적이었기 때문에 경제관리 사업에도 폐단이 존재해왔다. (…) 사회주의제도의 우월성을 충분하게 발휘하기 위해서는 사회생산력을 해방하는 것이 중요하다"[58]고 밝혔다.

1982년 중국공산당 12차대회의 정치보고에서 후 야오빵은 처음으로 중국사회는 '사회주의 초급 발전의 단계'에 처해 있다고 밝혔다. 그러나 쟈오 쯔양의 「정부공작보고」에서는 '초급단계'의 개념을 사용하지 않았다.

우리나라 사회주의사회는 초급 발전단계에 처해 있으며 물질문명은 아직 발달하지 않았다(我國的社會主義社會現在還處在初級發展階段, 物質文

明還不發達). 그러나 일정정도 발전한 현대경제가 되기 위해서는 현재의 가장 선진적인 계급, 즉 노동계급과 그 선봉인 공산당이 있어야 한다. 사회주의혁명이 성공하기 위해서는 사회주의제도를 건립한 이후 물질문명을 건설하는 동시에 고도의 사회주의 정신문명을 건설해야 한다.[59]

우리나라는 발전도상의 사회주의국가이다(我國是一個發展中的社會主義國家). 인구는 많으나 물질적 기술의 기초가 비교적 부족하기 때문에 우리나라의 현대화 건설은 시간이 오래 걸리고 복잡할 것이다. 맑스주의의 기본원리를 중국의 구체적 실정과 결합하고 실사구시의 원칙을 견지하며 중국국정에 따라 일을 처리하는 것은 우리가 반드시 채택해야 하는 정확한 건설방침의 기본적인 출발이다.[60]

1982년 중국공산당 당장과 헌법도 사회주의가 장기적으로 존재해야할 필요성만 언급했을 뿐 초급단계를 명시적으로 기술하지 않았다. 즉 "사회주의제도의 발전과 완성(完善)은 하나의 장기적인 역사과정이다. 근본적으로 사회주의제도는 자본주의제도 자체가 극복할 수 없는 모순을 해소하며 자본주의와는 비교할 수 없을 만한 우월성을 지니고 있다"[61]고 밝혔다.

이처럼 당시 논의에서는 사회주의 초급단계론을 보편적인 중국사회주의 개념으로 사용하지는 않았다. 그것은 사회주의단계론에 대한 맑스-레닌주의 이론의 논의가 불충분하고 학계에서도 그것을 지지할 수 있는 토론이 활발하게 전개되지 않았기 때문이다. 초급단계라는 용법은 '중국적 특색을 지닌 사회주의'를 본격적으로 강조하면서 제기되었다.

우리는 중국의 국정에서 출발하여 중국특색을 지닌 사회주의를 건설해야 한다. 중국은 인구가 많고 자원이 비교적 풍부하지만, 경제는 낙후되어 있다. 우리는 사회주의 원칙을 위배하지 않는 선에서 모든 요소를 적극 동원하여 상품생산의 발전을 촉진해야 한다.[62]

무엇이 맑스주의이고, 무엇이 사회주의인가에 대한 과거의 인식은 완전한 것이 아니었다. 맑스주의는 사회생산력의 발전에 가장 주목한다. 따라서 사회주의단계의 가장 근본적인 임무는 생산력을 발전시키는 것이다.[63]

이러한 중국적 특색을 지닌 사회주의는 1984년 10월 20일 12기 3중전회에서 통과된 「경제체제개혁에 관한 결정」에서 성공적인 농촌개혁을 도시개혁으로 확산해야 하며 사회주의 초급단계의 경제적 특징에 대한 인식을 심화해야 한다고 주장한 데 잘 나타나 있다. 특히 상품생산의 발달, 공유제에 기초한 계획적 상품경제의 실행이라는 구체적 정책을 제시하였다.[64] 떵 샤오핑은 중국사회의 실정을 있는 그대로 파악했으며 명확한 발전목표를 제시했다.

우리는 금세기 말까지 빈곤을 타파해야 하는 단계에 있다. 1980년 1인당 GNP는 250달러 정도였으며, 지금도 400달러에 불과하다. 세계적으로 볼 때 우리는 100여개 국 중에서 맨 뒤에 있다. 금세기 말까지 샤오캉(小康, 의식주의 어려움이 없이 다소 여유가 있는 사회—인용자) 수준으로 진입하고 1인당 GNP도 1천달러에 이르게 해야 한다. 그리고 다시 30~50년이 지나면 중등생활 수준에 이르러야 한다. (…) 우리의 정책은 중국의 국정에서 출발해야 하며 우리 스스로 노력해야 한다. 우리의 목표는 현실적이다.[65]

10년은 첫걸음의 단계이다. 이 단계의 목표는 GNP를 두배로 늘리는 것이다. 1인당 GNP 500달러의 목표는 실현될 수 있을 것이다. 10년 후인 금세기 말까지 이를 다시 두배로 1인당 GNP를 1천달러 수준으로 늘리는 것이다. 이것은 두번째 걸음의 단계이다. (…) 다시 30∼40년이 지나면 1인당 GNP는 네배로 늘어 약 4천달러 이상이 될 것이다.[66]

한편 쟈오 쯔양도 "현재 우리는 사회주의를 하고 있다고 말할 수 있으나, 다음세기 중엽에야 중등발달국가 수준에 도달할 것이며 사회주의가 자본주의를 대체할 것이다. 이래야 사회주의를 한다고 말할 수 있다"[67]고 말했다. 이처럼 1980년대 초반까지 사회주의단계론에 대한 이론적 논의는 여전히 불충분했다. 그러나 도시개혁이 활발해지면서 12기 6중전회에 이르러서는 한결 명료한 형태를 띠기 시작한다. "중국 사회는 사회주의의 초급단계에 처해 있기 때문에 노동에 따른 분배를 실행해야 할 뿐 아니라, 사회주의 상품경제와 경쟁을 발전시키고 상당한 기간 내에 공유제가 주체가 되는 것을 전제로 해 여러 형태의 경제요소를 발전시키며 공동부유의 목표하에서 일부 사람들이 먼저 부자가 되는 것을 고무해야 한다"[68]고 밝혔다. 이어 1987년 한해 동안 사회주의 초급단계의 이론적 의미를 집중적으로 검토한 후, 떵은 체코총리와 가진 회담에서 "사회주의를 하려면 생산력이 발전해야 한다. 빈곤은 사회주의가 아니다. 우리가 사회주의를 견지하기 위해서는 자본주의보다 우월한 사회주의를 건설해야 한다. 우선 빈곤에서 벗어나야 한다. (…) 현재 우리는 이러한 길을 가고 있다"[69]고 밝혔다. 이후 떵은 집중적으로 초급단계론을 설파하기 시작했으며, 13전대회 직전 "이 입론만이 우리 개혁의 성격과 근거를 명확히 할 수 있다. (…) 이 설계는 좋다"[70]고 했다. 이러한 논의를 거친 후, 13전대회에서 사회주의 초급단계론이 '중국특색을 지닌 사회주의론'의 핵심적 내용으로 등장하였다. 즉 중국의 인민들은 완전히 발전한 자본주의단계를 거치지 않고서는 사회주의노선을 건설할 수 없으며 (고도로 발전된 생산력단계를) 뛰어넘을 수도 없다고 보았다.[71]

　　우리 당중앙은 이론과 실천을 결합하여 '우리나라는 사회주의 초급단계에 처해 있다'는 논술이 매우 중요한 의미를 가지고 있다고 본다. 이것은 정책을 수행하고 노선을 제정하는 근본적인 근거이다.[72]

사회주의 초급단계라는 실제에서 출발하여 당의 기본노선과 장기방침을 확립해야 하며, 사회주의 초급단계에 놓여 있음을 정확히 인식하는 것이 중국특유의 사회주의를 건설하는 데 가장 중요한 문제라는 것이다. 나아가 사회주의 초급단계는 점진적으로 빈곤하고 낙후된 단계를 벗어날 수 있다고 주장하였다.

2) 사회주의 초급단계론의 사회주의

사회주의 초급단계론의 정식화

사회주의 초급단계론은 1987년 13차 당대회에서 쟈오 쯔양의 정치보고에 구체적으로 명시되어 중국사회주의의 성격을 규정했으며, 개혁개방을 가속화한다는 정책 이데올로기의 기능을 수행하게 됐다.

　　우리나라는 현재 사회주의사회의 초급단계에 처해 있다. 이러한 논리적 단정은 두가지 의미를 지닌다. 첫째, 우리사회는 이미 사회주의사회이다. 우리는 사회주의를 견지해야 하며 이를 이탈할 수 없다. 둘째, 우리나라의 사회주의사회는 초급단계에 처해 있기 때문에 실제에서 출발해야 하며 이 단계를 초월할 수 없다"[73]

중국은 이미 사회주의제도를 건립하고 사회주의로 진입했으며, 더 이상 건국 초기와 같은 신민주주의사회 내지 과도기가 아닐뿐더러 자본주의는 더더욱 아니라는 것을 명확히 했다. 다른 한편, 사회주의 전체시기에서 볼 때 현재의 중국은 낙후된 생산력에 기반한 초급단계에 처해 있다는 것을 현실적으로 인식하였다.[74] 이처럼 쟈오 쯔양의 정치보고는 사회주의 초급단계론과 소과도론에 근거한 사회주의론을 공식화해 기존의 산발적인 논의를 정리하였다. 첫째, 중국은 1956년 소유제의 법적인 개조를 완성한 후 과도기가 종료되었고, 그후 사회주의의 합리적 핵심을 견지하고 있으며 사회주의 범주로부터 일탈하지 않았고 앞으로도 이러한 기조를 유지할 것이라는 점을 확인시켜주었다. 둘째, 초급단계의 개념을 사용함으로써 논의의 구도를 중국이 사회주의사회에 속하느냐 아니냐에서 중국사회주의의 수준을 의미하는 완전함(完善)과 불완전함(不完善)으로 옮겨와, 중국이 '완전함'을 향해 비교적 오랜 시기를 거치면서 발전할 것이라는 점을 강조하였다.

개혁개방론자들이 새로운 이론적 작업을 시도할 수 있었던 것은 '사회주의' 개념의 모호성 때문이었다.[75] 사실 사회주의사회의 성립기와 발전단계는 경제적으로 갓 태어난 것과 마찬가지여서, 구사회의 흔적이 남아 있는데다 완전하지도 순수하지도 않은데, 개혁개방론자들은 이를 역사발전과정에서 필연적으로 발생하는 현상으로 보았다. 그러면서 사회주의 초급단계가 오래 지속될 수도 있다고 주장하였다. 그러나 사회주의 초급단계론은 중국사회에 고유한 것이며, 사회주의의 보편적인 발전법칙으로 일반화할 필요는 없다고 강조하였다. 이러한 주장은 맑스이론체계의 비과학성을 논박하는 것으로 발전되었다. 즉 맑스는 사회주의사회의 각 분야의 특징을 모두 언급한 것이 아니라면서, 사회적 생산이 사회주의사회의 기본전제이자 물질적 전제라고 하는 원리나 사회와 개인의 수요에 맞춰 계획적으로 생산을 조절해야 한다는 매우 중요한 경제적 특징을 언급하지 않았다고 주장했다. 따라서 「고타강령비판」에 나타난 사회주의론을 과학적 학설이 아니라 일종의 예견이라고 보기도 했다.

사회주의 초급단계론자들이 「고타강령비판」을 비판의 대상으로 삼은 이유는 이 문건이 단계론을 담고 있으면서도 이론적 추상이 강해 변용의 여지가 있기 때문이었다. 첫째, 「고타강령비판」은 순수한 사회주의를 구상했으나, 현실에서 순수한 사회주의는 없다. 이를 통해 과거 중국사회주의도 과도한 일반화와 교조화의 오류를 범할 수밖에 없었다. 둘째, 모든 사물은 형성과 발전의 과정을 거치며 사회주의도 예외가 아니다. 따라서 「고타강령비판」의 사회주의 내용은 더욱 풍부해져야 한다고 보고 이러한 점을 엥겔스가 사회주의사회를 '항상 변화하고 개혁하는 사회로 본' 논리를 가지고 역비판하였다. 셋째, 현실사회주의와 맑스가 구상한 사회주의가 서로 다른 역사적 위치에 처해 있다는 점을 강조하였다. 맑스가 구상한 사회주의는 "생산력과 생산관계의 모순이 발달한 자본주의국가에서 나타나는 모순의 간접적 산물이다. 따라서 공업화와 현대화를 실현한 다음 사회주의를 하는 것이 아니라, 중국같이 먼저 인민이 권력을 장악하고 그런 다음 공업화와 현대화를 해야 하는 경우 여기에 부합하는 사회주의를 구축해야 한다"[76]는 것이었다.

그리고 이들은 레닌도 비록 초급형식의 사회주의, 발달한 사회주의,

완전한 사회주의를 언급하기는 했으나 그 개념이 모호하여 구체적인 단계구분이 될 수 없다는 한계를 지적하였다.[77] 예컨대 레닌이 1919년 12월, 「토요일 의무노동에 관하여」와 「낡은 제도의 파괴에서 새로운 제도의 창조까지」 등에서 제기한 사회주의 초급형식을 이들은 사회주의와 공산주의를 혼용한 것으로 비판하였다.

공산주의는 사회주의와 어떤 차이가 있는가. (…) 우리는 사회주의는 직접적으로 자본주의에서 생겨난 사회로 새로운 사회의 초급형식이라고 말해야 한다. 공산주의는 이러한 사회의 고급형식이다. (…) 우리는 지주 자본가를 박탈한 이후 단지 초급형식의 사회주의의 가능성만을 얻었을 뿐이다. (…) 여기에 공산주의적인 것이 있었겠는가.[78]

여기서 지칭하는 것은 자본주의 속에서 나온 새로운 사회제도의 고급단계를 의미하는 것이 아니라, 그것의 저급 발전단계, 초급 발전단계를 지칭하는 것이다.[79]

레닌의 저작 속에서 모두 다섯번 사용된 발달한 사회주의, 완전한 사회주의 개념도 사회주의사회를 분류했다는 점에서는 의미있지만, 엄밀한 의미에서는 공산주의사회를 구분한 것이기 때문에 잘못 사용되었다고 비판했다.[80] 이들은 맑스와 레닌을 비판하면서 새로운 사회주의의 재인식을 통해 사회주의 초급단계의 의미를 강화하려고 시도하였다. 이 논리는 「고타강령비판」에 나타난 사회주의단계에 대한 용어를 재해석하는 방식으로 전개되었다. 위 꽝위안에 따르면, "공산주의사회의 하나의 더 높은 단계(一個更高階段)라는 개념으로 '공산주의사회의 고급단계'를 대체해야 한다. 이것은 첫째, 공산주의사회의 1단계와 공산주의 고급단계 중의 '제1' 혹은 '고급'이 서로 대응하지 않는 문제를 해결한다(「고타강령비판」에는 공산주의 사회의 초급단계라는 말이 없다). 둘째, 공산주의사회를 '초급단계'와 '고급단계'로 구분하는 것은 공산주의사회에는 단 두개의 단계만 존재한다는 오해를 유발할 수 있다. 따라서 '더 높은 단계(更高階段)'라는 번역은 이를 피할 수 있다"[81]고 주장했다.

특히 위 꽝위안은 '고급단계'를 독일어의 원문(höhere Phase: a higher phase, 更比較, 비교적 더 높은 단계)의 의미를 살려 '하나의 더 높은 단계(一個更高階段)'로 수정해야 한다고 주장했다. 이것은 공산주의사회에는 저급단계와 고급단계라는 두 단계만 존재한다는 기존의 맑스주의를 지나치게 기계적인 것으로 비판하고, 사회주의사회 내에 여러 단계가 존재한다는 것을 암시하면서, 사회주의 초급단계를 설정하는 근거를 맑스에서 찾아 이론적 정당화를 시도하려는 것이었다. 즉 맑스는 모든 저작을 통해 공산주의 고급단계의 특징인 '각자 능력에 따라 일하고 필요에 따라 분배한다'는 표현을 단 한번 사용했고, '각자는 필요에 따라 가진다'는 표현도 「독일 이데올로기」(1840)에서 한번 사용했으며, 이러한 표현은 진정한 사회주의자를 변론하기 위해 제한적인 의미로 사용한 것이지, 공산주의사회의 원대한 이상을 설명하기 위한 것은 아니었다는 주장이다. 따라서 맑스의 사회주의 단계구분을 각국 실정에 따라 사회주의를 다양하게 구분할 수 있다는 의미로 이해하였다.

사회주의사회의 새 구분법에 따라 중국사회주의를 2단계, 3단계, 4단계, 잠정적 2단계로 나누는 등 다양한 이론이 등장했다. 위 꽝위안은 사회주의 초급단계를 1957~1978년까지의 시초단계, 1978년 이후 현재까지의 개혁단계, 개혁단계를 거친 이후로 구분했으며,[82] 천 리(陳

力)는 매우 발달한 사회주의, 발달한 사회주의, 미발달 사회주의, 사회주의 초급단계로 구분하였다.[83] 분류기준에 따라 내용의 차이는 있으나, 공산주의 낮은 단계와 높은 단계만 존재하는 것이 아니라 사회주의 내에도 다양한 단계가 있으며, 이러한 단계에 따라 사회가 발전한다는 점에는 인식을 같이하였다.

이러한 단계구분론에 기초해 이끌어낸 사회주의 초급단계론을 통해 중국은 사회주의와 선진자본주의 간의 상호공존의 장을 마련했을 뿐 아니라, 사회주의국가간의 모순을 해소하고, 맑스주의에 대한 교조적이고 권위적인 해석을 반성하면서 사회주의사회에서의 다양한 발전모델을 독자적으로 정립하기 시작했다.[84]

사회주의 초급단계론의 의의와 목표

사회주의사회의 단계구분론은 중국사회주의의 실질적인 변화과정을 적합하게 드러내주고 좌편향을 해소할 수 있으며, 중국특색을 지닌 사회주의를 창출할 수 있다는 의의를 지니고 있다.[85] 적어도 중국이론계에서는 사회주의 초급단계론의 단계구분론 자체를 이론적으로 비판하는 학자는 거의 없다. 그리고 이러한 단계구분론은 '중국적' 상황을 강조해 맑스주의 해석의 틀을 확대하였다는 점에서 지속적인 이론수정의 계기를 만든 것으로 볼 수도 있다. 그러나 앞서 지적한 바와 같이 사회주의 초급단계론은 독자적인 사회구성체를 전제하고 있으며 이런 점에서 스딸린적 편향을 완전히 극복한 것은 아니다.[86] 그럼에도 불구하고 사회주의 초급단계론을 중국의 새로운 국가이데올로기로 정립한 것은 맑스와 레닌의 사회주의론을 폐기하지 않으면서 생산력이 낙후된 중국현실에 기반한 사회주의를 건설하기 위한 필요와, 사회주의 사회의 단계구분을 통해 이후 변화된 현실을 수용할 수 있도록 이론의 외연을 확대하려는 의도 때문이었다.

현실에 맞추어 이론을 수정할 수밖에 없었던 더 근본적인 이유는 중국의 경제가 낙후했기 때문이다. 중국지도부는 중국경제를 현실 그대로 파악하지 못할 경우 체제 자체의 돌파구를 찾지 못할 것이라는 인식을 공유하고 있었다. 이러한 인식은 마오 쩌뚱 사회주의를 비판적으로 인식하였던 그동안의 이론경향과 무관하지 않다. 즉 중국경제의 낙후성을 마오 쩌뚱, 특히 문화대혁명의 잔재라고 주장함으로써 책임을 개혁개방 이전의 정책에 돌리고, 앞으로는 새로운 이론에 따라 새로운 경제체제를 건설한다는 논리였다. 중국지도부가 중국의 낙후된 경제상태를 솔직하게 진단하고 있다는 점은 이론에 현실감과 생동성을 더해주었다. 쟈오 쯔양의 13전대회 정치보고는 중국실정에 대한 객관적인 인식을 보여준다.

중국엔 10억 이상의 인구가 있으며 인구의 대부분은 농촌에 거주하면서 기본적으로 수공업적인 도구를 가지고 생활하고 있다. 일부 현대적인 공업과 현대적 수준에 10년 아니 백년 이상 낙후된 공업이 동시에 존재한다. 일부 경제적으로 발달한 지구와 수많은 미발달지구, 빈곤지역이 동시에 존재한다. 세계적인 선진과학기술 수준과 보편적으로 낙후된 과학기술 그리고 전인구의 1/4을 차지하는 문맹이 동시에 존재하고 있다. (…) 사회주의 공유제를 발전시키는 데 필요한 생산의 사회화 정도가 매우 낮고 상품경제와 국내시장이 발달하지 않아 자연경제와 반(半)자연경제가 상당한 비중을 차지하고 있다. 따라서 사회주의 경제제도는 아직 성숙되지 않았고 완전하지도 않다.[87]

이것은 1984년 쟈오 쯔양이 국정론(國情論)에서 제기한 중국식 사회주의론의 논리와 같은 맥락이었다. 이전의 논의가 다소 사변적이었다면, 13전대회 국정론은 사회주의 상품경제라는 구체적인 정책을 수반한다는 점에서 차이가 있다.

중국은 사회주의국가이다. 중국은 민족이 다양하고 역사도 장구한 국가이다. 중국은 국토가 넓고 인구가 많은 나라이다. 중국은 독자적으로 건설되어 비교적 완전한 사회주의 공업체계를 갖추었으나 경제문화 수준이 낙후되어 발전이 균등하게 진행되지 못하고 있는 국가이다. 중국은 프롤레타리아독재 국가이다. 중국은 신민주주의혁명, 사회주의혁명, 문화대혁명을 거쳐 사회주의를 건설한 국가이다. 중국은 맑스주의와 마오 쩌뚱사상을 방침으로 중국공산당이 지도하는 국가이다.[88]

사회주의 초급단계는 구사회의 흔적과 문맹·반문맹이 많고 공산주의적 요소가 적으며, 경제가 발전하지 못했고 제도가 미성숙하며 사회주의적 성격이 불안정하다. 이러한 특징을 지닌 사회는 결국 미발달 사회주의이며, 따라서 사회주의 초급단계에서는 생산력 향상을 통해 사회주의 강국을 건설하는 수밖에 없다는 것이다.[89]

사회주의 초급단계에서 중국특색을 지닌 사회주의를 건설하려는 우리 당의 기본노선은 전국의 인민을 지도해 단결시키고, 경제건설을 중심으로 4개 기본원칙과 개혁개방을 견지하는 것이다. 고난을 뚫고 자력갱생으로 우리나라를 부강하고 민주적이며 문명화된 사회주의 현대화국가로 만들기 위해 투쟁하는 것이다.[90]

이러한 초급단계 사회주의의 성격을 생산력과 생산관계를 통해 설명할 수 있다. 사회주의 초급단계의 생산력은 생산의 사회화 정도가 매우 낮고, 자연경제와 반자연경제가 상당한 비중을 차지하는 수준이다. 초급단계 사회주의의 속성은 생산관계의 측면에서 더 명료하게 드러난다. 생산관계에서는 생산수단 공유제를 주체로 하는 소유제적 측면, 교환관계의 측면, 분배관계의 측면 등 사회성격을 결정짓는 핵심적인 요소를 살필 수 있기 때문이다.

소유제의 기반은 전민소유제와 집체소유제를 기본으로 하는 생산수단 공유제이다. 거기에다 개체경제, 사영경제, 국가자본주의경제 등이 초보적 수준의 공유제를 보완하고 있다.[91] 분배관계의 측면에서는 '노동에 따른 분배'를 기본으로 한다. 그러나 개인 소비분배에서는 노동에 따른 분배 이외에 착취적 성격을 지닌 노동수입과 착취적 성격을 지니지 않는 비노동수입을 통한 보충을 인정한다. 노동에 따른 분배에 속하지 않는 사기업 소득을 인정하는 것은 모든 사람이 부유해지려면 일부가 먼저 부유해져야 한다는 이른바 '선부론(先富論)'과 궤를 같이하는 것이다. 사회주의 정치경제학에서 이런 경제범주를 설정하는 것은 이자·이익·이윤 등의 존재를 허용하는 것으로, 나아가 생산력 자체의 발전을 이룩하는 자본주의적 제요소를 긍정하는 것으로 이어진다. 교환관계의 측면에서는 상품성이 비교적 강하고 계획성이 비교적 약한 '계획적 상품경제'를 실행하는 것이다. 이것은 전민소유제 경제 내부에서 각 기업이 서로의 부분적 이익을 인정하면서 등가교환을 전제로 하는 상품경제를 실행하는 한편 다양한 공유제 경제형식을 가진다는 의미이다. 이와 같이 비공유제경제 사이, 각종 소유제 기업 사이의 경제관계는 모두 상품경제의 등가교환원칙으로 해결해야 하며 다른 방법은 없다고 보았다. 이러한 사회주의의 새로운 내용은 개혁개방정책이 추진된 이래 줄곧 주창되어왔던 생산력 주요모순론의 당연한 결과였다.

우리나라 현단계의 주요모순은 인민의 날로 늘어나는 물질문화에 대한 요구와 낙후된 사회생산 사이의 모순이다. 계급투쟁은 일정한 범위 내에서 장기간 존재하지만 이미 주요모순은 아니다.[92]

사회주의 초급단계론은 경제적으로 사회주의에 대한 규정을 크게 변화시켰으나, 정치적으로는 여전히 전통적인 사회주의의 틀을 견지하였다. 비록 경제건설을 정책의 '중심'으로 삼긴 했지만, 고전적 사회주의관을 그대로 유지한다는 것은 중국 개혁개방정책에 나타난 정·경 분리의 특징을 정확하게 보여주는 것이었다. 이른바 쟈오 쯔양의 정치보고에 나타난 정치개혁안도 경제개혁에 필요한 만큼의 제한적인 정치개혁이며, 전반적인 정치개혁을 통해 경제개혁을 이끌어내는 '위로부터의 개혁'은 중국실정에 부합하지 않는다는 지도부의 인식을 드러내었다. 이런 점에서 초급단계의 사회주의는 정치적으로는 노동자계급이 주도하는 프롤레타리아독재(인민민주독재) 국가이며, 경제적으로는 사회주의 공유제와 노동에 따른 분배가 이루어지면서 사회주의를 확장할 수 있는 여지를 두는 과도적인 형태의 사회주의라고 볼 수 있다.

그러나 고전적 사회주의 이데올로기로 볼 때 사회주의 초급단계론은 맑스주의에서 상당히 벗어나 있다. 구소련의 학자들은 사회주의 초급단계론이 사회주의 자체의 전통적인 개념과는 전혀 다른 형태[93]를 띠고 있다고 보고 다음과 같은 결론을 내렸다.

사회주의 초급단계에는 새로운 개념과 새로운 법칙성이 없다. 사회주의 상품경제에 대한 명제는 맑스의 『자본론』에 있으며, 신경제정책시기 레닌

학설에도 충분히 나타나 있다. 따라서 사회주의 초급단계론은 이론분야보다 전략전술 분야에 대한 것으로 논리적인 것보다 역사적인 것이 많다.[94]

사회주의 초급단계론이 맑스주의를 자의적으로 해석했다는 맑스주의 진영의 비판과는 반대로 중국 내에서는 과학적 사회주의이론의 중대한 발전, 중국특색의 사회주의를 건설하는 기초, 각종 착오를 수정한 강력한 사상무기라고 해석하며 이론가와 실무자가 맑스주의의 새로운 발전을 도모하는 데 공헌하였다고 주장했다.[95] 중국의 주장대로라면 사회주의 초급단계론은 중국현실이라는 구체적 조건에서 사회주의를 관철해야 하는 절박한 요구를 맑스주의에 대한 유연하고 광범위한 해석을 통해 정당화한 것이다. 그리고 이러한 논리는 이후 사회주의의 외연을 더욱 확장하는 계기가 되는 것은 물론 '중국적' 요소를 강조한 사회주의가 전개될 여지를 만들어주는 것이다.

사회주의 초급단계론을 구체적인 현실에 적용한 이론은 사회주의 상품경제론이다. 1984년 12기 3중전회에서 이미 현실에서 작동하고 있던 상품의 범주를 사회주의 정치경제학의 범주로 편입시키고 "사회주의경제는 공유제를 기초로 한 계획적 상품경제"[96]라고 명시했다. 이것은 마오 시기 8전대회의 기조인 '국가경영과 집체경영을 위주로 하고 개체경제로 보완하며, 계획생산을 위주로 하고 자유생산으로 보충한다'는 원칙을 적극 받아들이는 한편 현실에서 작동하고 있던 다양한 경제요소와 상품경제를 능동적으로 수용한 것이었다.[97]

당시 사회주의 상품경제를 둘러싼 전통적인 관점은 두 가지였다. 첫째, 사회주의사회에서는 노동력을 상품으로 보지 않는 것은 물론, 토지·하천·광산 등도 매매의 대상으로 여기지 않았다. 둘째, 사회주의에 상품생산과 상품교환이 존재한다고 할 수는 있지만, 사회주의경제를 또하나의 상품경제라고 부를 수 없다고 보았다. 즉 상품경제는 공유제 기업간 거래와 국영상점에서 개인소비품 구매로 한정되며 국유경제 내의 상호간 상품관계는 존재하지 않는다는 견해이다. 그러나 1986년 9월 국가 거시경제관리 이론토론회에서 떵은 중국의 경제체제 개혁의 모델은 '국가가 시장을 조절하고 시장이 기업을 이끄는 것'이라고 했다. 이어 1987년 13전대회 토론과정에서 "왜 시장을 말하면 자본주의이고, 계획이 있어야만 사회주의라고 하는가? 계획과 시장은 모두 방법이다. 생산력 발전에 유리하면 이를 이용해야 한다. 사회주의를 위해 복무하면 사회주의이고 자본주의를 위해 복무하면 자본주의이다. 마찬가지로 계획을 말하면 사회주의인가? 이것도 옳지 않다. 일본에 기획청이 있고 미국에도 계획이 있다. 우리는 이전에 소련의 계획경제만을 배웠다"[98]고 했다. 이러한 떵의 논의를 기초로 13전대회에서 사회주의경제는 공유제를 기초로 한 상품경제이고 사회주의의 계획적 상품경제체제는 계획과 시장이 내재적으로 통일된 체제이며 새로운 운행씨스템이라고 정리하였다.

사회주의 초급단계론과 사회주의 상품경제론은 '시장경제를 이론적으로 합리화하기 위한 의도'[99]를 지니고 있었지만 시장경제를 적극적으로 도입하는 수준까지 나아간 것은 아니었다. 중국 당지도부는 시장 사회주의 모델은 거시적, 미시적 수준에서 경제활동 결정권을 완전히 시장에 맡기기 때문에 사회경제의 균형과 조화가 파괴되고, 통화팽창이나 실업과 같은 폐단을 초래한다고 인식하고 있었다.[100] 따라서 계획조절과 시장메커니즘이 내적·유기적으로 결합된 사회주의 상품경제모델이 계획의 효과를 높일 뿐 아니라, 기업과 개별노동자의 적극성과 주체성을 최대한 이끌어낼 수 있다고 보았다.[101]

그러나 상품경제론이 시장경제론까지 나아가지 못한 것은 정치와 경제 사이의 괴리를 막으려는 정치적 배경과 무관하지 않다. 당시 경제적으로는 소유와 책임을 명기한 주식회사, 공장장 책임제의 도입, 기업의 합병과 인수, 소형화, 국유기업 매각 같은 자본주의적 제도가 도입되고 있었으나, 정치적으로는 1986년 대학생 시위를 계기로 반부르주아 자유화운동을 주도하는 온건개혁파 내지 보수파의 입지가 넓어지는 국면이었다. 이런 상황에서 당정은 중국사회가 여전히 초급단계의 사회주의에 있다는 점을 환기할 필요가 있었다. 우선 경제정책에서 공유제 개혁을 사유화로까지 밀고 나가지 않았다. 즉 사회주의 공유제를 뼈대로 삼는다는 전제 아래 개체경제, 사영경제, 외자경제를 발전시키되 공유제경제의 지위를 흔들어서는 안된다고 강조했다.[102] 정치적 차원에서도 개혁파가 1986년 12기 3중전회에서 「당의 문화와 이데올로기에 관한 결정」을 채택하고 12기 6중전회에서 사회주의 정신문명의 건설을 강조한 것을 사회주의 흥망성쇠에 관한 가장 중요한 일이라고 평가하였다. 그러면서 서방의 다당제 논의를 반대하는 것은 물론이고 중국공산당의 지위를 약화하거나 부정해서는 안된다고 주장하였다.[103] 당내 개혁파들은 사회주의 정치와 정신문명 그리고 공유제라는 틀을 강조하면서 우편향적 개혁을 우려하는 당내 보수파와 적절한 타협을 시도하였다.[104]

요컨대 중국의 사회주의 초급단계론은 생산력 발전에 기초하면서도 사회주의 정치이데올로기와 크게 충돌하지 않는 지점에서 조화를 시도한 것이다. 그 특징은 다음과 같다. 첫째, 발달한 자본주의 국가들에게서 선진과학과 기술, 적용 가능한 전문성과 경제관리법을 배울 것을 촉구하면서도 자본주의 이데올로기와 추악하고 퇴폐적인 자본주의적 사고를 비판하였다. 둘째, 당이 궁극적으로 나아갈 길은 필요에 따른 분배라는 원칙을 적용할 수 있는 공산주의사회를 건설하는 것이라고 강조하였다. 셋째, 맑스주의는 사회주의의 이론적 기초이며 지도이론 이라는 점을 강조했다. 넷째, 사회주의윤리와 사회주의도덕을 강조했 다. 즉 타인의 이익보다 개인의 이익을 추구하려는 생각이나 행동, 금 전만능주의, 개인 이득을 위한 권력남용, 사기와 부당이익 추구 등을 배척해야 한다는 것이었다. 이것은 단순한 수사의 차원을 넘어 정신문 명의 한 축을 견고하게 장악하겠다는 당정의 의지와 무관하지 않다.

떵도 현대화는 필요하지만, 혁명의 의미를 축소하는 것은 필요하지 않다고 여러번 밝혔다. 사회주의체제가 제대로 기능할 수 있도록 하는 것은 필요하지만 자본주의를 옹호하면서 사회주의체제를 부정하는 것 은 필요하지 않다는 것이었다. 민주는 점진적으로 발전해야지 서방의 것을 그대로 옮겨와서는 안되며, 혼란은 절대 금물이고 개혁개방론은 안정단결이라는 조건에서 지도력을 가지고 질서있게 접근해야 한다고 떵은 강조했다.[105] 심지어 그는 민주주의, 인권, 자유와 같은 서구적 개 념을 숭배하는 사람들을 문혁 시기의 무정부주의적 대중민주주의자들 과 동일시하면서 비판했다.[106] 개혁적 지도자로 평가받았던 쟈오 쯔양 도 맑스주의를 멀리하는 사람은 누구든 당과 인민의 비난을 받을 것이 라고 강조하면서 사회주의로부터의 이탈이 가져올 위험을 지적하였다.

3. 중국사회는 어떻게 이행하는가

1) 역사발전론에 대한 재인식

5단계론 비판과 3대 사회형태론 제기
스딸린은 맑스의 역사발전론에 근거하여 인류사회는 원시공산제→

노예제→봉건제→자본제→사회주의라는 생산관계의 유형이 있으며, 이 순서대로 발전한다고 보았다. 이러한 스딸린의 5단계론은 주로 생산수단의 소유제에 근거하였다.

> 원시공산제에서 생산관계의 토대는 생산수단을 사회가 소유한다는 것이다. (…) 노예제사회에서 생산관계의 기초는 노예 소유주가 생산수단을 모두 소유한다는 데 있다. (…) 봉건적 생산관계에서는 봉건영주가 생산수단만 소유하되, 생산을 담당하는 노동자, 즉 농노를 완전히 소유하지는 못한다. (…) 자본주의의 생산관계에서는 자본가가 생산수단을 소유하되 생산에 종사하는 노동자, 즉 임금노동자를 소유할 수는 없었다. (…) 사회주의하의 생산관계의 기초는 생산수단의 사회적 소유이다. 일하지 않는 자는 먹지도 말라는 원칙에 따라 노동한 대로 분배한다. 생산과정에서 인민상호간의 관계는 착취에서 해방된 노동자들간의 동지적 협동과 사회주의적 상호협조로 특징지어진다. 이리하여 생산관계는 완전히 생산력에 조응한다.[107]

이러한 스딸린의 역사발전론은 중국사회주의 건설기에 전반적으로 관철되었다. 그러나 11기 3중전회 이래 개혁개방을 추진하면서 인류 역사는 반드시 각 단계를 순서대로 넘어야 하는 것은 아니라는 주장이 대두되었고 이에 따라 스딸린의 역사발전론을 수정하기 시작했다. 이것은 자본주의가 충분히 발전하지 않은 상태에서 먼저 국가권력을 장악하고 그런 다음 생산력 발전을 통해 사회주의 임무를 완성해야 하는 아시아의 특수성을 반영한 것이었다. 중국은 독자적인 발전경로를 모색하면서 세계사의 사례를 근거로 5단계론이 부적합하다고 주장했다. 즉 미국은 노예제와 봉건제를 순차적으로 경험하지 않고 자본주의로 진입했으며, 중유럽과 동부의 슬라브민족과 로마민족 그리고 서아프리카와 북아프리카의 아랍민족도 노예사회를 거치지 않고 봉건사회로 혹은 농촌꼬뮌에서 직접 봉건사회로 이행했다는 것이다.[108] 이에 따라 5단계론을 부정하고 역사선택론을 주장하는 입장이 제기되었다. 역사선택론은 세계적으로 어느 민족, 어느 국가도 5단계론에 정확하게 조응하면서 발전한 예가 없으며, 중국도 자본주의의 충분한 발전을 거치지 않고 사회주의로 진입하였다고 본다. 다시 말해 역사결정론과 비역사결정론은 모두 편향성을 가지고 있기 때문에 역사결정론과 비역사결정론의 극단을 극복한 보편적인 발전경로인 역사선택론으로 이를 대체하는 게 옳다는 주장이다.

하지만 당시 중국이론계 일부에서는 맑스의 역사결정론을 역사선택론자들이 지적하는 것처럼 단선인과론(單線因果論)으로 보는 것은 맑스이론을 잘못 이해한 것이라고 비판하였다. 즉 맑스의 결정론은 '선택론을 포함한 결정론'이며,[109] 맑스는 역사필연성의 개념을 사용하면서도 역사의 우연성을 배제하지 않았고 오히려 많은 경우 역사의 우연적 요소를 두드러지게 강조하면서 우연과 필연의 변증법적 관계에 주목했다고 보았다. 특히 만년의 맑스가 러시아 인민주의자들을 비판한 점에 주목하면서 역사선택론자들의 맑스주의 왜곡을 비판하였다.

그러나 역사선택론과 '역사선택론을 포함한 역사결정론'은 모두 스딸린주의적 역사발전론을 비판한 점은 동일하다. 두 이론 모두 맑스에 기대어 또는 맑스의 역사이해방식을 크게 넓혀 사회주의 초급단계라는 독자적인 역사발전경로를 설정하는 데에는 동의하였다.

이것은 사회주의에서 상품의 존재를 둘러싼 논의가 활발해지면서 더욱 확산되었다. 중국당정은 1984년 「경제체제 개혁에 관한 결정」을 통해 '상품경제의 충분한 발전은 사회경제발전에서 빼놓을 수 없는 단계이며 사회주의 현대화의 필요조건'이라는 점을 근거로 3대 사회형태론을 제기하였다. 이들은 인류사회를 소유제 유형에 따라 5단계로 구분할 수는 있으나, 구체적인 역사발전과정에서는 인간과 인간, 인간과 물질의 의존관계에 따라 3단계로 구분할 수 있다고 보았다. 원시사회(원시공유제사회)→차생사회(次生社會: 사유제사회)→재생사회(再生社會: 고대공유제로의 복귀, 즉 공산주의 공유제사회)가 그것이다. 또 각 단계 내부에 각각 원생적·차생적·재생적이라는 몇개의 작은 단계가 존재한다고 보았다. 예컨대 차생사회 속에 노예사회·봉건제사회·자본제사회라는 작은 단계가 존재할 수 있다는 것이다. 중국의 개혁이론가들은 이러한 3대 사회형태론을 맑스의 사회발전론의 핵심으로 이해하였다.[110] 나아가 이를 통해 인류역사의 발전을 설명하는 것은 맑스주의에 대한 중요한 기여라고 주장하였다.

맑스는 1840년 「독일 이데올로기」에서 서유럽의 역사발전에 근거하여 부락소유제, 고대 꼬뮌소유제와 국가소유제, 봉건적 혹은 등급적 소유제, 자본주의 소유제, 공산주의 소유제로 사회형태를 구분했다. 1850년대에는 아시아 고대사회를 연구하면서 "아시아적, 고대적, 봉건적, 현대 부르주아계급으로 사회경제형태를 나눌 수 있다"[111]고 하였다. 맑스는 이러한 생각을 『자본론』과 「경제학 수고」 등에서 정리해 제시하였다.

인간끼리의 의존관계(처음은 완전히 자연발생적인 것)는 최초의 사회형태이다. 이 형태에서 인간의 생산능력은 매우 제한되고 고립된 상태에서 발전한다. 물질에 대한 의존성을 기초로 하는 인간의 독립성은 두번째의 사회형태이다. 이 형태에서 비로소 보편적 사회물질변환이 형성되고, 전면적 관계와 다방면의 수요공급, 온전한 생산능력체계를 갖출 수 있다.

개인의 전면적 발전과 공동적 사회생산능력이 사회적 재화가 되는 이러한 기초 위에서 만들어진 자유개성은 세번째 단계이다. 두번째 단계는 세번째 단계를 만드는 조건이 된다.[112]

첫단계는 생산력이 매우 낮은 인류초기에 나타난다. 이때에는 자연계에서 인간이 할 수 있는 것이 거의 없고, 자연계 속에서 노동을 통해 뭔가를 얻어내면서 공동체를 형성해야만 생존할 수 있는 시기이다. 공동체는 인간상호간 직접적인 의존관계로 존재한다. 최초의 공동체는 혈연을 기초로 한 원시공동체였으며 이후 분업과 물물교환이 나타나면서 점차 지역공동체로 발전하였다. 개인은 물질생산을 축으로 한 사회관계와 그에 따른 생산에 기초해 수립되는 생활영역에 의존했다. 이러한 자연경제 단계에서 인간의 생산능력은 제한된 범위나 고립된 지점에서만 발전될 뿐 인간끼리 보편적 연관이나 왕래가 없었다.

두번째 단계는 분업과 물물교환이 활발하게 전개되는 단계이다. 이것은 본질적으로 상품경제가 역사의 전면에 대두하였다는 것을 의미한다. 상품경제는 생산의 발전을 촉진했을 뿐 아니라, 인간의 왕래를 잦게 하고 필요를 자극하여 인간을 좁은 한계에서 근본적으로 벗어나게 만들었다. 이것은 생산력 발전의 내재적 동력이 되었다. 상품경제의 가장 중요한 역사적 의의는 인간을 개별화시키고 물질에 대한 의존도를 높여 공동체를 와해한 점이다. 즉 분업을 통해 독립된 개별생산자가 생겨났고 이들은 사회생산과정에서 이들 자신의 통제권을 행사했다. 다시 말해 자본주의적 상품경제가 발달하면서 공동체는 철저하게 와해되고 인간의 인간에 대한 직접적인 의존 혹은 종속관계는 인간의 물질에 대한 의존관계로 대체된 것이다.[113]

세번째 단계는 개인의 전면적 발전, 집단적인 사회생산능력이 사회적 재화가 되는 상태에서 건설되는 자유개성의 단계이다.[114] 이것은 산품(産品)생산이 이루어지는 시기와 조응한다. 이 단계에서는 생산수단을 사회 전체가 소유하고 생산자가 연합하여 공동으로 통제하는 조건에서 자연의 물질적 변환이 합리적으로 조절된다. 그러나 세번째 단계는 상품경제가 발전해야만 형성될 수 있고, 능력이 충분히 갖추어진 상태에서 인간의 자유로운 개성에 따라 물질을 생산할 수 있을 때 비로소 실현될 수 있다.[115]

이러한 3대 사회형태론[116]은 5단계를 추상적인 경로라고 비판하는 한편 구체적인 역사발전에서 3대 사회형태의 경제적 본질인 상품경제의 발전을 강조하기 위해 나온 것이었다. 이것은 또한 공산주의로 이행하는 불가역의 단계라는 것을 제시하여 실제로 1987년 13전대회에서 사회주의 상품경제를 공식이론으로 구축하는 이론적 근거가 되었다. 3대 사회형태론을 5단계론 경제형태에 대응시키면 다음과 같다.[117]

3대 사회형태론과 5단계 사회구성

5단계 사회구성	3대 사회형태	대응단계	경제형태
원시공산제 노예제 봉건제	전(前)자본주의	인간끼리의 의존단계	자연경제
자본주의	자본주의 현실사회주의	물질 의존을 기초로 한 인간의 독립단계	상품경제
공산주의	협의의 공산주의	자유개성단계	산품(産品)경제

그러나 3대 사회형태론은 상품경제의 존재의의를 밝히는 데 집중했으며 구체적인 사회주의의 구분 문제나 사회주의 발전경로에 대한 명확한 이론을 제시하지는 못했다. 즉 사회주의와 자본주의 모두 상품경제

를 본질로 하고 있으며, 상품이 자본주의에 고유한 경제범주가 아니라는 것을 밝히는 데 그쳤다. 이러한 3대 사회형태론을 기초로 새로운 사회주의와 사회발전론을 구축한 시기는 이론적 백화제방기라고 볼 수 있는 1988~89년부터이다. 새로운 역사관을 주장하는 논자들은 주로 1844년 「경제학·철학수고」 「(1844년) 경제학수고」 「고타강령비판」 「공산당선언」 「신성가족」 「(1857~58년) 경제학수고」 「정치경제학비판」 「(1861~63년) 경제학수고」, 엥겔스가 편집한 「공산주의신조 초안」 「공산주의 원리」 「사회역사의 국제평론지」 등을 중점적으로 분석하여[118] 인류역사의 변천사를 다음과 같이 정리하였다.[119]

인류역사의 발전단계

천체의 변화 지구의 형성 생명의 기원 생물의 진화	「자연변증법」 서문, 관련부분; 「반뒤링론」 철학편 관련부분

⇩

인류의 출현	「원숭이에서 인간으로」

⇩

고대원시사회	「고대사회필기」 「가족, 사유제와 국가의 기원」

⇩

전(前)자본주의사회	「경제학수고」 중 전자본주의 생산양식 관련부분

⇩

자본주의사회	『자본론』과 관련저작

⇩

전경(前景)	「고타강령비판」 「공상에서 과학으로의 사회주의 발전」 기타 저작과 서신 속의 공산주의사회에 관한 논술

2) 4좌표 역사관과 중국사회주의의 위상

3대 사회형태론을 보완한 이론은 '4좌표(四維) 역사관'이다.[120] 이 이론은 사회주의 초급단계론을 비판하면서 나왔다. 당시 중국사회주의 위상에 관한 1천편 이상의 문건 대부분은 사회주의 초급단계를 맑스가 말한 공산주의 1단계인 사회주의의 초급단계, 즉 '초급단계의 초급단계'로 보고 중국사회주의는 이미 사회주의로 진입했다는 결론을 도출하는 데 주력했다. 그러나 4좌표 역사관은 이러한 방식으로 역사 발전을 이해하는 것은 전통적인 철학교과서의 교조성을 탈피하지 못한 것이며, 복잡한 인류역사의 발전과정을 5단계론으로 보는 단순한 도식에서 벗어나지 못한 것이라고 비판하였다.

전통적인 철학교과서는 역사유물주의를 생산력과 생산관계, 토대와 상부구조, 5단계론이라는 단순한 도식으로 설명했다.[121] 즉 5단계론은 경제토대는 생산수단 소유의 방식에 따라 결정되며, 경제토대가 실질적으로 상부구조를 결정하는 것으로 간주했다. 따라서 개혁이론가들은 전통적인 철학교과서에 나타나는 이와 같은 맑스의 역사철학은 역사과정의 횡단면(생산력-생산관계-경제토대-상부구조)과 수직면(원시사회-노예사회-봉건사회-자본주의사회-공산주의사회)이 만들어낸 2좌표 역사관이라고 비판하였다.

즉 2좌표 역사관은 사회역사를 평면적이고 단선적으로 이해하는 것이며 단순요인 결정론이라는 이론적 한계를 명확하게 드러낸다는 것이다. 이 역사관은 사회역사의 시기를 주로 소유제를 척도로 하는 사회경제형태에 의존해 구분하며 사회형태 역시 사회경제형태와 동일시했다. 즉 이 역사관은 맑스의 사회형태에 대한 나머지 분류기준을 완전히 배제해 사회역사에 대한 체계적이고 종합적인 맑스의 분석을 왜곡했다는 것이다. 뿐만 아니라 원시사회→노예사회→봉건사회→자본주의사회→공산주의사회라는 순열적 배치는 결국 자본주의의 폐허에서 건설된 중국사회주의의 이론적 성취를 간과하게 하는 근거가 되었다고 보았다. 맑스의 역사발전에 대한 이러한 단선적 이해를 비판하고 맑스 역사관의 내용을 복원해 중국실정에 맞는 새로운 역사관으로 구축한 것이 4좌표 역사관이다.[122] 이 이론은 인류역사를 농업경제형태, 공업경제형태, 정보경제형태로 규명한 3대 기술형태론과 맥을 같이하면서 그것을 보완하는 성격을 띠고 있다.[123] 이 역사관은 소유권과 소유권의 정치적 기능, 기술정치의 기능, 기술경제형태를 통해 경제단계에 조응하는 정치적 성격을 설명하고, 생산력 발전의 한 지표로서 기술의 중요성을 강조하며 기술 발전의 불가역성을 제시하였다.[124] 그리고 원시공산제 시기에는 사회정치 상부구조의 소유권이 정치와 기술에 미치는 영향력이 모두 약하고, 노예제·봉건제 시기에는 소유권의 정치적 기능이 강하며, 미래사회에는 소유권의 기능이 약해지고 정보경제형태로 발전한다고 설명한다.

4좌표 역사관은 맑스 사회주의 발전경로를 재인식하고 소유제에 입각한 단선형 발전을 비판함과 동시에 중국적 발전경로를 맑스에게서 확인하려는 데 목적이 있었다. 그 특징은 다음과 같이 요약할 수 있다.

첫째, 생산기술형식의 차이는 인간과 자연 사이의 물질변환관계를 반영한다. 생산기술의 형식은 사회적 생산의 골격체계와 근육체계에 해당하며 이 형식의 차이는 생산력 발전의 차이로 나타난다. 주로 인간과 기계(도구)체계의 조합형태를 척도로 삼아 인간과 수공구가 상호작용하는 단계(농업사회), 인간과 기계가 상호작용하는 단계(공업사회), 인간과 인공지능기계가 상호작용하는 단계(전면적 자동화단계)로 발전한다.

둘째, 생산을 통해서만 노동자와 생산수단이 결합할 수 있고, 결합의 방식에 따라 서로 다른 소유제 관계가 나타난다. 이른바 원시공산제사회, 노예제사회, 봉건제사회, 자본제사회, 공산주의사회라는 5단계론이 여기에 해당한다.

셋째, 노동은 인간의 존재방식이고 대상화된 활동이며 인간과 자연, 인간과 인간, 주체와 대상 사이의 물질교환과정인데, 이것은 서로 다른 사회교환형태로 나타난다. 이 기준에 따르면 인간과 자연의 교환, 인간의 대상화된 활동이 직접 실현되며 상품경제가 자연경제 속에 부분적으로 존재하는 단계(자급자족의 자연경제단계), 인간의 대상화된 활동이 상품이라는 매개를 통해 실현되고 모든 노동상품·능력·활동이 교환되어 사회적 노동이 되는 단계(사회화된 상품경제단계), 생산력이 고도로 발전하고 대상화된 생산품이 풍부한 조건하에서 인간과 자연, 인간과 인간, 주체와 대상 사이의 물질교환이 상품의 형식을 취하지 않고 직접 사회화된 생산품이 되어 자유교환되는 단계(사회화된 산품경제단계)로 발전한다.

넷째, 서로 다른 사회주체의 형태이다. 인간은 노동자일 뿐 아니라 사회역사활동의 주체이다. 인간의 발전과 사회의 발전은 상호 대상화되는 지속적인 과정에 있다. 이를 기준으로 인간에 대한 의존과 원시적 풍요단계, 물질에 대한 의존과 인간 추상화의 단계, 자유인 연합과 인간의 전면적 발전단계라는 3단계로 구분하였다.

3대 기술형태와 4좌표 역사관을 통해 볼 때 중국 개혁이론가들의 역사발전론은 5단계론과는 달리 서로 다른 생산양식의 공통점을 찾아내고자 하였다. 이들은 이 이론을 인류사회 발전에 시종일관 관철되는 법칙으로 이해하였다. 그리고 맑스주의 역사발전론에 대한 이러한 인식에 따라 네개의 사회형태 중에서 사회경제형태는 초월할 수 있으나,

사회기술형태, 사회교환형태, 사회주체형태는 초월할 수 없다는 명제를 제시하였다.[125] 이것은 '낙후된 사회생산력과 인민의 날로 늘어나는 물질문화에 대한 요구'라는 모순을 극복하려는 정책으로 연결되고 있다. 또 공산주의로의 전망에 이르는 길은 봉건제에서 사회주의에 이르는 길과 봉건제에서 자본주의를 거치는 두 가지 길이 있다는 주장도 제기하면서 어느 일방의 길을 교조적으로 선택하거나 강제할 수 없다고 주장하였다.

이런 점에 기초할 때 사회주의 초급단계는 사회경제형태 면에서 생산수단 공유제가 주를 이루며, 노동에 따른 분배가 이루어지는 단계이다. 사회기술형태 면에서는 농업사회에서 공업사회로 이전해가는 단계이며, 사회교환형태 면에서는 자급자족 혹은 반(半)자급의 자연경제

4좌표 역사관에 따른 역사발전형태

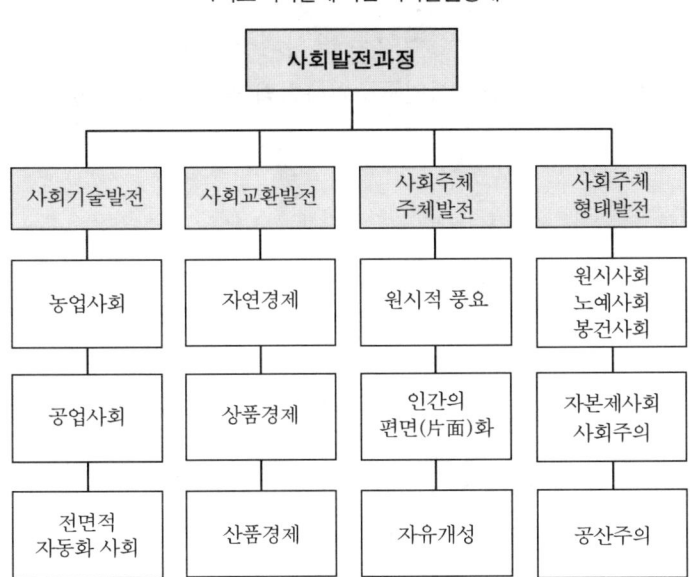

에서 상품경제로 이전하는 과도기이다. 사회주체형태 면에서는 물질생산력이나 상품경제가 충분히 발달하지 않은 상태이며 인간의 소양이 높지 않은 미성숙하고 저(低)표준에 미치는 사회주의라고 인식하였다.

이러한 논의의 핵심은 자본주의, 사회주의 또는 공산주의라는 사회경제형태를 본질이 아니라 하나의 현상으로 이해한다는 데 있다. 자본주의 이후 모델로 사회주의를 설명할 때 직면하게 되는 맑스주의의 합리적 핵심과 현실사회주의의 모순을 사회주의 초급단계론으로 수용해 극복하고자 한 것이다. 사회기술형태, 사회교환형태, 사회주체형태를 사회주의의 본질적인 내용, 다시 말해 초월할 수 없는 '필연적 통과점'으로 인식하는 것은 궁극적으로 생산력 발전이 사회주의의 발전을 보장한다는 정책목표와 닿아 있다.[126] 개혁이 가속화될수록 신민주주의 시기의 경제현실에 대한 재평가가 활발하게 전개되는 점도 이런 측면에서 이해할 수 있다. 즉 반식민지·반봉건사회에서 비자본주의적 발전의 길을 걸었던 중국이 생산력이 높은 사회주의 상태에 이르기 위해서는 장기적이고 과도적인 신민주주의사회의 물적 토대가 필요했던 것이다.

4. 만년 맑스의 찬미 : 동방의 길

1) '만년 맑스' 해석의 이론적 쟁점

인류사회의 역사발전을 보편적으로 설명하기 위한 많은 연구가 지속적으로 진행되어왔다. 중국의 사회주의자들도 예외는 아니었다. 역사유물론에 의하면 인류역사는 생산력과 생산관계의 모순운동에 따라 새로운 생산양식이 출현하고 그것은 '낡은 것'을 지양하면서 끊임없이 새롭게 발전한다. 이러한 법칙은 중국에서 폭넓은 지지를 받았고 사회주의국가 성립 이후에도 줄곧 관철되어왔다.

그러나 개혁개방 이후 중국의 이론계는 5단계론을 거치면서 역사가 발전한다는 '정통' 맑스주의[127]가 맑스주의의 합리적 핵심과는 상당한 차이가 있다고 주장하면서 사회발전에 관한 맑스의 만년 이론에 주목하였다.[128] 이것은 중국사회가 봉건제에서 공산주의사회로 곧바로 발전한 과정을 고전 맑스이론에 근거해 설명하고 그 정당성을 확보해야 하는 현실적 필요에서 나온 것이다. 특히 소련과 동유럽 해체 이후 국제적으로 공산주의운동에 대한 반성이 일어나면서 중국과 같이 생산력이 낙후된 국가에서는 어떻게 자본주의를 극복할 것인가 하는 현실적인 문제가 더 커졌다. 또 서구의 현대화모델을 넘어 '중국식' 현대화모델을 모색하려는 의도도 작용하였다.[129]

동방사회론은 맑스가 만년에 동방사회를 주목했으며 생산력이 낙후된 국가에서는 자본주의라는 '카후딘협곡'을 넘지 않을 수도 있다고 한 것을 전제로 아시아적 생산양식과 세계역사 및 사회구성의 변화를 새롭게 해석한 것이다.[130] 이러한 동방사회론의 이론적 쟁점은 크게 두 가지이다.

하나는 맑스의 초기사상과 만년사상의 차이 때문에 생긴 논의로, 만년 맑스를 통해 초기 맑스를 부정하는 견해와 초기 맑스를 통해 만년 맑스를 부정하는 견해가 대립한다. 초기 맑스는 생산력이 생산관계를 결정한다는 전제에서 5단계론이 모든 민족에게 공통으로 나타난다고 주장했으나, 만년 맑스는 사회형태의 전개법칙에 따라 세계역사를 설명하면서 동방사회 발전의 구체성과 특수성에 주목해 3형태론을 제기했다는 것이다. 즉 초기 맑스의 결론은 동방사회와 서방사회 모두 자본주의 역사단계를 건너뛸 수 없다는 것이고 만년 맑스의 결론은 개인 노동을 기초로 한 사유제가 고용노동을 기초로 한 자본주의 사유제로 옮겨가는 운동의 역사적 필연성은 '서구 각국에 제한된다'는 논리이 다. 이것은 만년 맑스를 통해 초기 맑스의 한계를 지적하기 위한 것이 었다.

이 초기 맑스의 주장과 같이 동방사회형태의 '초월'을 하나의 보편 적인 현상으로 볼 수 없다는 견해는 어느 민족도 세계역사와 고립하여 발전할 수 없고 예외없이 세계역사의 일부로 전체 역사의 제약을 받으 며 발전하는 것으로 보기 때문이다. 그러나 만년 맑스는 세계각국의 생산력이 불균형하게 발전하기 때문에 일부 낙후된 민족은 특정한 전 제조건을 갖춘 후 기회를 잡아 다른 국가의 최신의 성과를 흡수하여 생산력의 비약을 촉진할 수 있기 때문에 사회제도적으로 자본주의를 초월할 수 있다고 보았다.

한편 러시아 농촌사회가 자본주의를 초월할 수 있다는 맑스의 생각 은 러시아혁명에 대한 주관적 희망일 뿐이라고 보는 견해도 있다. 이 것은 러시아혁명의 실패로 이미 입증됐다는 것이다. 이들은 당시 러시 아 농촌사회가 공산주의 형식들을 실현하지 못하고 오히려 자본주의 로 진입했다고 주장했다. 이러한 과정은 역사적으로 보면 매우 짧고 '10월혁명'에 가서 러시아는 최종적으로 사회주의의 길로 접어들었으 나, 그것은 자본주의로부터 걸어나온 것이며 근본적으로 '초월'은 없었 다는 입장이다. 한편 초월론을 주장하면서도 초월론을 반대하는 중간 입장도 있다. 즉 동방사회는 생산관계 영역에서 자본주의를 초월할 수 있는 면이 있지만 생산력과 경제 영역에서는 자본주의를 초월할 수 없 다는 점을 함께 보아야 한다는 것이다. 또 다른 절충적인 입장은 '이 론의 결론'과 '결론의 방법' 사이의 관계를 주목하는 것이다. 즉 초기와 만년 맑스의 입장은 '이론의 결론'에서는 충돌하지만 '결론의 방법'에서는 반드시 충돌하는 것은 아니라는 것이다.

다른 하나는 만년 맑스주의와 중국현실과의 실천적 괴리를 둘러싼 논의이다. 즉 자본주의제도를 '초월'하고 사회주의의 길로 진입했던 국가들이 다시 자본주의의 길로 후퇴하는 현실에 주목해, 사회주의국가 수립 이후 40년이 지났으나 중국이 여전히 '사회주의 초급단계'에 처해 있는 사실을 볼 때 만년 맑스가 제출한 '초월론'이 현실에서 도전받고 있다는 주장이다. 소련과 동유럽의 해체에 대해 중국학자들은 대체로 일시적인 후퇴(倒退)이고 역사는 굴곡을 겪으며 앞으로 나아간다는 것을 보여줄 것이라고 말해왔다. 그리고 중국의 사회주의 시장경제도 자본주의로의 후퇴가 아니라 사회주의국가를 강화하기 위한 것이라고 주장하였다. 그러나 이론계 내부에서는 이 현상을 궁극적으로 어떻게 이해할 것인가를 둘러싸고 논의가 진행되었다. 논의의 요점은 소련과 동유럽 문제를 단순하게 굴곡과 전진이라는 추상적인 형태로 해석할 수 없는 질적인 후퇴로 본다는 것이다. 심지어 이를 낙후된 사회제도가 선진적인 사회제도로 '복귀'하는 것으로 해석하고 고급사회제도에서 저급사회제도로의 퇴화(더구나 사회주의제도에서 자본주의로의 후퇴)는 맑스의 언술에서 확인할 수 없다고 강조한다. 이들은 맑스가 비록 「독일 이데올로기」에서 사회발전법칙의 굴곡을 논술했으나, 그것은 일정한 시기의 변화를 표현한 것이지 사회형태의 변화를 말한 것은 아니라고 주장한다. 이런 점에서 이들은 의식의 발전이나 이데올로기 영역의 평화적 전복만을 말하거나, 의식의 다원화와 자유화를 경시하고 생산력 발전의 불균형과 대중생활정보와 관련된 영역의 생산력 발전의 낙후만을 말하는 것은 비과학적이라고 주장한다. 이런 해석은 중국이 비록 사회제도적으로 '카후딘협곡'을 초월했으나 종합적인 생산력의 관점에서는 이를 여전히 초월하지 못했다는 현실적인 논거를 만드는 게 목적이었다. 이것은 떵 샤오핑 사회주의론의 이론적 기반이 되었다.

이와 같이 중국이론가들이 만년 맑스를 주목한 것은 초기 맑스주의의 이론적 구상이 중국현실이라는 구체적 실정에 부합하지 않았기 때문이다. 따라서 초기와 만년의 맑스를 구분해 만년 맑스의 입론에 근거하여 초기 맑스의 현실부정합성을 극복하고자 한 것이다. 이러한 논의는 연구대상, 연구시각, 결론의 차이로 구분하여 볼 수 있다.[131]

연구대상에서 1867년 이전의 맑스는 영국, 미국, 독일 등 주요 자본주의국가를 대상으로 삼아 경제가 발달한 지역에서 어떻게 프롤레타리아가 사회주의를 실현할 것인가에 대해 집중 연구했으며 그것은 「공산당선언」 「정치경제학비판서문」 『자본론』 「고타강령비판」에 나타난다고 설명한다. 1860~80년대에는 전세계 인구의 절대다수를 차지하고 경제가 발전하지 못한 인도·중국·러시아 등 동방사회에서 어떻게 사회주의를 실현할 것인가를 체계적으로 분석했다고 평가한다.

연구시각에서는 1840~60년대 사회주의론 창립기에 맑스는 '세계역사'사상에 근거하여 자본주의 소멸의 필연성을 논증하고 '역사는 세계역사를 향해 발전한다'고 보았으며 여기에 기초하여 공산주의 단계구분론을 시도하고 그 특징을 논술했다고 이해한다. 반면 1870년대 이후에는 '세계역사'와 민족역사의 상호침투에 주목하여 인류역사의 일반법칙과 민족의 구체적 발전경로의 특수성을 변증법적으로 파악했다고 평가한다.

구체적 결론에서는 초기에는 자본주의 생산력과 상품생산에 기초해 사회혁명을 통해 사회주의를 실현한다는 '철의 필연성'을 주장했으나, 만년에는 동방사회는 자본주의를 거치지 않고도 바로 사회주의를 실현할 수 있으며 자본주의의 모든 긍정적인 성과를 흡수할 수 있다는 결론을 도출했다고 보았다. 즉 맑스의 「조국기사 편집부에 보내는 글」「자술리치(Zasulich, Vera Ivanovna)에게 보내는 편지」「인류학 필기」등 만년의 저작을 재해석하면서 아시아는 특수한 경제형태를 가지고 있기 때문에 자본주의를 거치지 않고 사회주의로 진입할 수 있다는 동방사회론의 논리를 구축하였다. 러시아와 같은 낙후된 국가에서 자본주의라는 카후딘협곡을 넘어 건설한 사회주의와 「고타강령비판」에서 구상한 자본주의사회에서 '떨어져나온' 사회주의는 동일한 것이 아니라고 인식한 것이다.

따라서 이들은 맑스이론의 핵심을 1870년대 이후 만년 맑스에서 찾아야 한다고 주장했다. 일부 학자들은 맑스주의 창시자들이 만든 사회주의는 서방의 발전한 자본주의국가의 사회주의이론일 뿐, 동방의 낙후된 국가의 사회주의 혁명론은 아니라고 폄하하기도 한다.[132] 이것은 맑스의 서방경사론을 역비판함과 동시에 봉건사회에서 사회주의사회로 진입한 중국의 역사적 경로를 합리화하고 이를 사회주의 초급단계론의 실천적 과제와 결합하려는 현실적 필요성에서 나온 것이다.

2) 맑스의 동방사회론

중국의 이론가들은 동방사회론을 언급하면서 먼저 맑스의 「조국기사 편집부에 보내는 글」에 나타나는 맑스의 인식 변화를 주목하였다.

서로 다른 역사적 환경에서 나타난 것은 완전히 서로 다른 결과를 가져온다. 이러한 발전과정 속에서 개별적인 것을 연구한 후 다시 그것을 비교하면, 쉽게 이러한 현상을 이해하는 열쇠를 찾게 될 것이다. 그러나 일반

역사철학이라는 만능의 열쇠를 사용해서는 영원히 그 목적에 이를 수 없다. 이러한 역사철학의 최대장점은 그것이 초역사적이라는 점에 있다.[133]

맑스의 동방사회론은 주로 동방사회의 특징과 동방의 역사발전의 길을 모색하고, 동방사회와 인류사회의 원생(原生)형태를 연구해 사회형태의 교체과정에서 사유제가 지니는 역사적 성격을 규정하였다. 즉 역사적으로 사유제가 어떻게 공유제로 변화되는가의 문제를 사유제의 일시성을 통해 증명하고 공유제가 사유제를 필연적으로 대체할 것이라고 주장했다.[134]

그러나 맑스가 처음부터 동방사회의 독자적인 길을 염두에 두었던 것은 아니다. 이 이론은 몇가지 이론적·정치적 계기를 통해 체계를 갖추게 되었다. 맑스는 역사유물론을 정초한 1840년대에 서구역사를 면밀하게 연구하면서 부락(Stamm)소유제[135]를 인류사회의 최초형태로 생각했다. 이어 고대 꼬뮌소유제와 국가소유제→봉건적 혹은 등급적 소유제→자본주의 소유제→사회주의와 공산주의 소유제로 변한다고 파악했다. 1850년대 초 맑스는 연구의 시야를 인도·러시아·중국 등 동방국가로 돌렸다. 이 당시 맑스는 아시아적 생산양식의 본질적 특징을 토지사유제가 존재하지 않는 동방식 전제제도라고 보았다. 아시아적 생산양식은 "첫째, 인류사회 발전의 기점으로서 사유제로 전환해가는 출발점이다. 둘째, 사회형태에 따라 순차적으로 교체되거나 소멸되지 않고 강력한 생명력을 지닌 채 서방사회의 고대적, 봉건적, 자본주의적 생산양식과 병존하면서 존재한다"[136]는 것이다. 그러나 맑스는 농촌꼬뮌, 토지공유제, 전제국가의 삼위일체를 동방사회의 특징[137]이라고 인식하면서도 역사발전의 보편적인 특징을 강조하고 모든 민족의 역사를 서방사회이론을 핵심으로 하는 세계역사 속에 편입하였다는 점에서 한계가 있었다.[138] 이것은 영국의 인도침략을 보는 견해에서도 명확하게 나타난다.

영국은 인도에서 이중적인 사명을 완성했다. 하나는 파괴의 사명, 즉 아시아적 사회를 소멸하는 것이며, 또하나는 건설의 사명, 즉 아시아에서 서방식 사회를 위한 물질적 기초를 닦는 것이었다. (…) 〔영국의 인도침략의 사명은〕 반야만·반문명의 꼬뮌을 파괴하는 것이었다. 이것은 그들의 경제적 기초를 파괴하는 것이었으며, 그 결과 아시아는 최대의, 유사 이래 최초의 사회혁명을 맞이하게 되었다.[139]

이처럼 만년사상이 구축되기 이전에 맑스의 역사관은 주로 일반적이고 보편적인 원칙에서 아시아사회가 자본주의의 세계역사를 거쳐 공산주의로 진입할 것이라는 인식에서 벗어나지 못했다.

맑스는 「인류학 필기」 집필 시기(1870~80년대)를 거치면서 유럽적 관점에 경사된 자신의 동방사회론을 수정하기 시작했다. 특히 모건(L.H. Morgan)의 『고대사회』(1877)를 연구하면서 인류사회의 진정한 원생형태는 토지의 공동소유와 집체경작의 씨족사회라고 보고, 아시아적 생산양식 내의 농촌꼬뮌이 그 원생형태라는 논지를 확립했다.

이것은 동방 전제제도하의 아시아적 생산양식을 '전자본주의의 소유제 형식'에서 '비자본주의적 생산양식'의 개념으로 수정했다는 의미이다. 이것은 맑스가 인도를 '비자본주의 생산과 농업을 주로 하는 비자본주의적 생산양식의 국가'라고 부른 데도 나타난다. 그러나 중국 이데올로그들은 이러한 맑스의 논지에 대해 동방 전제제도의 아시아적 생산양식은 결코 필연적으로 자본주의 생산양식으로 발전하는 것은 아니며, 다른 길 즉 자본주의제도라는 카후딘협곡을 넘어 자본주의의 모든 긍정적 요소를 흡수하는 사회주의로 나아갈 수 있다고 해석하였다. 따라서 기존의 개념을 수정·보완·발전시켜 아시아적 생산양식론을 비자본주의적 동방 전제제도로, 인류사회는 원생형태에서 차생형태의 과도단계로 나아간다고 정리하였다.

3) 카후딘협곡을 넘는 법

동방사회론을 통한 중국사회의 발전경로 모색은 1870년대 중기 이후 맑스가 러시아 농촌사회의 토지제도를 연구하는 과정에서 제시한 '동방사회는 자본주의의 카후딘협곡을 초월할 수 있다'는 견해를 근거로 해서 전개되었다. 이 논리에 따라 이전의 5단계론을 새로운 형태로 재구성하고 동방사회 고유의 발전경로에 대한 새로운 이론을 모색하였다. 동방사회론의 핵심적인 문제의식은 낙후된 국가가 자본주의 발전단계를 초월하여 공산주의적 전망에 이르는 것이 맑스주의의 핵심 주제인가였다.[140]

그러나 이러한 맑스의 카후딘협곡 초월론은 처음부터 정리된 형태로 제시되었던 것은 아니고 시간이 지나면서 일정한 변화를 거쳐 정식화되었다. 1859년 맑스는 러시아 농민봉기의 가능성을 주목하면서 동방 각국은 자본주의를 거쳐 발전할 수 있다고 보았다. 즉 농민봉기는 짜르식의 중세적 전제통치를 파괴하고 부르주아문명의 새로운 시대를 열 것이며, 러시아에는 가까운 시기에 사회주의가 아닌 자본주의의 전망이 나타날 것으로 보았다. 그러나 1860년에 맑스는 러시아의 농촌꼬뮌을 공산주의의 기초로 인식하지 않았고 공산주의가 러시아의 현실적인 출로라고 생각하지도 않았다. 따라서 맑스는 여러가지 가능성을 검토하고 러시아 농민이 귀족과 지주에게 보상금을 지불하는 것에 대해 "농민이 농노에서 계약 채무인으로 바뀌는 것이다. 2~3세대 내에 농민이 이익을 얻기 위해 의존하는 형식이 과거 종법(宗法)체제에서 새롭고 문명적인 형식으로 바뀌는 것을 제외하고 아무것도 변하지 않는다"[141]고 보았다.

그러나 맑스의 사회주의 발전경로에 대한 이론은 1870년대 이후 변했다. 그 정치적인 계기는 1871년 빠리꼬뮌의 실패였다. 맑스는 파리꼬뮌이 유럽혁명을 촉발하는 하나의 계기가 될 것으로 판단했다.[142] 그러나 꼬뮌 실패 이후 노동운동은 이전보다 더욱 열악한 환경과 조건에 처하게 되었고, 맑스는 이 사태의 원인을 냉정하게 분석하기 시작하였다. 그리고 1870년대 자본주의 세계경제가 빠르게 성장하고 정치가 상대적으로 안정된 국면에 접어들자, 맑스는 사회주의혁명이 단기간에 실현될 수 있다는 관점을 수정하였다. 그리고 자료부족으로 인해 동방사회연구가 허술했다고 반성하고 러시아사회의 발전경로에 대한 기존논의를 수정하여 러시아와 같은 동방국가는 자본주의의 길을 피할 수 있으며, 농촌꼬뮌의 기초 위에서 공산주의를 실현할 수 있다고 보았다.[143] 이론적으로도 자본주의가 필연적이고 보편적으로 존재한다는 견해를 수정했다.

맑스는 「조국기사 편집부에 보내는 글」에서 러시아 농촌공사의 역사적 발전과 특징을 포괄적으로 분석하고 러시아꼬뮌 발전의 내외환경을 고찰하여 비서구모델을 모색하였다.

〔러시아 인민주의자〕는 서구자본주의의 기원에 관한 나의 역사적 논술을 철저하게 일반적인 발전의 길인 역사철학론으로 변경하고 그들이 처한 역사적 상황과 관계없이 모든 민족이 이 길로 가야 된다고 강조하였다. 이렇게 하면 나에게 너무 많은 영광을 안겨주는 것임과 동시에 너무 많은 모

욕을 주는 것이다.[144]

그리고 「자술리치에게 보내는 답신과 초고」에서 『자본론』 속에 표현된 자본주의의 역사적 필연성은 "명확하게 서유럽 각국에 제한된다(明確地限於西歐各國)"[145]며 러시아 농촌의 발전경로를 제시했다. 맑스가 「조국기사 편집부에 보내는 글」과 「자술리치에게 보내는 편지」에서 내린 결론은 '자본론에 서술된 자본주의의 역사필연성은 서구 각국에 제한된다. 자본주의는 토지가 농민의 사유재산이 아니었던 러시아사회에는 적용할 수 없으며, 러시아와 같은 아시아적 생산양식의 전통이 있는 국가는 자본주의제도라는 카후딘협곡을 통하지 않고서도 자본주의제도가 이루어놓은 모든 긍정적 성과를 흡수할 수 있다'는 것이었다. 또 1882년 「공산당선언」 러시아판 서문에서 만약 러시아혁명이 서방의 프롤레타리아혁명의 신호가 되어 쌍방이 서로 보완한다면, 현재 러시아 토지공공 소유제는 공산주의 발전의 기점이 될 것이라는 개념을 더욱 분명히 했다.

이와 같이 맑스의 말기사상은 농노제 개혁과 그것이 일으키는 자본주의 발전에 대해 부정적이었다.[146] 이런 논의를 기초로 중국의 이론가들은 아시아적 생산양식을 지닌 국가, 동방사회의 특수성 속에서 먼저 혁명정권을 건설한 국가는 카후딘협곡을 초월할 수 있다는 해석을 공유했다. 중국은 생산력이 낙후되어 있기 때문에 자본주의의 선진 생산력을 받아들여 공산주의적 전망에 도달해야 하며, 자본주의와 사회주의는 장기간의 상호공존이 필요하다는 논리를 모두 인정하였다.[147] 그리고 일본과 인도 등에서는 증명되지 않았지만 '사회주의는 고도로 발전된 자본주의의 산물이 아니며, 카후딘협곡은 초월할 수 있다'는 논지는 중국 등 적용가능한 국가의 구체적 경험에 따라 그 성격이 달라질 수 있다며 중국의 '특수한 역사형태'를 강조하였다.

중국에서는 카후딘협곡 초월론이 인도주의적 역사척도를 확립한 것이며 맑스사상의 일대 비약이라고 평가하였다. 즉 이는 역사발전과 인간의 가치기준이 충돌할 때, 농촌꼬뮌 상태에서 카후딘협곡을 초월하여 공산주의를 향해 갈 수 있다는 것이며, 또한 다양한 방식으로 역사를 이해할 수 있다는 것이다. 역사는 결코 엄격하게 정해진 틀에 따라 발전하는 것이 아니라, 우연이나 주체 자신의 필요 등의 요소에 따라 다원적 · 복합적으로 발전해간다는 것이다.[148]

이러한 동방사회 발전경로는 사회주의 초급단계론을 정초하는 배경이론으로 작용했으며 떵 샤오핑의 '중국특색을 지닌 사회주의'의 기초가 되었다.[149] 즉 사회주의 초급단계론은 카후딘협곡 초월론을 긍정적으로 평가하고 맑스의 자본주의 분석의 구체적 성과를 새롭게 해석하는 데 소극적이었다고 비판하면서 부각되었다. 또 개혁이론가들은 현실사회주의가 카후딘협곡을 초월하는 데 크게 성공하지 못하고 자본주의와 비교할 때 사회주의적 우월성을 충분히 드러내지 못한 것은 아시아적 생산양식이 자본주의와 동시대에 존재하기 때문이라고 해석했다. 이에 따라 자본주의제도를 넘어설 수 있으나, 자본주의가 지닌 긍정적인 성과를 초월할 수 없다는 논리를 도출했다.

요컨대 중국사회주의는 고도로 발전한 상품경제, 사회생산력, 민주정치, 인간의 발전 등은 초월할 수 없고 반드시 흡수해야 할 것으로 간주하였다. 이러한 맑스의 동방사회론에 따른 중국의 발전경로는 다음과 같이 간략하게 정리할 수 있다.

원시사회 ⇒ 노예사회 ⇒ 봉건사회 ⇒ ⎡ A 자본주의사회
⎣ B 현실사회주의 ⇒ 공산주의사회

A의 길은 서구 자본주의가 걸어온 길로서, 고도로 발전된 자본주의 단계를 거쳐 공산주의사회를 창출할 수 있는 물질적 기초를 세운 후, 평화적 또는 혁명적 방식으로 공산주의로의 이행을 실현하는 길이다. B의 길은 현실사회주의 각국의 길로서, 완전한 자본주의를 경험하지 못한 특수한 역사적 조건 속에서 먼저 사회주의 정치제도를 수립한 후, 사회주의에 필요한 충분한 물질적 기초를 마련하고 공산주의로 진입하는 길이다.

결국 이러한 카후딘협곡 초월론은 사회주의 초급단계론을 구축하는 과정에서 이론의 외연이 확장되었다. 첫째, 특정한 국가의 사회발전 상황에 대한 구체적 분석이 가능해졌다. 둘째, 세계의 역사발전을 배경으로 해서 한 국가의 사회발전에 대한 경로를 인식했다. 셋째, 러시아와 같이 경제가 낙후된 국가에서는 혁명을 통해 자본주의 발전의 길을 건너뛰고 직접 사회주의로 진입할 수 있다는 것을 확인했다. 넷째, 원생→차생→재생사회로 발전한다는 점을 찾아냈다. 다섯째, 경제·문화가 낙후된 국가에서 발생한 사회주의는 반드시 자본주의사회의 긍정적 성과를 흡수해야 한다"[150])는 것이다. 이런 점을 두고 중국에서는 맑스의 동방사회론이 이전의 '세계역사'를 재인식하여 사회역사 발전의 새로운 장을 열었다고 평가했다.[151]

제5장 '가난은 사회
주의가 아니다'

제5장 '가난은 사회주의가 아니다'

    중국사회주의 이데올로기는 시장이 제한적으로 발전하는 경우에는 효율적으로 작동하였다. 그러나 정책으로 의도한 것보다 시장이 훨씬 넓고 깊게 확산되면서 이데올로기의 규정력은 현저히 약화되었다. 나아가 사회주의적 존재방식이 근본적으로 침식당하면서 부분적인 이념 수정을 통해서는 현실의 모순을 극복하기 어려운 문제가 발생하기 시작했다. 이에 따라 형성된 1990년대 사회주의 담론은 개혁의 추이와 성격에 따라 크게 세 단계로 구분할 수 있다.[1]

    첫 단계는 1989년부터 1992년 떵 샤오핑의 남순강화 이전까지로, 일시적으로 자본주의적 근대가 낳은 부정적 결과를 반자본주의적 근대성으로 극복하고자 했던 시기이다. 1980년대 후반 중국경제는 '중단 없는 전진'이 가져온 후유증을 앓기 시작했다. 지방은 경기과열에도 아랑곳없이 원자재 부족이나 시장수요를 고려하지 않은 채 고정투자를 계속했고, 중앙은 중앙대로 개혁의 속도를 조절하지 못했다. 여기에 식량생산도 줄어 농업필수품을 배급해야 하는 상황에 이르렀고, 소비 자물가의 급등으로 노동자들의 생활의 질은 급격하게 떨어졌다. 1988

년부터 시작한 긴축조정노선은 시장지상주의에 대한 환상을 일시적으로 되돌아보게 하였다. 이에 따라 중국개혁의 성격을 동유럽의 '자본주의로의 복귀'와 엄격하게 구별하였고, '사회주의와 자본주의의 구별(姓資姓社)'도 비교적 엄격하게 유지했다.

둘째 단계는 1992년 말부터 1997년 당 15차대회까지이다. 떵 샤오핑의 남순강화는 사회주의 시장경제를 촉진하는 촉매가 되었다. 구체적으로는 노동시장의 유연화, 국유기업의 소유와 경영의 분리, 공기업의 주식회사화, 파산법과 같은 자본주의적 요소를 과감하게 도입하였다. 특히 '사회주의사회의 생산력 발전에 유리한가, 사회주의국가의 종합국력 증강에 유리한가, 인민생활 수준의 향상에 유리한가'를 자본주의와 사회주의의 성격을 판별하는 기준으로 삼은 '3가지 유리점(有利點)', '먼저 부자가 되어야 함께 부자가 될 수 있다'는 선부론(先富論), '우경화를 경계해야 하지만 좌경화를 더욱 경계해야 한다', '발전과 안정의 관계에서 발전이 더욱 중요하다'는 논리 등 이른바 떵 샤오핑이론이 정초되었다. 이는 시장·상품·주식과 같은 범주는 자본주의 정치경제학에만 해당하는 범주가 아닌 중립적인 것이며 자본주의와 사회주의의 본질적 경계도 사실상 모호하다는 논리로 발전하였다.

셋째 단계는 1997년 이후이다. 이 단계는 두 시기를 포함하고 있다. 하나는 떵 샤오핑의 영향을 받으며 성장해온 쟝 쩌민체제가 '개혁 중의 개혁'이라는 국유기업과 금융 개혁을 통해 이전 단계에 이루었던 개혁의 성과를 확장하면서 독자개혁을 추진하던 시기이고, 다른 하나는 계획의 파산을 선언하고 사유재산을 인정하는 등 사실상 완전한 시장경제를 향한 정책을 추진한 후 진타오 시기이다. 특히 그동안 금기였던 재산권을 둘러싼 논의가 만개하면서 제3차 사상해방운동이 진행되었다. 논의가 사회주의와 자본주의를 구별하는 전통적인 경계인 사적 소유의 영역까지 확장된 것이다.[2] 이것은 사회주의사회를 다른 사회와 구별짓는 전통적 기준인 소유제에 대한 근본적인 문제제기라는 점에서 사회주의의 핵심을 손대는 것으로 볼 수 있다. '중국적 특색을 지닌 사회주의'가 모호성을 특징으로 하고 있기 때문에 그 성격변화가 뚜렷하게 드러나지는 않지만, 크게 보아 조작적(operational) 수준의 변화가 아니라, 근본적 수준의 변화라고 볼 수 있다. 더욱이 '중국특색을 지닌 사회주의'를 떵 샤오핑이론으로 격상시키고 1997년 당규약과 1998년 개정헌법의 지도강령에 반영하여 법적인 기반을 확보하면서 이러한 경향은 더욱 공고해졌다. 2002년에는 3개 대표론을 정초하여 새로운 지도부의 중국식 사회주의론을 선보였으며, 2004년 3월 전인대에서는 사유재산과 인권보호 등을 헌법에 반영하는 수준으로 나아갔다.[3]

이 과정을 통해 중국은 잠정적으로 사회주의를 부정하고 자본주의의 길을 걸어갔던 동유럽과 독립국가연합(CIS)의 길이나, 현재 취하고 있는 것이 자본주의 요소라는 것을 인정하면서도 (인민권력으로서의) 공산당 권력을 유지하는 한 사회주의를 포기하지 않을 것으로 보이는 꾸바와는 달리, 현재의 모습을 자본주의로 인정하지 않으면서 사회주의와 자본주의를 근본적으로 재해석하고 있다.[4] 여기에는 이념의 모호성과 유연성을 극대화해 경제활동이 확대되면서 나타나게 될 이념의 문제에 중장기적으로 대응하려는 의도가 깔려 있다고 볼 수 있다.

1. 개혁의 질주와 좌절

톈안먼사건(1989년 6월 4일)이 일어나기 전인 1988년 9월에 열린

13기 3중전회에서는 그동안 쌓인 개혁개방정책의 부정적 증후군을 해소하기 위해 긴축조정(治理整頓)노선을 채택하였다. 개혁의 속도를 조절하는 이 노선이 대두하게 된 것은 개혁과정에서 나타난 무분별한 중복투자와 경기과열→인플레의 심화→실질임금의 감소→체제불만으로 이어지는 악순환 때문이었다. 무엇보다도 급격한 인플레이션에 따른 대중생활의 악화는 심각한 문제였다. 개혁 1단계인 1979~1984년에는 물가상승률이 2.5%에 그쳤으나, 도시개혁이 본격 추진되던 1985~87년에는 연평균 7.3%를 기록했으며, 그중에서 부식품류의 가격상승률은 20%를 넘었다.[5] 물가상승에 따라 실질임금과 현금가치가 하락하고 매점매석과 대규모 예금인출 사태가 잇달아 발생하여 경제혼란이 크게 가중되었다. 이러한 경제불안은 곧바로 정부의 경제정책과 관료의 부정행위, 나아가 체제 자체에 대한 불만으로 이어졌다.[6] 1988년 중국사회과학원 사회학연구소 사회지표팀과 국가통계국 사회사(司)가 공동으로 조사한 여론조사결과를 보면 대중의 불만이 어디에 있었는가를 정확하게 알 수 있다.[7]

* 사회생활에서 가장 시급히 해결해야 할 문제
    ①물가상승(94%) ②사회질서와 치안질서 불량(35%)
    ③소비재 품질(28%) ④주택분배 불공정(20%)
* 사회적 모순
    ①지속적 물가상승(64.1%) ②소득격차 확대와 빈부격차 형성(35.3%)
    ③불만심리의 보편적 존재(30.5%) ④당풍(黨風)문제(23.4%)
    ⑤실질생활 수준 하락(20.7%) ⑥사회기풍 문란(15%)
* 개인생활에서 해결해야 할 과제
    ①낮은 소득(82.3%) ②주택사정(36.5%)

③복지혜택(22.7%) ④직업선택의 자유(17.8%)

* 정치적으로 해결해야 할 과제

①당풍 문제(63%) ②사회기풍 문란(55%)

③선거제도의 개선(28.1%)

당정지도부는 물가상승과 이에 따른 불만을 수습하기 위해 일단 가격체제 계획을 유보하고 향후 경제활동의 중점을 경제환경의 정비(治理＝사회적 총수요의 조절과 물가상승의 억제)와 경제질서의 정돈(整頓＝유통질서의 정비)에 두는 기본방침을 정했다.

그러나 정비정돈정책에도 불구하고, 사회주의이론에 관한 논의는 유연했다. 정책은 변했지만 권력지도부는 쟈오 쯔양 등 개혁세력이 주도하고 있었고, 정비정돈정책 역시 중국경제의 장기적인 발전프로그램에서 나온 정책기조가 아니라 삼난(三亂, 통화팽창, 가격구조의 혼란, 물가상승) 등 과열경제를 진정해 개혁을 더 심화하기 위한 일시적이고 절충적인 성격이 강했기 때문이다.

그러나 향후 2년 동안 경제활동의 중점을 정비정돈에 둔다는 원칙은 톈안먼사건의 영향으로 바뀌었다. 긴축노선이 더욱 강화되고 사상해방의 분위기도 급격히 냉각된 것이다. 톈안먼사건은 정치·경제구조의 누적된 모순과 지식인의 불만이 원인이었다. 그러나 직접적인 계기는 1989년 4월 16일부터 민주화의 상징인 후 야오빵의 사망 2주기를 맞아 그의 명예회복을 요구하는 추도행사를 치르던 중 일어난 학생과 경찰의 충돌이었다. 떵 샤오핑이 학생시위를 공산당의 지도를 부정하는 폭란으로 규정한데다 4월 26일 「기치를 선명하게 하고 동란에 반대하자」[8]는 사설까지 실리면서 학생과 정부의 대결국면은 고조되었다. 수십만명의 대학생들과 노동자들은 5·4운동 70주년 기념일을 택해 민주화를 요구하는 시위를 강행했다. 이 위기를 극복하기 위해 중국지도부는 대화와 무력진압을 동시에 준비하고 있었다. 결국 시위학생들과 쟈오 쯔양·리 펑(李鵬) 등 지도부와의 회담이 결렬되자, 5월 20일 일부 지역에 계엄이 선포되었고, 학생운동 지도부와 옌 쟈치(嚴家其)·천 이쯔(陳一諮) 등 시위에 동조하는 지식인이 체포되면서 긴장은 더욱 고조되었다. 결국 이 사태는 6월 4일 수천명의 사상자를 내고 종료되었다.

텐안먼사건은 중국사회주의와 관련해 중요한 의미를 지닌다. 우선 학생운동의 슬로건과 이념의 문제다. 포괄적으로 볼 때, 당시의 슬로건은 민주화, 정치개혁, 부패척결, 언론의 자유였지 반당·반사회주의가 아니었다. 그러나 운동이 커지는 과정에서 공산당체제 비판, 서구적 다당제 요구, 자유의 여신상 건립, 삼권분립, 선거제도 개선 등 이른바 부르주아 민주화를 주장하는 그룹이 등장했다. 이들은 헌법에 규정되어 있으나 유명무실한 언론·출판·결사의 자유 등 기본적 인권과 '당이 당을 위해 봉사하는' 구조를 폐지하고 당을 감독할 수 있는 복수정당제를 요구했다.[9] 특히 옌 쟈치는 "금일의 학생운동은 국가의 모든 권리를 인민이 갖는 것이 민주정치의 근본원칙임을 중국 전역에 명백하게 보여주었다. 정부를 조직하는 집권당과 정부 자신의 권력은 결코 고유한 것이 아니고 인민에게서 나온다. 인민은 인민의 신임을 받지 않는 정부를 전복할 권리가 있다"[10]고 주장했다.

문제는 중국지도부가 개량적인 양보조치를 취하기보다는 시위 자체를 '국제대기후'와 '국내소기후'가 결합한 부르주아 자유화운동으로 규정하면서 일대 반격을 가한 것이었다. 텐안먼사건의 성격에 대한 중국정부의 공식 입장은 13기 4중전회를 통해 명료하게 나타난다.

극소수 사람들이 학생운동을 이용하여 뻬이징 및 일부 지역에서 계획적이고 조직적이며 사전음모적인 정치동란을 일으켰으며 나아가 뻬이징에서의 반혁명폭란으로 발전시켰다. 동란과 폭동을 획책한 목적은 중국공산당의 영도를 전복하고 사회주의 중화인민공화국을 전복하는 것이다.[11]

이때부터 중국사회주의의 방향을 둘러싼 토론은 사실상 봉쇄되었다. 그 대신 '사회주의만이 중국을 발전시킬 수 있다'는 중국의 공식논리가 광범위하게 확산되었으며 사회주의와 자본주의에 대한 우편향적 해석을 경계하는 분위기가 널리 퍼졌다.

일부 동지들은 사회주의와 자본주의의 투쟁에 대해서는 그다지 언급하지 않고 완화된 어조로 사회주의와 자본주의의 경계는 이미 사라지고 이미 융화된 것처럼 말한다. (…) 어떤 사람들은 사회주의가 날로 번창해가는 것을 반대하고 '사회주의의 시도와 실패는 20세기의 유산이다'라고 공공연히 말하고 있다. (…) 자본주의만이 중국을 도약시킬 수 있다고 말하기도 한다. 이들은 사유제와 삼권분립을 주장하고 심지어 사유제 선언을 공식화하여 사회주의를 자본주의로 대체하자고 주장한다. (…) 이들은 사회주의의 위기, 맑스주의의 시효소멸, 사회주의에 대한 평화적 전복(和平演變), 싸우지 않고도 승리할 수 있다(不戰而勝)는 생각 등을 유포하기도 한다. 그러나 사회주의만이 중국을 발전시킬 수 있고 사회주의가 자본주의를 대체한다는 사실은 사회발전의 객관적 법칙이며, 이는 인간의 의지로 바꿀 수 없다.[12]

중국지도부는 대중에 대해 이러한 사회주의 이데올로기 교육을 강화하는 한편, 서방의 평화적 전복(peaceful evolution)정책에 대한 경계를 늦추지 않았다. 당정이 내부안정을 모든 정책의 우선순위에 두자, 사회주의와 자본주의를 현실적으로 재인식해 중국사회주의 발전방향에 대해 새로운 이론을 구축하려던 시도도 수면 아래로 가라앉았다. 경제정책 또한 1988년 이후의 정비정돈정책 기조가 더욱 강화되었다.

이 시기 사회주의 논의는 1989년 6월 이전의 사상해방의 분위기와는 달리 매우 위축된 양상을 보였다. 당시에는 '사회주의가 자본주의를 대체하는 것은 세계역사 발전의 대추세' '평화적 전복에 대한 반대투쟁' '민주사회주의자에 대한 공격' '자본주의에 대한 비판적 인식' 등 전통적 사회주의 이데올로기가 주조를 이루었다.[13]

2. 사회주의에 대한 발상의 전환

이러한 분위기에 대한 반전의 징후는 1990년 말부터 나타났다. 13기 3중전회에서 8·5계획을 채택하는 등 개혁을 확대하려는 움직임이 있었으며, 1991년 전인대에서는 쩌우 쟈화(鄒家華)와 쥬 룽지(朱鎔基)가 부총리로 승격되면서 11기 3중전회에서 채택된 떵 샤오핑노선의 생산력주의가 복원되었다. 여기엔 중국에 대한 국제사회의 경제봉쇄가 다소 완화된 것과 정비정돈정책으로는 중국경제상황을 근본적으로 극복할 수 없다는 현실인식, 그리고 1991년부터 시작된 8차 5개년 계획을 효과적으로 집행해야 한다는 요구가 복합적으로 작용했다. 특히 걸프전은 첨단기술력이 전쟁의 승패를 결정짓는다는 것을 여실히 보여주었으며, 중국지도부는 첨단산업의 후진성을 인식하고 이 산업을 육성하기 위한 캠페인을 강화하였다.[14]

이러한 배경 아래 쟝 쩌민 총서기는 츙칭(重慶)과 청뚜(成都) 등지를 시찰하면서 떵 샤오핑 동지가 제기한 과학기술은 제일의 생명력이며 미래의 십년은 우리나라 과학기술이 좌우한다고 주장했고,[15] 이러한 기조는 이후에도 유지되었다. 이것은 단순한 과학기술의 강조라는 측면 이외에 첨단기술의 강화를 통해 개혁개방을 완수해야 한다는 여론을 조성하고 떵 샤오핑-쟝 쩌민-리 루이환(李瑞環) 등 개혁주체세력을 공고히 하려는 정치적 고려가 깔려 있었다.[16]

이러한 새로운 분위기에 편승하여 황푸 핑(皇甫平)[17]은 1991년 3월 2일 「개혁개방에는 새로운 사고가 필요하다」, 3월22일 「개방을 확대하자는 의식이 더욱 강해져야 한다」는 논평을 통해 다시 대담한 개혁을 주창하였다. 논쟁의 중심에 있던 황푸 핑은 계획과 시장의 관계를 대립적으로 보는 태도를 '새로운 사상적 정체'라고 규정하는 등 신보수주의를 공격하면서 새로운 사회주의 해석의 돌파구를 열었다.

계획과 시장의 관계에 대해 일부 동지들은 '계획경제=사회주의경제' '시장경제=자본주의경제'로 보는 시각에 따라 시장조절의 배후에 자본주의의 유령이 떠돌고 있다고 믿고 있다. 그러나 여러 동지들은 계획과 시장은 단순하게 자원을 배치하는 두개의 수단, 형식에 불과하기 때문에 사회주의와 자본주의를 구분하는 기준이 아니라는 것을 이해하기 시작했다. 자본주의에 계획이 있듯이 사회주의에도 계획은 있다. (…) 개혁의 심화와 개혁개방의 확대라는 새로운 정세에 따라 여러 가지의 '새로운 사상적 정체'에 함몰되지 말아야 하며 (…) 사회주의 상품경제와 사회주의 시장 발전을 단순하게 자본주의와 동일시하거나 시장조절을 자본주의라고 보아서는 안된다. 외자의 이용과 자력갱생을 대립시키거나 외자이용 문제를 좁게 바라보아서도 안된다.[18]

그는 또한 "떵 샤오핑 동지가 1990년대 샹하이의 개방에 대해 바라
는 것은 샹하이가 개혁개방의 기치를 더 높이 들고 푸뚱을 더욱 빠르
고 대담하게 개발하는 것이다. (…) 외자도입에 대한 잘못된 사상을 버
려야 한다"[19]고 주장하기도 했다.

이러한 논지는 중국사회과학원 연구원인 허 신(何新)이 "선진국은
먼저 다국적기업을 설립하고 이어 외채형경제를 만들어 개발도상국의
풍부한 물을 외부로 끌어가고 있다"[20]고 주장한 것을 정면으로 비판한
것이었다.

황푸 핑의 주장은 톈안먼사건 이후 신보수주의와 온건개혁파의 이
데올로기 공세가 본격화하는 가운데 제기되었다는 점에서 매우 대담
했다.[21] 당시 국제질서를 보는 중국의 입장은 대단히 신중하고 보수적
이었기 때문[22]에 이데올로기 영역에서도 보수적인 사상 공세가 주효
하였다. 실제로 황푸 핑의 논평이 발표되자 『인민일보』와 『광명일보』
등 당기관지는 '부르주아 자유화에 반대하지 않는다'며 이 논평을 비
판하였다.[23] 『당대사조』를 중심으로 한 일군의 이론집단에서도 떵 샤
오핑의 「중국특색을 지닌 사회주의를 건설하자」는 문건을 근거로 적극
개혁파의 논리를 비판하였다. 이 중에서도 경제사업과 일상사업에 몰
두하여 이론학습을 중시하지 않는다고 비판한 『구시(求是)』의 평론은
상당한 반향을 불러일으켰다.

현재 새로운 정세에서 우리가 직면한 문제는 두 가지이다. 하나는 경제
를 잘해나가는 것이고, 또하나는 국내외 적대세력의 평화적 전복정책(和
平演變)을 반대하는 것이다. (…) 〔국내외 적대세력은〕 맑스주의가 '시대
를 다해(過時)' 실패했다고 주장하고 공산당의 성격과 사회주의의 모습을
바꾸려고 기도하고 있다. (…) 〔몇년 전에〕 당시 당의 일부 주요한 지도자

(톈안먼사건 당시 쟈오 쯔양의 지위와 역할을 지칭하는 것—인용자)들의
과오는 '한 손은 강하게 다른 한 손은 유연하게'라는 당의 사상건설, 특히
당의 맑스주의 이론건설을 경시하여 실제적으로는 당의 지도력을 약화시
키고 부르주아 자유화운동을 조장하여 1989년의 동란과 반혁명폭란을 가
져온 점이다.[24]

후 챠오무(胡喬木)도 맑스-레닌주의를 청산하여 역사의 박물관으
로 옮기려는 이념적 청산분위기, 맑스주의 시효소멸론, 서방에서 주장
하는 진리다원론, 맑스주의 경직화론, 민주사회주의론 등에 대해 외래
의 것을 중국에 적용할 수 없다고 강력하게 비판하였다.[25] 특히 1991
년 8월 발생한 군사쿠데타와 고르바초프 실각 그리고 옐찐의 집권으로
이어진 소련사태의 충격으로 이론의 자율성은 제약을 받게 되었다. 당
정이 접경지역에 대한 경계강화와 국내안정을 최우선의 정책과제로
삼으면서, 부분적으로 제기되었던 유연사회주의(flexible socialism)
논의는 잠복하고 말았다. 떵 샤오핑이 8월 24일 개최된 중앙정치국 확
대회의에서 "소련에서 공산주의가 사라지면, 중국은 이제 세계유일의
공산주의 대국이 된다. 중국은 어떻게 하는 것이 좋은가"[26]라고 고민
한 데서 엿볼 수 있듯, 당정은 깊은 심리적 좌절에 빠지게 되었다.

중국은 처음 소련에서 쿠데타가 발생했을 때 이를 지지하는 입장이
었다.[27] 그러나 쿠데타가 실패하자 8월 21일에는 국무원 대변인 성명
을 통해 "소련의 변화는 소련 내부의 사건이다. 중국정부는 외국의 내
정간섭에 반대하고 각국 인민의 선택을 존중하며 소련인민 스스로 문
제를 해결할 것으로 믿는다. 중소관계에 미치는 영향은 없다"[28]고 밝
혔다. 그후『인민일보』는 쿠데타의 실패를 전했으며, 중국은 외교부장
첸 치천(錢其琛)을 소련에 보내 사태를 수습하려고 하였다.[29] 이와 같

이 소련 쿠데타 초기, 쿠데타세력을 암묵적으로 지지한 것은 고르바초 프의 지나친 개혁드라이브에 대한 중국의 우려와 불만을 보여준 것이었다. 그러나 소련이 옐찐정권 쪽으로 방향을 잡아가자 중러관계의 실질적인 개선을 위해 다시 화해의 입장을 전달한 것이다. 소련 쿠데타 직후 중국은 소련과 국세정세의 변화에 따라 구체적 대책을 강구한 끝에 전자에 대해서는 신보수주의의 강화로, 후자에 대해서는 대중화문화권 내지 대중화경제권의 가시화로 돌파구를 찾기로 했다.[30]

한편 당시 중국의 사회주의 해석은 온건개혁의 입장에 경사되어 있었으며 현실주의와 이성주의의 결합을 강조했다. 『중국청년보』 사상이론부가 집필하여 내외에서 큰 반향을 일으킨 문건에 나타난 사회주의관은 당시의 이론적 상황을 보여준다.

공상적 자본주의의 사상방법을 명확하게 인식하여 사회주의 기초이론, 특히 중국적 특색을 지닌 사회주의를 창조적으로 해석할 필요가 있다. 또 평화적 전복에 반대하는 투쟁 속에서는 민족이익과 국가이익을 강화해야 하고, 개혁개방 속에서는 현실주의와 이성주의를 크게 고양해야 한다. 경제영역에서는 급진개혁적 관점에 반대하고 이를 비판해야 한다. 이렇게 함으로써 일종의 중국 전통문화를 기초로 하고 충분한 포용성을 지닌 점진적인 모델을 창조한다.[31]

분위기는 이러하였지만 개혁개방의 흐름이 완전히 막힌 것은 아니었다. 그러나 개혁 추진의 속도와 폭, 그리고 사회주의의 성격은 1988년 상황과는 달리 매우 위축된 모습을 보이고 있었다. 또 전 중공중앙 조직부장 천 예핑(陳野平)은 온건개혁파의 대표적인 리더였던 천 윈(陳雲)의 '덕(德)과 재(才)를 함께 지니되 덕을 중시하자'는 말을 원용하여 이른바 생산력 표준론에 경사된 채 사회주의적 요소를 경시하는 개혁 노선을 공격하였다.

재는 덕에 종속되며 덕에 의해 제약받고 덕을 위해 봉사한다. 예컨대 재가 배(船)의 노라면 덕은 키라고 할 수 있다. 덕은 두뇌이자 영혼이며 정치적 방향과 관점을 관할한다. 정확한 정치적 관점이 없는 것은 영혼이 없는 것과 같다. 덕이 있으나 재가 없고, 재가 있으나 덕이 없는 것은 우수한 간부로서의 조건을 갖추고 있지 못한 것이다. 덕은 있으나 재가 없는 경우 정치적으로 신임할 수 있으나 큰 임무를 담당할 수 없으며, 임무를 부여할 경우 학습하지 않는 경향을 조장하게 된다. 재는 있으나 덕이 없는 경우 사업에 대한 재주는 있으나, 임무를 부여할 경우 큰 해악을 끼칠 가능성이 있어 신중을 기해야 한다. 따라서 덕과 재를 비교할 때 덕이 결정적인 의미를 갖는다"[32]

그러나 소련 쿠데타의 이념적 영향에서 어느정도 자유로워진 이후, 중국은 다시 개혁개방을 강화하면서 '자본주의 성을 가지는가 사회주의 성을 가지는가(姓資姓社論)' 하는 이데올로기 기준을 사회주의와 자본주의 평가의 기준으로 삼는 것은 무의미하다고 비판하였다. 『해방일보』도 「장사가 그릇을 깨는 것과 같은 용단」이라는 사설을 통해 개혁개방을 강화해야 한다고 주장했다. 이를 통해 소련 충격에 편승하여 중국사회주의의 위기를 과도하게 선전하고 개혁개방의 속도와 폭을 현저하게 위축시키려는 시도에 반발하였다.[33] 그러나 이러한 움직임에 대해 후 챠오무 등 온건개혁파 내지 보수적 구좌파들은 쟈오 쯔양과 후 야오빵 등 적극개혁파를 공격하였다. 이것은 당시 이들을 등용한 떵 샤오핑에 대한 간접비판의 의미까지 담고 있었다.[34] 당시 떵과 적극개혁파들은 국내가 안정되고 국제정세가 다소 이완된 틈을 타 새롭게 정비정돈노선을 채택하고 개혁개방의 기치를 내걸었으며 이 과정에서 사회주의관을 새롭게 제기하였다.

3. 떵 샤오핑의 '남쪽순례'

텐안먼사건 이후 1년간 중국이론계에서는 계획과 시장을 둘러싸고 대토론이 전개되었다. 텐안먼사건은 일시적인 현상이기 때문에 개혁을 재개해야 한다는 떵 샤오핑의 구상에 대한 지지가 강했으나, 1991년 구소련의 몰락이라는 변수로 다시 좌절되었다. 1991년 2월 『해방일보』는 계획과 시장에 대한 도전적인 논평을 통해 '시장'을 뜨거운 쟁점으로 부각시키기는 했으나 시장중시파가 국면을 주도하지는 못하는 상황이었다.[35] 한편 천 윈을 중심으로 한 당내 온건개혁세력은 오히려 소련해체에 자극받아 사회주의 이데올로기를 더 강화하는 쪽으로 정책방향을 설정했다. 이것은 떵의 친자유주의적 경제정책이 축소되는 것을 의미했다. 따라서 떵은 인민해방군, 당내 개혁적 원로 등과 접촉하는 한편 경제후퇴와 실패한 마오의 정책을 답습하는 일은 피해야 한다고 역설하면서 지방기구를 재편하였다.[36] 이러한 정지작업의 결과 1991년 9월 중앙공작회의를 기점으로 개혁개방정책을 재개할 수 있는 터전을 마련했다.[37] 이 회의에서는 기업의 자주권 확대와 기업경영 개선, 삼각채의 청산, 대기업의 실험적 운영, 국영기업의 효율성 제고, 환율과 물가의 정돈 등 개혁개방정책이 제기되었다. 또 정비정돈정책 과제를 기본적으로 완수하면서 1992년 경제정책목표를 개혁의 심화와 개방의 확대에 두기로 했다. 이러한 논의는 1992년 1월 떵 샤오핑의 남순강화를 분수령으로 새로운 단계에 접어들었다. 남순강화가 이러한 일련의 정책에 대한 이론적 해방의 기회를 제공한 것이다.

떵은 샨뚱성 취푸(曲阜)에서 겨울휴가를 마치고 '북쪽순례(北巡)'를 포기하고 개혁개방의 정신적 고향인 남쪽으로 발길을 돌렸고 이곳에서 시장노선에 대한 파격적인 지지를 선언하였다. 마오의 만년사상이 문화대혁명으로 나타났다면, 남순강화는 떵 만년사상의 정화(精華)이자 중국현대화노선의 '가장 좋은 교재이며 유력한 무기'로 평가된다.[38] 이것은 14전대회 회의정신에 반영되었고 15전대회에서는 중국공산당의 지도이념으로 공식화되었다.

남순강화는 생산력 개념을 통해 기존 사회주의론에 대한 이론적 해방을 시도했다는 점이 가장 큰 특징이다. 떵은 생산력의 발전이 역사유물론의 가장 중요한 원리라고 생각했으며, 심지어 마오사상에서도 이러한 흐름을 발견하여 정당성의 근거로 삼고자 했다. 즉 마오가 「연합정부론」에서 "중국의 모든 정당의 정책과 실천은 중국인민들이 좋아하는가에 따라야 한다. 근본적으로는 중국인민의 생산력 발전에 도움이 되는지, 된다면 어느정도 도움이 되는지를 보아야 하고, 생산력을 속박하는가, 해방하는가를 보아야 한다"[39]고 주장한 데 주목한 것이다. 또 '물질생활의 생산양식이 사회생활과 정치생활, 그리고 정신생활의 전 과정을 제약하고 있다'는 맑스의 언급에 착안하여 생산력의 발전을 사회제도의 합리성의 근거로 삼아야 한다고 주장했다. 맑스주의가 구상했던 공유제, 노동에 따른 분배, 계획경제 등의 사회주의적 특징은 높은 수준의 생산력 발전을 전제로 하기 때문에 생산력 발전을 떠나 사회주의를 이해하는 것은 불가능하다고 이해한 것이다.[40]

중국은 중국사회주의 전체 역사, 특히 사회주의 초급단계에서 생산력 발전이라는 절박한 요구를 수용해야 하며 사회주의제도를 기본적으로 수립한 이후에는 생산력을 발전시키는 것만이 자본주의의 심각한 도전에 맞설 수 있는 정책이라고 강조했다. 떵은 사회주의의 많은 임무 중에서 근본적인 것은 생산력을 발전시키는 것이고, 생산력 발전에 근거해야만 사회주의가 자본주의보다 우월한 물질적 기초를 실현할 수 있다고 보았다. 이런 측면에서 국제공산주의 운동과정에서 나타난 사회주의 휴머니즘, 생산관계 중시론을 부정하고 생산력 발전에 위배되는 경향을 유심론으로 비판하였다.[41]

생산력결정론은 시장결정론과 연동되어 있었다. 왜냐하면 상품을 사회주의 정치경제학의 범주로 이미 확정한 상태에서 이를 시장경제의 범주로 확장하는 것은 개혁개방론의 이론폭을 더 확대하는 불가피한 순서였기 때문이다. 그러나 당시 이론계에는 시장경제는 곧 자본주의경제라는 전통적인 관념이 여전히 남아 있었고 시장경제의 폐해를 우려하는 분위기가 일시적으로 고양되기도 했다.[42] 이런 상황에서 시장에 대한 떵의 대담하고 권위있는 해석이 절실했고 이것은 결국 사회주의 정치경제학의 마지막 범주를 해체하는 것이기도 했다.

떵은 "계획이 많은가 시장이 많은가는 사회주의와 자본주의의 본질적 구분이 아니다. 계획경제가 곧 사회주의는 아니며, 자본주의에도 계획은 있다. 시장경제가 곧 자본주의는 아니며 사회주의에도 시장은 있다. 계획과 시장은 모두 수단"[43]이라고 주장하면서 '자본주의의 성이냐 사회주의의 성이냐(姓社姓資)'라는 논쟁은 중국개혁론을 속박하는 것으로 보았다. 그리고 사회주의에 대한 전통적 해석인 소유제 결정론을 극복하고 앞서 말한 이른바 '3가지 유리점'을 제시하였다. 이러한 인식은 맑스주의나 마오 쩌뚱을 넘어 전혀 새로운 방식, 즉 실천이 진리를 검증하는 유일한 기준이라는 원칙을 적용했다는 점에서 개혁개방정책을 위한 사상해방에 이은 제2의 사상해방이었다. 특히 초기

사상해방론이 마오를 계승한 측면이 강했다면, 이 무렵에는 비판하는 측면이 두드러졌다.[44)]

특히 떵은 사회주의 생산력 발전에서 좌편향을 우려하며 "중국에서는 우에 대한 경각심을 높여야 하지만, 주로 좌를 방지해야 한다. 우의 것도 있으나 동란은 좌이다"[45)]라고 했다. 이것은 사회주의 건설과정에서 나타났던 문제를 모두 좌편향에 돌림으로써 개혁추진 과정의 망설임을 없애는 동시에 과감한 실험을 독려하는 의미로 이해할 수 있다.

남순강화는 자본주의와 사회주의를 재인식하는 방법과 실제 행동지침에서도 중요한 의미를 제공하고 있다. 우선 자본주의와 사회주의를 구별하는 기준을 생산력 발전에 두고 있다는 점에서 자본주의와 사회주의의 장기적 공존 내지 장기적 경쟁을 강조했다. 그러나 당시 떵샤오핑의 새로운 사회주의 표준론(이른바 姓資姓社論)에 비추어볼 때, 사회주의와 현대자본주의에 대한 재해석이 사회주의도 아니고 자본주의도 아닌 제3의 중국적 길을 모색하는 징후로 보이진 않는다. 왜냐하면 당시까지 떵은 다른 개혁주류 이론가들과 마찬가지로 사회주의와 맑스주의의 장기적인 전망을 가지고 있었기 때문이다.

맑스−레닌주의를 배우는 과정은 간결하고 유용해야 한다. (…) 실사구시는 맑스주의의 정수이다. 우리의 개혁개방의 성공은 책에 있는 것이 아니라 실천과 실사구시에 있다. 우리는 평생 동안 맑스주의를 말해왔는데 맑스주의는 결코 오묘한 것이 아니다. 맑스주의는 소박한 것이며 소박한 이치이다. (…) 나는 세계에서 맑스주의를 찬성하는 사람이 많아질 것이라고 굳게 믿는다. 왜냐하면 맑스주의는 과학이기 때문이다. 그것은 사적유물론을 통해 인류의 역사발전을 밝혔다. (…) 사회주의는 긴 역사과정을 거친 후 자본주의를 대체할 것이다. 이것은 사회역사 발전의 불가피한 전체적인 추세이다. 그러나 그 길은 굴곡이 있다. 〔자본주의의〕 일시적 복귀현상 역시 완전히 피할 수 없는 법칙적인 현상이다. 어떤 국가에서는 심각한 곡절이 있었고 사회주의는 마치 약해지는 것처럼 보였다. 그러나 인민들은 그 속에서 교훈을 얻어 사회주의를 더욱 강건하게 발전시켰다.[46]

이 내용은 새로운 사회주의 해석의 몇가지 틀을 제공하고 있다. 우선 떵 샤오핑은 맑스주의의 핵심을 잉여가치나 계급투쟁론에 두는 것이 아니라 실사구시에 둠으로써 개혁개방의 이론적 근거인 진리표준론(생산력표준론)과 생산력 주요모순론을 맑스에까지 소급하여 적용하고 있다.[47] 둘째, 맑스주의를 논쟁적으로 이해하지 말 것을 강조하고 있다. 떵 샤오핑은 공허한 이론논쟁보다는 개혁개방의 추진과정에서 나타나는 몇가지 부작용을 해소하는 형태로 사회주의 내지 자본주의를 재평가할 것을 요구하였다. 셋째, 떵 샤오핑의 남순강화에서는 기존의 사회주의 정치를 포괄적으로 추인하고 있다. 그것은 사회주의의 장기성과 과도성을 강조하거나, 자본주의의 장기적 존재가능성을 시사한 것에서도 잘 나타난다.

이러한 떵 샤오핑의 남순강화 논리는 후위 이론가들이 적극적으로 확산해나갔다. 당시까지도 당내에서는 급속한 개혁을 경계하는 온건개혁파가 강력하게 존재하고 있었다. 따라서 후위 이론가그룹들은 우선 『인민일보』 등을 통해 떵의 이론적 구상을 소개하는 한편 그 정당성을 강조하기 시작했다. 특히 1992년 2월 22일~24일의 이례적인 연속 사설은 이를 잘 보여준다. 여기서 다음 세 가지 주장이 나왔다. 첫째, '중심의 돌출' 문제이다. 즉 경제건설이라는 중심을 튼튼히 잡고 4개 기본원칙을 견지하며 개혁개방의 속도를 신속히 하여 경제사업과 기타 각종사업에서 우수한 성과를 거두어 14차 당대회를 맞이하자는 주

장이다.[48]

둘째, 자본주의 이용의 문제이다. "자본주의는 인류사회 발전사에서 중요한 역사단계이다. 자본주의는 자체적인 생산·발전·소멸의 법칙을 가지고 있다. 이러한 사회형태를 우리들은 맹목적으로 숭배하지 않으며 일률적으로 배척하지 않는다. 과학적인 태도로 비판적으로 계승한다. (…) 자본주의를 정확하게 인식해야 한다. 자본주의가 우리나라의 사회주의 현대화와 인류사회의 진보를 촉진하는 데 유리하면 더욱 새로운 인류문명을 이루어낼 것이다.[49]

셋째, 대담한 개혁의 문제이다. "자국 내의 문제를 잘 처리하기 위해 가장 중요한 것은 경제를 잘 처리하는 것이다. 경제를 잘해나가야만 개혁개방을 실행할 수 있다. 현재는 개혁개방의 배짱(膽子)을 두둑히 가져야 한다. (…) 정비정돈의 임무는 이미 완료되었다.[50]

남순강화에 깊은 영향을 받아 나온 이러한 주장들은 3월 9일 개최된 중앙정치국 전체회의에서 "개혁을 통해 생산력을 해방해야 한다. 사회주의냐 자본주의냐를 구별하는 기준은 생산력 발전과 종합적인 국력 증강 그리고 인민의 생활수준 향상이다. (…) 계획과 시장은 모두 경제수단이다. 이 수단을 잘 이용해야만 사회주의 상품경제를 신속하게 발전시킬 수 있다"[51]는 등 남순강화의 내용 그대로 정치국 회의정신으로 관철되었다. 이것은 톈안먼사건 직전의 백화제방기의 사회주의 논의를 복원한 것으로 볼 수 있다. 이 당시 대표적인 논의는 후 성(胡繩)의 글에서 나타난다.

공상적 사회주의는 자본주의에 대해 이해하지 못했고 이들의 새로운 사회는 자본주의와 아무런 연계가 없었다. 맑스-엥겔스의 과학적 사회주의도 자본주의와 사회주의를 근본적으로 대립관계로 이해했다. (…) 사회주의는 자본주의와 대립관계일 뿐 아니라 계승관계이다. 생산관계와 생산관계를 보호하는 국가정권은 대립관계이지만 생산력 면에서는 계승관계이다. (…) 레닌의 유연한 자본주의관을 수용하고 자본주의사회가 창출한 거대한 생산력을 계승하며 자본주의사회의 과학과 기술을 이용하고 사회화 대생산의 수단과 방식을 조합하며 자본주의와 사회주의에 유익한 모든 것을 흡수해야만 사회주의는 자본주의보다 한층 높은 사회생산력과 모델을 창출할 수 있다. (…) 이것은 맑스주의의 핵심이고 중국의 개혁개방 속에서 논증되고 있다.[52]

4. 도대체 사회주의란 무엇인가

남순강화를 통해 떵은 무엇보다도 무엇이 사회주의이고 어떻게 사회주의를 건설할 것인가 하는 '사회주의 본질론'에 대한 일대 이론적 해석을 시도하였다.[53] 이것은 사회주의 공유제, 노동에 따른 분배, 프롤레타리아독재에 기초한 기존의 사회주의 본질론에 대한 이론적 재해석이었다.[54] 물론 기존의 이론적 전제를 전면 부정하면서 출발하는 대신, 생산력 발전을 더 강조하면서 이론의 경직성을 해소하고자 하였다. 떵은 "생산력을 해방하고 발전시키며 착취를 소멸시키고 부의 양극화를 해소하며 최종적으로 공동 부유에 도달하는 것"[55]을 사회주의의 본질이라고 정의했다. 공동 부유라는 사회주의 목표를 위해 부의 양극화를 해소해야 하며, 이를 위해서는 생산력을 발전시켜야 한다는 논리였다. 그러나 이러한 주장은 기존의 주장과 모순되는 점이 있다. 즉 개혁개방과정에서 생산력의 발전을 위해 선부론을 허용하였고 이것이 부의 양극화를 가져왔는데, 고도의 생산력 발전을 통해 양극화를 해소하여 공동 부유에 이르게 해야 한다는 논리를 전개했기 때문이다. 이러한 모호성 때문에 여전히 공유제를 기축으로 하는 사회주의 경제관은 일정하게 강조되었고, 또한 사회주의 정치의 필요성을 역설하면서 경제주의 편향을 보완하고자 하였다. 이러한 사회주의 본질론의 특징은 다음과 같다.

첫째, 생산력 발전은 사회주의 본질에 접근하는 가장 적절한 도구이다. 덩은 맑스가 「공산당선언」 등에서 지적한 사적 소유의 철폐나 생산수단의 공유제가 사회주의와 자본주의를 구분하는 결정적인 요소라고 한 엥겔스의 견해를 수용했다.[56] 그러나 동시에 사유제의 존재, 착취현상의 발생과 부의 양극화는 생산력이 충분히 발전하지 않은 과도기의 산물로 이해하면서 생산력의 발전을 양극화를 해소하는 전제로 보았다.[57] 특히 비공유제경제를 발전시키는 과정에서 일부 착취현상이 나타난다고 해도 경제활성화·세수증대·취업해결·첨단기술 수준을 높이는 데 유리하면, 이것이 사회주의 공유제라는 원칙을 파괴하지 않는 것으로 보았다. 즉 일정한 범위에서 빈부차이가 존재하는 것은 생산력 발전의 필요조건일 뿐 장애는 아니며, 착취해소는 사회주의의 '장기적' 임무라는 것이다.

둘째, 사회주의는 부의 양극화를 해소한다는 것이다. 심지어 "양극화가 발생하면 개혁은 실패한 것"[58]으로 간주하는데 이것은 선부론이 양극화를 심화시키고 이를 용인한다는 오해를 피하기 위한 것이었다. 즉 자본주의적 요소의 도입은 물질적 토대를 갖추지 못한 사회에서 형성된 사회주의라는 역사적 특수성을 반영하고 있으나, 자본주의적 요소의 도입과 배척이라는 모순된 상황에서 자본주의적 폐해가 일부 나타나더라도 이것을 법을 통해 조절한다면 전체적으로 생산력을 발전시키는 데 불리하지 않다고 보았다.[59] 다만 착취와 양극화를 해소하는 방법이 새로워져야 한다는 것을 강조했다. 즉 시장체계를 건전하게 만들고 법제와 감독을 강화하는 한편 사회보장제도와 노동보호제도, 선전과 교육활동 수단을 통해 빈부차이를 줄여나가야 하지만, 이러한 규제는 경제활동을 침해하지 않도록 소극적으로 해야 한다고 주장한 것이다.[60]

셋째, 공유제를 견지하는 것이다. 즉 "공유제를 주체로 하면서 양극화를 가져오지 않도록 해야 한다, 지난 4년간(1985년 기점—인용자) 우리는 이러한 방향으로 나아갔다. 이것이 사회주의를 견지하는 것이다"[61]라고 했다. 이것은 마오와의 차이점이기도 하다. 떵은 생산력을 발전시키는 과정에서 나타나는 부의 양극화를 공유제를 통해 극복하고자 한 반면, 마오는 공유제와 양극분화가 나타나지 않는 것을 전제로 한 생산력의 발전을 추구했다. 따라서 떵은 마오가 생산관계의 '일대이공(一大二公)'[62]을 추구하고 공유제 문제에 대해 교조적으로 접근했으며, 생산력을 발전시켜 소유제구조의 문제를 해결하는 방법을 고민하지 못했다고 비판했다.

넷째, 사회주의의 본질이자 목표로서 공동 부유를 중시하는 것이다. '빈곤은 사회주의가 아니다. 사회주의는 빈곤을 해소해야 한다. 부유를 실현해야 한다. 사회주의의 부유는 전체인민의 공동 부유이지 소수의 부유가 아니다. 양극화되어서는 안된다'는 것이다. 그리고 공동 부유사회의 역사적 전망에 대해서는 "봉건사회에서 자본주의로 이행하는 과정에서 여러 차례 역사적 후퇴가 있었다. (…) [따라서] 일시적인 후퇴는 피할 수 없는 규칙적 현상"[63]이라고 설명했다. 그러면서 이것이 사회주의에 역행하는 것이 아니라, 사회주의를 더욱더 건강하게 발전하도록 촉진한다는 생각을 가지고 있었다. 그러나 생산력 발전에 기초한 사회주의 본질론은 공동 부유라는 목표를 명확히 하지 않은 채,

철저하게 중국사회주의의 현실적 조건을 설명하기 위해 사용되었을 뿐 공산주의국가의 미래를 묘사하기 위해 사용되지는 않았다. 따라서 도처에서 체계(system)와 과정(process), 현실과 전망 사이의 모순이 나타났다.[64]

다섯째, 우편향보다 좌편향이 사회주의 본질을 더 위협한다고 보았다. 즉 "중국은 우경화에 경각심을 높여야 하지만, 더욱더 주의를 기울여야 할 것은 '좌'경적인 것을 방지하는 것"[65]이라고 주장했다. 떵은 우편향도 문제삼았지만, 핵심은 평화적 전복의 위험이 경제에서 온다는 좌경적 논리를 비판하는 데 있었다.[66] 떵의 우경화 비판의 맥락은 "한손으로는 개혁과 개방을 움켜쥐고 다른 한손으로 각종 활동을 단속해야 한다"[67]는 수준의 정신문명 건설의 중요성과 필요성을 강조한 것이다. 실제로 이것은 기존의 "정신문명은 교육, 과학, 문화(이것은 전적으로 필요하다)를 지칭하는 것일 뿐 아니라, 공산주의사상·이념·기율·혁명의 입장과 원칙, 인간과 인간의 동지적 관계 등을 지칭하는 것이기도 하다. 이러한 혁명정신을 배우고 배양해야 한다"[68]는 입장과는 다른 맥락이었다.

이처럼 떵이 생산력결정론에 경사되어 있으면서도 사회주의 정치를 강조한 것은 톈안먼사건과 같은 부르주아 자유화운동을 막기 위해서였다. 즉 "12기 6중전회에서 부르주아 자유화운동을 반대하는 일을 20년은 더 해야 한다고 했는데, 지금 보니 20년으로는 안되겠다. (…) 문제의 싹이 틀 때 주의하지 않으면 어려움이 생기고 말 것이다"[69]라고 했다. 이런 언급은 1989년 톈안먼사건의 경험을 반영한 것이지만, 경제건설을 지속적으로 추진하기 위해서는 안정된 정치환경을 확보하는 것이 무엇보다 중요하다는 인식을 드러낸 것이기도 했다. 다만 마오가 대중동원이라는 방식을 사용했다면 떵은 '교육과 설득'의 방식을 활용하였다.[70] 이런 점에서 남순강화에 나타난 떵의 사회주의관은 사회주의 민주제도를 강화하기보다는 근대화를 목표로 권위적 지배에 기초한 사회주의판 국가자본주의, 레닌주의적 자본주의의 특징을 여전히 간직하고 있었다. 다시 말해 경제성장에 필요한 정치안정을 확보하기 위해 이데올로기의 변화를 시도하는 철저한 실용주의적 입장을 견지하였다.[71]

제6장 중국식
사회주의를 넘어

제6장 중국식 사회주의를 넘어

1. 또하나의 이론적 백화제방

1) 계몽의 부활

1980년대는 유토피아적 전체주의가 시장경제중심의 근대체제로 이행하는 과도기였다. 계몽주의자들은 자본주의단계를 거치지 않은 중국에서 시장을 인정한 형태의 개혁이 불가피하다고 보고, 문화계몽을 통해 '국민성' 개조를 시도하는 한편, '봉건주의의 옷을 입은 (마오의) 사회주의'를 비판했다. 이들은 생산력 향상을 통한 생산관계의 변화를 중요하게 여기고 서구화를 선호하면서 '중국 대 서구' 또는 '전통 대 근대'라는 이원 대립모델을 설정했다.[1]

이러한 계몽주의의 성과와 한계를 흡수하면서, 80년대 중반 사상해방운동과 함께 새로운 계몽주의가 등장하였다. 사상해방운동은 인도주의적 맑스주의를 내세워 마오 쩌뚱의 사회주의를 맹렬히 비판하는 한편, 생산력을 사회진보의 유일한 기준으로 설정하였다. 그러나 급속한 체제이완을 우려한 당정은 이를 정신오염운동으로 규정하였고, 이 논의를 주도한 이론가들이 체제 내로 들어가버리거나 해외로 망명하면서 운동은 탄력을 잃었다. 이후 사상해방운동의 논리는 대부분 서구 자본주의의 '근대성'을 수용하는 신계몽주의로 수렴되었다.

사상해방운동이 주로 정치변동에 관심을 두었다면, 신계몽주의자들은 '문화결정론'의 혐의를 받을 만큼 주로 '문화의 근대화'에 관심을 기울였다. 이들은 문화담론을 생산하면서 '정치와 이데올로기' 그리고 엄밀한 분과학문체제를 벗어나 새로운 사상공간을 열고 문화의 자주성과 정신의 공공성을 획득했다. 하버마스(J. Habermas)가 말한 '공공 영역'의 논의를 촉발시키고 발전시킨 것도 이들이었다. 그리고 사회발전모델에 입각하여 사회주의 현대화과정에서 자본주의를 건너뛸 수 없는 역사단계로 규정한 사상해방파와는 달리 자본주의와 사회주의라는 대립적 개념을 피하고, 대신 '근대화' 개념을 빌려 서구자본주의를 일종의 중립적인 것으로 파악했다.

그러나 신계몽주의자들도 계몽주의와 함께 '모든 가치를 다시 평가하자(重新佔定一切價値)'는 사상과 태도를 가지고 있었다. 그들은 서구문화의 가치를 재평가해 계몽프로젝트를 위한 합법적인 문화를 만들어내려고 했다. 이런 점에서 신계몽주의도 권력과 결합하면서 시장을 통한 개혁개방의 확대를 이론적으로 지원하고 있었다.[2]

2) 1990년대의 분화

1990년대 신계몽주의는 톈안먼사건의 여파로 지식화 또는 학술화에 주력하는 그룹과 사상적 흐름을 여전히 중시하는 그룹으로 분화하였다.[3] 이어 자유주의자와 후현대론자 그리고 인문주의자들 사이에서도 분화가 발생했다. 1994년부터 시작된 인문정신논쟁을 통해 인문정신이 완전한 인격을 추구하고 민족문화를 계승하며 과도한 전체주의 국가를 우려한다는 결론이 도출되었다. 이 과정에서 신보수주의라는 일단의 정치적 그룹이 등장했다. 이들은 인문정신논쟁을 거쳐 중국정체성이라는 주제를 사유의 중심에 올려놓았으며, 의사자유주의적 자유시장의 전망을 가진 체제수호적(tutelary) 정부가 시장경제를 구성해야 한다고 주장했다.[4] 이들의 공격목표는 '서구의 달은 중국의 달보다 둥글다'는 서구편향의 자유주의를 비판하는 데 있었다. 이것은 1980년대의 신권위주의가 신권력론(new power) 등을 거쳐 1990년대에 다시 출현한 것으로 볼 수 있다. 이들의 이데올로기적 위상은 구좌파(old left)와 급진개혁의 중간이라고 볼 수 있으며 대체로 점진주의(incrementalism), 중앙-지방관계의 중시, 국가중심적 민족주의의 옹호, 문화적 자유주의 비판 등에 기초하였다.[5]

한편 시장경제를 옹호하던 관변지식인들은 '좌익적' 유산을 폐기하면서 모든 형식적 이상주의를 부정했고, 후현대론자들은 중국에 출현한 소비문화를 일종의 보편적 후현대로 간주하여 중국의 '근대'가 종결되고 신시기(1978년 이후 시기)의 후기단계가 도래했다고 주장했다. 반면 상하이를 거점으로 삼은 일련의 인문학자들은 다시 계몽의 기치를 들고 허무주의와 후현대를 공격하면서 이른바 인문정신의 복원을 강력하게 주장했다.[6]

1990년대에는 후전체주의(後全能主義, post-totalitarianism)가 출현하면서 지식인 내부의 정치적 차이로 또 다른 분화가 일어났다. 이런 차이는 마오주의적 경향을 띠면서 국유기업의 민영화정책을 강력하게 비판한 구좌파와 자유주의, 자유주의와 신보수주의, 신좌파 내부 등에서 발생했다. 그러나 구좌파와 자유주의는 대척점에 있으면서도 뚜렷한 이론적 쟁점을 형성하지 못했고, 자유주의와 신보수주의도 이론적으로 수렴되는 상황이었다. 따라서 적어도 1997년 이후 논쟁의 축은 신좌파와 자유주의, 즉 자유주의를 둘러싼 비판과 반비판을 중심으로 형성되었다.[7]

3) 자유주의와 그 비판들

자유주의는 서구의 정치체제와 민주주의의 자유개념을 기본적으로 긍정하였다. 그리고 중국의 사회적 진보를 저해하는 구체제와 전통적 이데올로기를 비판하면서 정치개혁과 법치의 촉진, 시장경제 메커니즘의 완전한 구축을 추구했으며, 최종적으로 세계문명의 주류에 합류할 것을 주장했다. 따라서 이들은 구체제나 사회적 진보를 저해하는 전통적 이데올로기를 비판하고, 신구좌파들 모두 중국이 직면한 문제의 본질과 특징을 분석하는 데 취약하다고 주장했다. 특히 이들은 초보적인 민주주의조차 확립되지 않은 중국에서 자본주의정신을 부정하는 것은 '독이 퍼지기를 기다리는 행동'이라고 비판했다.[8] 자유주의그룹은 더 적극적인 서구적 정치개혁을 주장하는 청류파(淸流派)와 시장경제형 개혁에 찬성하고 그 이익을 수혜하면서 정치권력에 협력하는 상무파(商務派)로 구분할 수 있다. 또 지역을 기준으로 상하이에 거주하는 중국근대사 연구자들을 중심으로 청조말기에 새로운 정치(新政)를 편 위안 스카이(袁世凱)의 개혁경험을 중시하는 남방파와 뻬이징에 거주하고 문명의 충돌을 예상한 헌팅턴(S. Huntington) 이론을 수용하며 아시아 신흥개발국과 일본모델의 도입을 주장하는 북방파로 구분하기도 한다. 자유주의 내부의 이념 성향을 중심으로, 적극적 정치개혁과 언론자유를 주장하는 자유주의 우파(류 쥔닝·셔 여우위·쥬 쉬

에친·쉬 지린 등)와 사회민주주의적 가치를 주로 수용하는 자유주의 좌파(친 후이·허 칭롄 등)로 구분할 수도 있다. 자유주의자들은 대체로 시장과 발전을 존중하고 절차적 민주주의를 강하게 지향한다. 하지만 평민사회주의나 이후 등장하는 신좌파는, 이들이 중국의 역사적 배경과 발전과정을 무시하고 있고 중국이 직면한 모든 문제의 본질과 특징을 분석하는 데 취약하여 결함이 있다고 주장하였다.

자유주의자들은 하이예크(F. Hayek)의 고전적 자유주의에 기반한 계몽의 이념을 펴나가기 위해 사상의 자유와 정치개혁을 뿌리내려야 한다고 주장했다. 개인의 재산권과 경제적 자유는 이 자유주의의 핵심이었다. 그리고 권력부패에 대해 비판적인 태도를 지니고 있었기 때문에 전환기의 자유주의는 합법적이면서 시민권을 옹호한다는 차원에서 정당성을 가지고 있었다. 이들이 자본운동에 관심을 가지지 않았다는 좌파의 비판에 대해 자유주의자들은 상대적으로 '시장화되고 있는 권력'에 주목했다고 반박하였다. 오히려 이들은 전지구적 자본주의에 부응하는 철저한 시장화가 대안이라고 주장했다. 자유주의(특히 서방중심주의, 보편주의, 선형역사론)에 대한 비판은 다음 몇가지로 구분할 수 있다.

첫째, 포스트식민주의 내지 포스트모더니즘이 제기하는 비판이다. 중국의 포스트학문(이하 후학後學)은 서구의 후학이론과 비판의 촛점이 다르다는 점에서 매우 중국적이다. 이들은 중국이 어떻게 서구라는 중심에 의해 '타자화'되어왔는지를 검토하고 폭로하는 데 관심이 있었다. 이들에게 '계몽'이라는 담론(자유주의 또는 자본주의 근대성)은 식민주의의 성격을 갖는 것이었다. 그래서 이들은 중국이 1980년대 타자화의 과정을 거쳐 1990년대에 신시기(근대성)에서 후신시기(후근대성)로 진입했다고 주장한다. 그러나 후학도 계몽주의의 논리처럼 근대성 대 전통 혹은 서방 대 중국이라는 이원대립을 통해 중국역사의 방식을 설명하고 있다[9]는 점에서 여전히 서방의 근대성의 논리에서 자유롭지 못하다. 게다가 포스트식민주의를 말하면서도 한족중심주의를 비판하지 못하는 한계도 있다. 즉 후학은 서방중심주의를 넘어서기 위한 비판에는 어느정도 성공했지만, '존재하는 것은 모두 이성적이고 합리적'이라고 주장하며 중국이 다시 세계의 중심에 서게 될 가능성에 몰두했다는 점에서 21세기를 '유교부흥의 시대'라고 말하는 전통주의자의 인식과 별반 다르지 않다.[10]

둘째, 90년대 말에 등장한 종속이론과 세계체제론이다.[11] 이 논의는 민족국가의 한계를 넘어서서 불평등한 세계체제에서의 발전과 저발전이라는 관점에서 전개되었다. 즉 민족국가 내부, 민족국가 사이, 그리고 중국과 발달한 서구 자본주의국가 사이의 불평등관계는 물론, 국내의 전통문화, 개혁 이전 사회주의, 그리고 서구 자본주의의 근대성과 80년대 국민성 개조를 핵심으로 하는 문화계몽 프로젝트를 비판하면서 새로운 전선을 형성했다. 이들은 세계 자본주의체제의 국제분업 속에 내재한 위계적 불평등과 지배-종속이라는 현실을 설명하는데 이러한 분석모형이 유효하다고 보고 1970~80년대 종속이론의 중요한 저작을 21세기에 집중적으로 번역하고 소개하였다. 그러나 세계체제론을 통해 중국문제를 해석할 때는 일정한 한계가 나타난다. 우선 월러스틴(I. Wallerstein)의 분석단위가 식민시대였다는 점에서 중국을 식민국가로 볼 수 있는가, 식민제국의 정치와 법률제도가 상당한 정도로 중국의 현대사를 지배했는가, 국가의 발달과 내부원인은 서로 연관성이 없는가, 제3세계의 저발전을 세계체제의 불평등만으로 설명할 수 있는가 등 다양한 비판이 있었다.

셋째, 신보수주의의 흐름이다. 신보수주의는 급진주의적 근대화에 대한 성찰에서 출발했다. 그러나 이들의 딜레마는 급진주의의 반전통을 비판하는 한편, 교조적 전통주의의 부활을 함께 경계해야 한다는데 있었다. 이 때문에 신보수주의는 근대화의 합리적 요소를 찾아내고, 근대화를 이끌 새로운 권위주의 정치를 모색하고자 했다. 특히 중국전통의 정치적 지혜, 즉 민족의 주류문화, 유가문화 속에서 민족결합을 위한 새로운 자원을 마련하고자 했다.[12] 이후 자유주의 내에 급진주의에 반대하는 온건한 추세가 확산되어 자유주의와 신보수주의사이에 이론적 대화가 진행되었다. 하지만 여기에도 견해차가 있다. 중국의 자유주의는 중국현실에 그다지 맞지 않는 영미계통의 자유주의보다는 범도덕주의, 인권해방원리와 투쟁이념에 기초한 프랑스 자유주의를 그대로 수용하여 급진화하였다. 그렇지만 신보수주의는 급진주의에 기초한 일체의 정치낭만주의를 비판하고 역사의 연속선상에서 온건한 기제를 통해 구체제를 벗어나 새로운 체제로 진입한다는 현실적인 구상을 제기하였다. 신보수주의자들은 '지킨다(守)'는 것에 집착하여 각종 부패에 대해 체계적으로 비판할 수 없다는 점이 문제이며 사실상 신보수주의의 정치형태인 신권위주의 지배를 정당화하고 있다는 점에서도 한계가 있다.[13]

넷째, 평민사회주의이다. 이들은 대체로 현재의 우경화한 정치권력에 협력하는 자세를 취하고 있다. 그러나 그 내부에서도 사회민주주의적 경향을 띠면서 정치의 재건을 주장하는 평민파(平民派)와 전통적인 사회주의에 더 가까운 보수파 사이에 분화가 나타나고 있다. 이를 온건형 신좌파, 포스트모더니즘형, 급진형 신좌파, 볼셰비끼형으로 구분하기도 한다.[14] 사유화과정을 비판하고 민주를 적극적으로 해석하며 신자유주의에 대해 비판적 입장을 취하고 있는 신좌파는 평민사회주의 내의 새로운 흐름이라 할 수 있다.[15] 신좌파 내부에는 종속적 발전을 수용하는 경제학그룹과 서방의 포스트식민주의 문학이론의 영향을 받은 문학연구자그룹이 있다. 이들간에 민족국가라는 좁은 관점에서 향진기업(鄕鎭企業, 농촌의 민간기업) 근대화론에 기대는 관점, 신집체주의적 경향을 발전시키자는 관점, 더 넓은 지평에서 시장과 민족국가의 범위를 확장해야 한다는 관점이 대립하기도 한다.[16] 전반적으로 신좌파들은 신진화론, 분석적 맑스주의, 비판법학에 기초한 신맑스주의(New Marxism)의 영향을 받아 시장화가 부의 양극화를 심화시키고 상품교환에서 가용자원이 없는 일반대중은 개혁의 피해자가 되는 상황을 비판하고 있다. 구체적으로 이들은 주식제를 통해 주식합작제를 비판하고, 서방의 다당제와 경쟁선거를 통해 기층의 선거를 비판하려는 제도물신주의를 경계하였다. 따라서 이들은 현대중국과 같은 국가·사회관계에서 시장을 통해 자연스럽게 국내외의 평등과 정의 그리고 민주주의에 도달하는 것은 환상일 뿐이라고 보고, 경제민주의 중요성을 강조했다.[17] 이럼 점에서 신좌파들은 계몽주의나 포스트모더니즘의 '중국 대 서구'라는 이원대립모델을 어느정도 극복하고 있다고 볼 수 있다. 특히 시장을 전면 부정하고 과도하게 민족을 강조하는 구좌파,[18] 개인적 소유에 기초한 사회화를 논의하면서 국민국가에 갇혀 있는 일부 신좌파와는 달리 전지구적 맥락에서 다양한 근대성의 경로를 주목하면서 중국의 맑스주의와 사회주의를 성찰한다는 점을 눈여겨볼 필요가 있다.

신좌파는 1990년대 중반 이후 일종의 미국 비판서인 『노(No)라고 말할 수 있는 중국』이 출간되고 1999년 유고슬라비아 주재 중국대사관 폭격 등으로 민족주의가 고양되면서 더욱 확산되었다. 이러한 맥락에서 보면 신좌파는 신민족주의와 포스트모더니즘, 신국가주의 등을 포괄한다고 볼 수도 있다.[19] 특히 이들은 자본주의 가치관과 시장경제체제의 폐해를 통렬하게 비판하고 전지구화, 세계무역기구 가입을 비판하였다. 그 결과 신좌파는 문화대혁명을 겪지 않고 민족주의에 고무된 젊은 학생들에게 상당한 영향을 끼치고 있다. 신좌파는 '보편적인 민주주의와 인민에 의한 광범위한 공공정치'라는 이상사회를 목표로 하는 그룹과 마오 쩌뚱을 일면 긍정하는 그룹으로 분화했다. 특히 마오 쩌뚱그룹은 개혁이 혁명을 전도시켰고 다시 그 개혁이 왜곡되고 있다며 문화대혁명의 재평가를 주장하기도 했다.[20]

그러나 평민사회주의, 특히 신좌파에도 명백한 한계가 있다. 첫째, 전지구화에 대한 비판적 정치담론의 핵심을 파악할 수 없다.[21] 둘째, 지나치게 문화낭만주의와 완벽주의에 빠져 있다. 셋째, 90년대 이후의 중국문제를 지나치게 단순화하여 사회주의적인 방법으로 해법을 찾는 과도한 일반화의 오류에 빠져 있다.

이처럼 개혁개방의 결과로 중국형 시민사회가 출현하고 '중국특색을 지닌 사회주의'로 현대적 부르주아 이데올로기가 발전하면서 중국의 지식인들은 새로운 현실을 해석할 다양한 이론을 내놓고 있다.[22] 향후 사회적 다원화와 함께 사상의 다원화가 이루어지면 좌파와 주변의 소외그룹이 결합할 가능성도 있다.

2. 중국사회주의는 누구를 대표하는가

1) '3개 대표론'의 사회주의

개념

중국공산당 16차대회(이하 16전대회)에서 중국공산당은 존재근거가 되는 당강령을 개정했다. 즉 "중국공산당은 맑스-레닌주의, 마오 쩌뚱사상, 떵 샤오핑이론과 '3개 대표' 중요사상을 자신의 행동지침으로 삼는다"[23]는 것이었다. 3개 대표란 "중국공산당이 선진생산력의 발전요구, 선진문화의 전진방향, 광대한 인민의 근본이익을 대표한다"[24]는 것이다. 이른바 선진생산력을 대표한다는 것은 중국공산당의 이론·노선·강령·방침과 각종 사업, 생산관계와 상부구조를 생산력 발전에 조응하도록 조정하는 것이다. 선진문화를 대표한다는 것은 중국공산당의 이론·노선·강령·방침과 각종의 사업을 사회주의 정신문명 건설의 요구에 조응시키는 것이다. 그 근본임무는 이상이 있고 도덕이 있으며, 문화가 있고 기율이 있는 공민을 배양하는 것이다. 마지막으로 수많은 인민의 근본이익을 대표한다는 것은 모든 정책과 사업은 인민의 요구를 고려해 정해서 실행하고 이해가 얽힌 각종 업무를 합리적으로 처리하며 대중에게 경제·정치·문화적 이익을 준다는 의미이다. 이러한 세 가지 '대표'는 서로 연계되어 있다. 즉 선진생산력 발전은 선진문화를 발전시키고 수많은 인민의 근본적 이익을 실현하는 기초이다. 선진생산력과 선진문화를 발전시키는 것은 궁극적으로 인민의 날로 늘어나는 물질문화에 대한 요구를 만족시키는 것이며, 인민의 근본적 이익을 실현하는 것이다.[25] 이러한 '3개 대표'는 입당(立黨)의 근본, 집정의 기초, 역량의 원천이 되는 공산당 혁신과 관련되어 있다.[26]

이론화과정

3개 대표론 학습캠페인은 크게 세 단계로 구분할 수 있다. 첫 단계는 2000년 2월에서 2001년 6월까지이다. 2000년 2월 말 쨩 쩌민 중앙군사위 주석이 꽝뚱성(廣東省)의 까오져우시(高州市)를 시찰하면서 처음으로 3개 대표론을 제시하였다.[27] 3월부터 중국언론은 이를 제2의 남순강화에 비교하면서 3개 대표론에 대한 선전활동을 시작하였다. 이후 5월 14일, 3250여개의 사영·개인기업과 여기에서 일하는 1억 3천만명을 당의 지지기반에 결집할 필요성이 제기되었다.[28] 이것은 기존의 삼강(三講)교육의 성과를 공고히 하고 확대하기 위한 것이었다. 이어 6월 28일 당 중앙회의에서 '이론·체제와 과학기술의 창신(創新)'이 제안되면서 사회주의 발전의 역사과정에 대한 인식, 자본주의 발전의 역사과정에 대한 인식, 인간의 사상에 대한 사회주의 개혁실천의 영향에 대한 인식, 당면한 국제환경과 국제정치투쟁이 가져온 영향에 대한 인식이라는 '네 가지 문제를 다시 인식(四個再認識)'해야 한다는 점이 제기되었다.[29] 이런 영향을 받아 당내외에서도 3개 대표론 학습 열기가 고조되었다. 15기 5중전회 이후에는, 2001년 겨울까지 현 이하 기층까지 이에 대한 학습과 교육활동을 진행할 것을 지시하는 '통지'를 보냈으며, 이를 계기로 농촌과 말단조직까지 학습열기가 고조되었다. 이런 과정에서 쟝 쩌민은 2001년 1월 10일 새로운 이론을 구축하는 데 전적으로 맑스−레닌주의의 고전이론에 의존할 필요가 없다고 언급하였다.

두번째 단계는 2001년 7월에서 11월까지이다. 이 시기는 쟝 쩌민이 당 창건 80주년 대회에서 행한 연설이 기점이 되었다.[30] 쟝 쩌민은 여러 준비단계를 거쳐 원고를 수정하고 당 중앙정치국 상무위원회의 토론과 비준을 거쳐 정식으로 3개 대표론을 정식화하였다. 쟝 쩌민이 3개 대표론의 과학적 의미와 기본내용을 체계적으로 천명하자 전국적으로 학습운동이 심화되었고 이 이론은 개혁개방과 현대화 건설을 추진하는 지침이 되었다. 이처럼 3개 대표론 학습운동의 열기를 고조시킨 이유는 쟝 쩌민이 기존의 삼강운동을 추진하는 과정에서 캠페인의 분위기가 나타난데다, 3개 대표론을 새롭게 제기했음에도 지식인과 여론의 반향이 예상 밖으로 저조해 운동의 재점화가 필요했기 때문이었다.

세번째 단계는 2002년 11월 16전대회 이후이다. 16전대회에서 3개 대표론을 맑스-레닌주의, 마오 쩌뚱사상, 떵 샤오핑이론과 같은 당의 중요한 지도사상으로 당규약에 반영하였고 당원은 3개 대표론을 학습해야 한다는 것을 구체적인 조문으로 명시하였다.[31) 이는 2004년 수정 헌법에도 그대로 반영되었다.

이처럼 3개 대표론의 이론화 과정은 쟝 쩌민의 이론을 당의 지도사상으로 편입하는 피할 수 없는 과정이었다. '입언(立言)'이라는 중국의 전통적 인식에 의하면 자신의 학설을 정립하는 것은 개인의 불후의 대업이다. 그 결과 혁명을 지도하는 마오 쩌뚱사상과 건설을 지도하는 떵 샤오핑이론에 필적하는 새로운 지도이념으로 쟝 쩌민의 '3개 대표' 중요사상이 등장한 것이다.

후 진타오의 변용

사또시(天兒慧)의 분류기준에 의하면,[32) 후 진타오체제의 정치노선은 쟝 쩌민 시기와 같이 근대화와 민족주의를 결합한 것으로 평가할 수 있다. 이것은 불안정한 후 진타오의 권력기반과 무관하지 않다. 그의 이념구축과 개혁의 속도 및 폭은 '떵 샤오핑의 술병에 쟝 쩌민의 포도주를 담았듯이'[33) '쟝 쩌민의 술병에 후 진타오의 포도주를 담는' 점진적인 방식이었다. 이러한 한계에도 불구하고 후 진타오체제의 독자적인 정치실험을 꼽는다면, 우선 이데올로기 면에서 3개 대표론의 합리적 핵심을 강조하면서도 강조의 중점을 옮기는 방식이 될 것이다. 후 진타오식 3개 대표론 해석은 2003년 7월 1일 3개 대표론 학습강화 등에서 확인할 수 있다.[34)

첫째, 이론적 위치이다. 그는 3개 대표론을 맑스-레닌주의, 마오 쩌뚱사상, 떵 샤오핑이론의 새로운 발전으로 간주하였다. 즉 중국특색의 사회주의 사상노선, 발전방향, 발전단계와 발전전략, 근본임무, 발전 동력, 의존역량, 국제전략, 지도역량과 근본목적 등 중요한 문제에서 이론적 성과를 거둔 것으로 평가하고 있다. 둘째, 이론의 목표이다. 3개 대표론은 '전면적인 샤오캉사회(小康社會) 건설'이라는 국가의 거시적인 목표를 실현하기 위한 것이라고 보았다. 특히 이것은 중화민족의 위대한 부흥을 위한 물질적 기반을 구축하는 것으로 해석했다. 셋째, 이론의 본질이다. 즉 국리민복을 위한 민생정치가 이론도입의 본질이라는 것이다. 특히 혁명당에서 집권당으로 변신한 공산당은 공공의 정의를 위해 일해야 하며 정치는 인민을 위해 봉사해야 하는 것으로 보았다. 특히 민심의 향배를 정당과 정권의 성쇠를 좌우하는 근본적인 요소라고 보고, 백성을 따르고 백성의 이익을 도모하며 민심을 얻어야만 인민대중의 지지와 지원을 얻을 수 있다고 믿었다. 넷째, 이론의 방향이다. 이론을 실천하는 과정에서 맑스주의를 발전시키기 위해 노력해야 한다는 것이다. 특히 이론과 지도의 결합, 객관적 세계 개조와 주관적 세계 개조의 결합, 이론의 발전과 결합이 중요하다고 보았다.

이처럼 후 진타오식 학습지침은 쟝 쩌민식과 크게 다르지 않다. 다만 물질문명과 정신문명 그리고 정치문명을 강조하면서 민생을 함께 고려하는 등 미묘한 강조점의 이동이 나타난다. 특히 후 진타오는 "민심의 향배는 정당과 정권의 성쇠를 결정하는 근본요소이며 (…) 권력의 주체는 인민이어야 하고(權爲民所用) 인민 사이에는 인정이 오가야 하며(情爲民所繫) 인민들이 잘사는 나라를 만들자(利爲民所謀)"[35]고 강조했다. 이것이 바로 후 진타오식 민생정치의 핵심이다. 또 공산당의 역할에 대해서도 공공의 정의를 위해 일해야 하며 정치는 인민을 위해 봉사하는 것이라며 싸스 퇴치 이후 즐겨 사용한 말을 공식화하였다.

이에 따라 당정간부들이 기층과 대중 속으로 들어갈 것을 요구하고 있다. 특히 가장 어려운 곳, 대중의 의견이 많은 곳, 사업이 잘 진행되지 않는 곳으로 가서 그곳의 간부·대중과 함께 모순을 해결하고 국면을 타개할 것을 주문한다. 실제로 10월 이후 '신혼입법'을 제정하여 결혼비준제도를 철폐했고 새로운 '수용법'을 도입하여 등기비용을 대폭 인하하는 등 민생현안에 관련된 정책을 적극 추진하고 있으며, 거주이전의 자유와 '호구등기' 같은 혁신적인 연구도 진행하고 있다. 이와 함께 후 진타오는 문제를 근본적으로 해결하기 위해 당풍과 정치풍토를 바르게 건설하고 지도방식과 방법, 사상작풍과 공작작풍을 바꾸도록 요구했다. 또 형식주의와 관료주의를 방지하고 극복하며, 인민대중의 합법적 권익을 옹호하고 군중과 함께 호흡하라고 요구했다.

이는 공산당 건설방식을 구조적 건설에서 기능적 건설로 전화시킨다는 의미를 지닌다. 구조적 당 건설은 사상 건설·정치 건설·조직 건설·작풍 건설을 전제로 하고 기능적 당 건설은 이를 심화하고 제고한다는 점에서 상호연계되어 있다. 다시 말해 당의 기능을 강화해 당의 합법성을 공고히 한다는 것이다. 이러한 기능적 당 건설은 사상적 건당론자인 마오 쩌뚱과 제도적 건당론자인 떵 샤오핑과의 차이점이기도 하다.

2) 신념의 위기와 흔들리는 중국공산당

중국의 개혁개방은 사회적 차원에서 딴웨이체제를 해체시키는 방향으로 나아갔다.[36] 이것은 중앙에서 대중의 의식전반까지 지배하는 수직적 관계가 수평적인 관계로 바뀌고 있다는 것을 의미한다. 이러한 사회 변화는 딴웨이에 결박되었던 노동자를 사회인으로 변모시켰으며, 이들의 의식구조에도 많은 영향을 끼쳤다. 그 결과 공산주의에 체념해 급속하게 쾌락(hedonistic)을 추구하는 경향, 베버(M. Weber)가 말한 자본주의적 정신으로 무장한 계급으로 볼 수 있는 부르주아적 신민 (the bourgeois subject), 개인의 부와 행복을 추구하는 탈공산주의적 개성(post-communist personality) 등이 혼재되어 나타나고 있다.[37]

특히 공유제가 붕괴되면서 공산당의 영향력이 약해진데다 국제화에 따라 서구사조가 크게 유입되고, 여기에 첨단기술, 인터넷 등이 보급 되면서 청년층의 신념의 위기는 갈수록 커지고 있다. 특히 서구의 소 비문화가 중국에 빠르고 넓게 퍼지면서 청소년들은 새로운 의식을 갖 게 되었다. '신인류'로 불리는 이들은 계획경제 시대를 겪은 기성세대 와는 질적으로 다른 의식구조를 가지고 있다. 검약정신은 사라지고 유 행에 민감하며 자신을 위해 투자하는 경향이 강하다. 2000년 중국의 실질적 문화소비액은 약 8백억위안, 잠재적 문화소비능력은 약 3천억 위안이며, 2005년에는 약 5500억위안(한화 약 82조원)에 달할 것으로 전망되고 있다. 이것은 서구적 문화세례 속에서 자란 세대가 소비주체 로 등장할 것을 의미한다. 이것은 1980년대 후반에 공산주의 개념이 모호해지면서 나타난 세 가지 신념의 위기나 사회주의 소외론과는 질 적으로 다른 문제이다. 특히 젊은 세대들은 개혁개방 이후 출생하여 발전의 시대를 살았고 그 성과를 누리고 있다는 점에서 탈이념 현상은 더욱 확산될 가능성이 있다.

2000년초 쟝 쩌민 계열로 알려진 쩡 칭훙(曾慶紅) 당 조직부장이 수 만명의 당원을 상대로 무기명 설문조사를 실시하였다. 설문 결과 대부 분 개혁개방을 지지한다고 하면서도 '공산당을 신뢰할 수 있는가'라는 질문에는 70% 이상이 '신뢰할 수 없다'고 대답했다. 이 중 25% 이상의 당원은 '입당을 권유했다가 거절당한 경험이 있다'고 답했다.[38] 2001 년 봄, 당중앙 조직부는 다시 부부장급 이상의 간부가 이끄는 20여팀을 각지에 파견하여 극비리에 조사한 결과, 공산당의 신뢰의 위기와 간부층의 부패 문제 등이 심각하다는 결론을 내렸다. 실제로 당정엘리뜨에 대한 공식 설문조사에서도 사회안정을 판단하는 지표인 경제·정치·민심의 안정 가운데 정치와 민심분야를 강조하는 비중이 늘어나는 추세이다.[39] 전반적으로 체제이데올로기에 대한 신념도 약해지고 있다. 예컨대 '사유화는 우리사회의 필연적 선택이다'라는 항목에 대해 찬성은 전년대비 12% 상승하고 반대는 전년대비 7% 하락했다.[40] 또 '사회주의가 자본주의를 이기게 될 것이다'라는 의견에 동의하는 비율도 9% 정도 떨어졌다. 심지어 일반대중들 사이에는 '공산주의는 죽었다. 아무도 공산주의를 믿지 않는다'라는 의식도 넓게 퍼져 있다.[41]

이처럼 황금만능 풍조가 급속히 확산되고 고급 당정엘리뜨 충원이 쉽지 않은 상황에서 새로운 중추세대에 대한 도덕교육과 이데올로기 교육은 매우 중요한 과제가 되었다. 당은 이러한 교육을 기존의 공산당원에게까지 확대하고자 하였다. 실제 구소련 등의 공산당 몰락, 타이완 국민당의 몰락과 타이완 독립운동세력의 등장, 공산당 간부의 거액 독직사건, 국유기업 부실화에 따른 실업문제, 공산당원의 규모를 넘어서는 파룬꿍(法輪功) 수련자 문제 등은 중국공산당의 현실적 기반을 되돌아보게 하였다. 당정의 위기의식은 역사적으로 권력교체의 주기를 분석하면서 한층 심화되었다. 즉 "왕조의 평균수명은 200년이다. 왕조성립 후 50～60년은 안정을 구가하지만, 이후는 정체하고 쇠퇴한다. 근대 이후에도 하나의 정당이 권력을 장악하는 기간은 50～60년 정도이고 이것은 소련뿐 아니라 동아시아국가에서도 마찬가지이다"[42]라고 본 것이다. 이렇게 보면 집권 3～4세대에 해당하는 현단계는 기로에 처해 있다는 해석이 가능하다. 이에 따라 쟝 쩌민은 소련과 동유럽 공산당, 일본 자민당, 멕시코와 인도 정당을 예로 들면서 공산당의 분발을 촉구하였고, 이론과 현실의 괴리로 유연성이 떨어져 상부에서 말단까지 관료주의가 만연하면서 대중의 지지를 잃었던 소련공산당의 사례를 환기시켰다.[43]

이러한 상황을 근본적으로 극복하기 위해서는 공산당의 기능전환과 지지세력 재편이 불가피했다. 특히 성장하고 있는 부르주아와 당 그리고 국가가 이익을 공유하는 체제로 발전하지 않는 한 근대화와 사회주의의 과제를 동시에 수행하기는 어려웠다. 중국공산당은 통제와 억압의 방식에 기초한 경직된 권위주의 대신 공산당 지지기반의 외연을 확장하면서 정체성의 위기를 극복하는 방식을 선택했다. 이런 가운데 사기업가의 공산당 입당이 허용되었는데 이 민감한 정책이 가능했던 것은 1990년대 중반 이후 비공유 부문에 종사하는 사람의 입당이 이미 현실적으로 수용되고 있었기 때문이다.[44]

3) 붉은 자본가와의 동맹

계층분화와 붉은 자본가의 등장

중국사회 전체에 '제3의 파도'가 예상보다 일찍 도래했다. 사회저변의 변화가 더욱 빨라지고 지극히 안정됐던 사회구조가 무너지면서 중국은 새로운 전환점을 맞이하고 있다. 이 과정에서 국민의식의 변화도 두드러지고 있는데, 그 계기는 사영기업주의 급속한 확대이다. '붉은 자본가'(red capitalist)는 당정의 묵인과 지원 속에서 탄생했다. 사영기업주가 운영하는 사영경제에 대한 중국의 정책은 크게 세 차례 변했다. 첫번째는 1983년 초 「1호 문건」에서 '견고하게 소멸시키고 즉각적으로 통제하라'는 방침에서 '사영경제를 제창하지 않고 공개적으로 선전하지 않으며 과도하게 억제하지 않는다'는 방침으로 전환한 것이다.

두번째는 1987년 「5호 문건」에서 '사영기업의 존재를 인정하고 관리를 강화하며 이점을 살리고 폐단을 억제하며 점차적으로 이끌어간다'는 방침을 정하고 이를 법제화한 것이다. 이때 사영기업은 합법적 생존공간을 얻었다. 세번째는 1997년 15전대회에서 비공유제가 사회주의 시장경제의 '중요한 구성부분'이라고 규정하면서, 사기업이 합법적인 경제적 지위를 얻은 것이다. 나아가 16전대회에서는 사영기업주의 공산당 입당까지 허용되면서 자본가는 사회적 지위까지 얻었다.[45]

이와 같은 사기업에 대한 정책전환은 전통적인 중국의 계급구성을 크게 변화시켰으며 계급계층 분석에서도 새로운 견해가 채택되었다. 최근 계급계층 연구에 의하면, 중국은 대체로 10대 계층이 기존의 계급을 대체하면서 발전하고 있다. 즉 국가와 사회의 관리자 계층(당정의 행정관리직), 관리직 계층(대·중형기업의 사업주가 아닌 중·고위 수준의 관리간부), 사영기업주 계층, 전문직·기술자 계층, 사무원 계층, 개체상공업 계층, 서비스업 종사자 계층, 산업노동자 계층, 농업노동자 계층, 무직·실업·반실업자 계층 등이다.[46] 이들 계층은 조직자원과 경제자원의 배분상황에 따라 다시 상층, 중상층, 중중층, 중하층, 저층 등 5개 등급으로 구분된다. 농민과 노동자 계층은 대부분 '중중하(中中下)' 이하에 속하고 이 중에서도 50% 이상은 중하층이나 저층으로 분류된다. 이것은 중국공산당의 주축이었던 노동자·농민계급의 사회적 지위가 급속히 하락하고 그 자리에 새롭게 형성된 중간층이 들어서고 있다는 것을 의미한다.

중국의 국가목표도 이러한 사회적 현실을 빠르게 반영하였다. 떵 샤오핑 시기 중국의 국가목표는 1인당 국민소득이 800달러에 달하는 샤오캉사회를 달성하는 것이었다.[47] 그러나 중간층이 확대되고 신흥부자가 대폭 늘어나며, 과거와 같은 불법적인 부의 형성과정도 상당히 해소되면서 정책을 수정했다.[48] 20세기 말까지 중국전체의 목표는 의식주의 어려움이 없는 샤오캉사회였지만, 2000년 말 전인구의 74.84%가 샤오캉 수준에 이미 도달했고, 12.82%는 이 수준에 거의 도달했다는 통계가 있다. 그 결과 샤오캉사회 건설 대신에 '전면적 샤오캉사회 건설'이 제기되었으며,[49] 시중에서는 샤오캉이라는 단어 대신 '중산'이라는 유행어가 등장하기도 했다. 일반적으로 중산계급은 안정된 수입이 있고 스스로 차를 살 수 있는 능력이 되며, 수입의 일부를 여행과 교육에 갖고 소비할 수 있고, 휴대전화·CD플레이어·VCD·게임기·카메라 등을 갖고 있는 집단을 지칭한다.[50] 이들은 주로 행정관리, 전문기술자, 서비스업 종사자, 점원, 화이트칼라, 교직자 등인데, 향후 5년간 약 2억명의 인구가 중산계급에 속하는 이런 소비집단으로 등장할 것이며, 약 10년 이후에는 그 인구가 4억~5억명에 달할 것이라는 분석도 있다.[51]

3개 대표론을 10대 계층론에 적용해보면, 사영기업가를 중심으로 관리직 계층, 사영기업주, 전문기술자 계층은 '선진생산력의 대표', 이 중에서도 전문기술자는 '선진생산력의 대표이자 선진문화의 대표', 그리고 산업노동자는 '선진생산력을 발전시키는 기본역량'이라고 볼 수 있다. 사회계층이라는 측면에서 보면 국가사회관리자와 관리직, 사기업가 등 주도계층은 전인구의 4.2%를 차지하며, 전문기술자, 사무직, 개체상공업, 상업서비스 종사자들은 전인구의 약 26.1%를 차지한다. 이처럼 중국이 국가자본주의 틀 속에서 공산당에 우호적인 사영기업주를 받아들이는 것은 당내에서 각 계층의 이익을 조정하고 안정-성장-발전이라는 목표를 효율적으로 추진하는 데 도움이 되기 때문이다.[52]

사기업가 입당의 정식화

시장경제의 확산과 사기업가의 등장, 그리고 체제의 정체성의 위기 때문에 공산당 개혁은 절박한 과제가 되었다. 부르주아계급의 입당 문제도 같은 맥락에서 이해할 수 있다. 중국공산당은 경제개혁을 추구하면서도 사기업가의 입당을 원칙적으로 허용하지 않았다. 특히 톈안먼 사건 이후 당 건설을 강화하면서 입당기준은 엄격하게 유지되었다. 그러나 1990년대 중반 이후 비공유부문 종사자에 대한 입당문제가 현실화되기 시작했으며, 당이론계 일각에서는 새롭게 형성된 사회계층을 수렴할 수 있는 정책변화를 제안하였다.[53] 비교적 공산당체제에 우호적인 사기업가 계층을 공산당 내로 받아들이는 것이 당내에서 각 계층의 이익을 조정하는 데 유리할 뿐 아니라, 사회안정과 지속적인 경제 발전을 도모하는 데 도움이 돼 당을 한층 강화할 수 있는 것으로 보았기 때문이다.

사기업가의 입당사례는 몇개의 서로 다른 양상으로 나타났다. 즉 기존의 당원 신분으로 비공유부문에 종사하는 경우와 거래비용을 줄이기 위해 실제로는 사기업을 운영하면서도 이를 숨기고 입당하는 경우 등이다. 이런 현상이 광범하게 확산되면서 전통적인 당원가입의 기준을 계속 엄격하게 유지하기는 어려웠다. 이런 점에서 공산당 16전대회에서 사기업가의 입당을 인정한 것은 과거 비공식 통로를 통한 입당을 공식화·제도화했다는 의미를 가진다. 나아가 '선진적' 사기업가의 입당이 공산당의 정체성을 해체하지 않을 것이라는 점도 고려하였다. 왜냐하면 사기업가 대부분을 공산당에 받아들이는 것이 아니라, 200만 명 이상의 기업가 중 2~3% 정도의 기업가만 받아들이는 것이기 때문이었다.[54] 이들은 공산당의 강령과 노선을 받아들일 의지가 있고 공산당의 조건에 부합하는 우수한 자질을 가진 사람들이며, 입당허가도 오랜 조사와 조직의 비준을 거쳐 내렸다. 그리고 사기업가의 입당과 함께 기층의 기반을 동시에 확대했기 때문에 기존의 당원구성에 급격한 변화가 있는 것은 아니라는 점도 고려되었다.

4) 중국형 사회민주주의는 가능한가

3개 대표론은 중국사회주의를 해석하는 새로운 이론으로 급속하게 확산되고 있다. 특히 제4세대 등장 이후 중국에서는 자본가계급이 시민권을 획득하는 속도가 빨라졌다. 또 사회주의 정치경제학의 '사회주의적' 범주가 거의 대부분 무력화되어가고 있고, 사회주의적 시장경제(socialist market economy)의 '사회주의적' 성격도 점차 탈색되어가고 있다. 2003년 11월 15일 폐막된 16기 3중전회에서는 1978년 11기 3중전회에서 제기한 개혁개방체제를 4반세기 만에 거의 완전한 시장경제체제로 변모시켰다. 16기 3중전회에서 국유기업이 집중해 있는 동북지역을 향해 '계획경제의 마지막 보루를 해체할 것'을 요구했고 사회주의 시장경제 대신에 사실상 완전한 시장경제로 나아갈 것을 호소했다.[55] 더욱이 '계획'이란 말 대신 한결 느슨하고 단기적인 의미의 '규획(規劃)'이라는 표현을 쓰는 것으로 보아 유연하게 외연을 넓혀온 중국식 사회주의가 더욱 성숙한 단계로 접어들었음을 알 수 있다. 이제 '중국특색을 지닌 사회주의'는 '중국특색 사회주의'로 바뀌었고, 추상적인 중국식 사회주의론은 하나의 체계적 이론으로 격상되었다.[56]

이러한 변화에 따라 토대에서 더욱 완전한 시장경제를 추구하고 상부구조를 여기에 조응시키는 과제가 남게 되었다. 생산력결정론에 경사된 중국 이데올로그들은 이것을 진정한 맑스주의적 해석이라고 주장한다. 따라서 현단계 중국의 상부구조에서 가장 중요한 개혁대상은 이데올로기와 정치이다. 이 중에서도 공산당 개혁을 둘러싼 이론의 정립은 가장 본질적이고 근본적인 문제이다. 중국은 개혁개방과정에서 맑스-레닌주의·마오 쩌뚱사상의 견지, 공산당 지도의 견지, 사회주의의 견지, 프롤레타리아독재의 견지라는 이른바 '4개 견지' 이데올로기를 줄곧 유지해왔다. 그러나 떵 샤오핑이론을 당강령에 삽입하였고 중국특색 사회주의를 새로운 가치로 편입한 상황에서 고전적 맑스주의는 수사적 차원으로 떨어지게 되었다.[57]

이러한 사회주의의 혁신과 실험과정에서 3개 대표론은 급진적인 변화보다는 모호성을 특징으로 하는 개혁개방 이후 중국사회주의의 이념적 유산을 수용하는 역할을 했다. 그러나 3개 대표론 학습열기가 높아진 이후 모든 행위를 '3개 대표'로 해석하면서 이 구호는 그 진의를 잃고 있다. 예컨대 도시의 번영, 새로운 기술의 확대, 새로운 영화의 상영, 일부 관리의 빈민 방문, 경찰의 희생정신 등을 3개 대표론 실천 사례로 설명하는 풍조가 만연해 있다.[58] 이렇게 되면 3개 대표론은 어떤 집권당이라도 주장할 수 있는 추상적 관념이며, 공산주의나 사회주의 이론과는 아무런 관련이 없다. 이는 현재 중국이 당면한 이념의 위기를 해결하는 데 큰 도움이 되지 않을뿐더러 오히려 공산주의 이념의 종말을 의미하는 것으로 평가되는 이유이다.[59]

한편 3개 대표론으로 공산당을 개혁하고 사회주의를 수정하는 한편 시민사회를 확대하고 시장을 정착시킨 점을 들어 자유주의와 사회주의가 서로 합리적 핵심을 취하면서 상호소통할 수 있다고 보는 견해도 있다.[60] 이것은 사회민주주의를 중국 현대화의 출로로 보고자 했던 그동안의 이론적 경향을 일정하게 반영한다. 중국식 자유주의가 비록 초보단계이지만 중국 현대화노선에서 가치있는 경험이라고 보는 것이다.[61]

3개 대표론은 미래를 향해 열려 있는 이론이다. 3개 대표론은 노동자계급의 선봉대로서 공산당의 전통적 성격을 변화시키고 있으며, 사실상 중국판 사회민주주의와도 이론적 대화를 시도하고 있다. 중국지도부가 말을 아끼고 있으나 당시 후 진타오의 관할하에 있던 중앙당교에서는 3개 대표론을 구축하기 위해 극비리에 독일, 프랑스, 북유럽에 사회주의 이론가들을 파견하였다. 특히 독일 사민당이 개혁을 단행하고 지지기반을 확대한 경험을 중점적으로 연구하였다. 당 기관지에 「서유럽 사회민주당은 계급구조의 새로운 변화에 어떻게 적응하여 성장을 계속하고 있는가」라는 호의적인 연구가 게재되기도 하였다. 또 "우리 당이 지금까지 혁명정당의 행동패턴을 지니고 있지만, 선진성과 왕성한 생명력을 지니기 위해서는 사고방식을 바꾸고 건설적이고 규범적이며 관용적인 집권당(執政黨)으로 성격을 바꿔야 한다"는 제안도 나왔다. 이 보고서는 후 진타오를 거쳐 당중앙 정치국에 회람된 것으로 알려졌다.[62] 또 중앙당교의 교수, 쟝 쩌민의 브레인 등도 신보수주의와 복지국가 사이에서 중국의 발전경로를 모색해야 한다고 주장했고,[63] 동유럽의 공산당이 어떻게 사회민주당으로 전환했는가를 연구해, 일부에서는 중국공산당을 '총통당파'와 '인민대표대회당파'로 분리하자거나, '중국사회주의당'으로 바꾸자는 의견까지 내놓았다.[64] 정 융녠(鄭永年)은 '자본가 입당은 사회민주당의 방향이다'라고 주장했다.[65] 심지어 해외반체제 인사들은 공산당원 일부가 탈당하여 사회민주주의 정당을 창당한 뒤 해외 망명자와 합류하여 중국 민주파 동맹을 구축하려고 한다는 등의 희망 섞인 이야기까지 거침없이 하고 있다.

일부 학술이론계에서는 '제3의 길'을 중심으로 중국적 이행경로를 고민하기도 한다. 예컨대 제3의 길은 "좌우대립을 넘어 시대에 뒤떨어진 이데올로기를 탈피한다. 개인과 사회를 통일하여 공동체의식을 건립한다. 공정과 효율을 함께 고려하여 사회적 응집력을 만들어낸다. 권리와 책임의 균형을 이루어 '이권인(利權人)형'[66] 복지제도를 만든다. 자유방임과 국가간섭의 균형을 맞추고 공공권력이 개입해 시장의 결점을 보완한다"[67]는 특징이 있다. 이것은 전통적 사회주의나 신보수주의와는 전혀 다른 특징을 지닌 것이며 유럽의 사회민주주의와 유사한 발전추세이거나, 사회민주주의와 신자유주의를 결합하는 일종의 '중도좌파'적 노선이다. 이들은 이러한 경로가 중국이 전지구화시대에 부응하면서 새로운 정치민주를 실현할 수 있는 대안이라고 주장한다. 아직까지 이런 내용이 당정에서 본격적으로 논의되는 것은 아니지만, 당정이 이런 주장의 합리성을 받아들여 정책화할 개연성을 아주 배제할 수는 없다.

이런 경향에 대해 좌파의 비판은 두 가지로 나타났다. 하나는 앞세대의 유산을 답습한 것이라고 보는 시각이고, 다른 하나는 '일대 이론적 쿠데타'라고 보는 시각이다. 구좌파들은 서방매체의 의견을 빌려 자신의 의사를 정당화하기도 했다.[68] 당내외 구좌파는 "우리들은 사유화, 서양화, 분화, 부패라는 네 가지 위기에 직면하고 있으며 이에 대한 비판은 불가피하다"[69]고 주장했다. 또 「만언서(萬言書)」라는 좌파 문건에서는 당면한 최대의 문제는 중국인민을 한 걸음씩 중국의 특색을 지닌 자본주의로 이끌어가는 정책방향이라고 주장하면서 포스트 떵체제, 특히 포스트 쟝 쩌민체제를 비판하였다. 특히 사기업가의 공산당 입당이 가시화된 이후 이러한 비판은 더욱 격렬해졌다. 이들의 논지는 "중국에 부르주아계급이 전면으로 나타나고 있고 (⋯) 사기업가의 공산당 입당을 허용해서는 안되며, 당내에 부르주아의 대변자를 두어서는 안된다"[70]는 것이었다. 구좌파의 대표격인 떵 리췬(鄧力群)은 사기업가의 입당은 공산당의 성격을 변화시키기 때문에 당강령에 위배되는 것이라고 비판하였다. 그러나 중국당정은 구좌파들이 권력 핵심과 공산당의 정체성 자체를 문제삼자 2001년 8월에 이들의 대변 지인 『중류(中流)』와 『진리의 추구(眞理的追求)』를 폐간시켰다. 이후 이들의 논의는 지하로 잠복하거나 인터넷상으로 옮겨갔고 일부는 신 좌파와 이론적 대화를 모색하고 있다.

물론 중국사회의 변화가 사회민주주의 노선과 친화성을 가진 것은 사실이나 당정이 이를 공식적으로 언급한 것은 아니다. 이데올로기적 '낙인'을 우려한 때문이기도 하고 유럽과 사회경제적 조건이 다르다는 점을 고려한 탓이기도 하다. 무엇보다 사회민주주의는 자본주의국가 의 노동운동의 산물이다. 사회민주주의가 일당지배체제에서 기능하려 면 다당제, 선거제도의 혁신, 언론출판과 집회결사의 자유 같은 일반 민주주의의 과제를 도입해야 하지만 중국의 경우 정치민주화보다는 정치행정화에 주력하고 있으며 싱가폴 같은 선거권위주의를 지향하고 있다는 점에서 근본적인 차이가 있다.

그러나 당내 이데올로그들이 중국적 사회주의를 강화하기 위한 하 나의 이론으로 논의하거나, 사회민주주의의 몇가지 장점을 중국식으 로 변용해 민주화 의지를 대외에 표출할 가능성까지 배제하기는 어렵 다. 실제로 중국이론계에서는 자유주의와 사회주의를 별개로 보는 이 분법에서 벗어나 양자의 합리적 핵심을 취하고 상호소통해야 한다는 주장이 자연스럽게 받아들여지고 있다.[71] 이런 점을 고려할 때, 중국 사회주의는 조작적 수준에서 바뀌고 있을 뿐이지 근본적 수준에서는 변화가 없다고 보는 후기 전체주의의 인식은 더이상 유효하지 않다고 말할 수 있다.[72]

제7장 제3의
혁명

제7장 제3의 혁명

1. 중국사회주의의 성격

중국은 또 한번의 전환시대를 맞이하고 있다. 이러한 전환의 성격을 두고 중국혁명, 개혁개방에 이은 제3의 혁명이라 부르기도 한다. 제2의 혁명이 주로 개혁개방을 통해 중국의 발전주의를 완성한 것이라면, 제3의 혁명은 공산당의 변화를 포함한 근본적인 사회주의 개혁을 진행하는 것이다.[1] 우선 중국사회주의의 성격변화는 중국사회주의 발전사에서 매우 중요한 의미를 지닌다. 중국이 전통적인 의미의 사회주의를 어떻게 유지할 것이며, 만약 사회주의의 틀을 벗어던진다면 어떤 경로를 걸어갈 것인가 하는 매우 근본적인 선택의 문제이기 때문이다. 또 중국사회주의의 변화는 급속하게 중국형 시장경제모델을 따라가고 있는 베트남이나 중국식 개혁개방 이외에 대안이 없는 북한사회주의 그리고 그밖에 남아 있는 사회주의권의 운명에 결정적인 영향을 미치게 될 것이라는 점에서 세계사적 의미를 지닌다. 마지막으로 중국의 '사회주의적' 연착륙은 자본주의사회의 변화에도 심대한 영향을 미칠 것이다. 즉 현실사회주의의 몰락이 곧 자본주의의 승리를 의미하는 '역사의 종언'이 아니었듯이 중국사회주의의 변화는 자본주의와의 이론적 대화를 가능케 함으로써 자본주의국가의 자기혁신에 영향을 주게 될 것이다. 더구나 중국은 세계의 공장이면서 강력한 내수시장까지 갖추고 있어 서방의 접근이 가속화할 것이고 이에 따라 중국의 영향력이나 발언권도 매우 강력해질 것으로 보인다.

중국 개혁사회주의의 이론을 역사적으로 검토해보면 다음과 같은 사실을 확인할 수 있다.

첫째, 중국사회주의는 역사적 유산과 깊이 관련되어 있다. 중국에서는 매우 특수한 역사적·사회경제적 조건 때문에 고전적 맑스주의가 온전하게 적용될 수 없었다. 또 중국공산당은 항일전쟁과 국민당군과의 내전 그리고 착취로부터의 해방이라는 혁명적 과제에 집중했기 때문에 거대담론만 수용하고 각론은 운동의 계기에 따라 이론적 틀을 크게 변용해왔다. 그 결과 마오 시기는 물론이고 중국의 근대화가 진행될수록 정책의 각론은 거대담론과 조화하지 못했고, 중국화와 맑스주의의 합리적 핵심 사이의 모순은 갈수록 심화되었다. 물론 마오 시기 사회주의가 프롤레타리아의 국제화를 추구했고 근대화를 추진하는 방식도 자본주의의 것이 아닌 '반근대성의 근대'를 추구했다는 견해가 있는 것은 사실이다. 하지만 전반적으로 중국 민족현실의 특수성을 지나치게 강조했고 개혁 이후에는 사실상 일국사회주의에 기반한 중국적 사회주의모형을 창출하는 데 집중해왔다. 이런 점에서 사회주의 건국 이후 중국사회주의는 혁명과 건설기 모두 중국적 문화세례 속에서 성장했거나 중국문화의 세례를 비판하면서도 결과적으로는 중국문화에 흡수되는 과정을 거친 것으로 볼 수 있다.

둘째, 개혁사회주의 이론을 논의하는 과정에서 나타나는 의미표현적(ideographic) 특징의 중요성이다. 이것은 중국사회주의 연구에서 흔히 볼 수 있는 해석의 과잉을 보정하기 위한 방법이기도 하다. 특히 개혁개방론의 이론적 근거를 마련했던 1979~80년 우시(無錫)에서 열린 과도기논쟁은 마오 쩌뚱 사회주의에 대한 비판이라는 노선투쟁의 시작이었고, 결국 마오 쩌뚱 사회주의의 그늘을 걷어내는 계기였다. 당시 대내적 개혁과 대외적 개방이라는 개혁사회주의의 이론은 계급모순을 주요모순으로 삼는 것을 폐기하면서 시작됐다. 이를 위해서는 프롤레타리아 전시기에 계급투쟁이 관철된다는 문화혁명기 이론의 모순을 드러내는 것이 가장 중요했다. 개혁사회주의 이데올로그들이 이러한 이론논쟁에 주력한 것은 강고한 기반을 가지고 있던 마오노선을 약화시키는 한편 개혁파들을 주자파라고 '낙인' 찍는 데 따른 심리적 위축을 극복하는 것이 중요한 과제였기 때문이다. 그 결과 당정의 우회적 지원을 얻은 소과도론, 즉 자본주의에서 사회주의로의 짧은 과도기를 거쳐 중국이 이미 사회주의에 진입하였다는 이론이 주류로 등장하였다. 이것은 중국사회를 1950년대의 과도기사회로 되돌릴 수 없다는 정치적인 요구와 낙후된 생산력을 극복하지 않으면 중국사회주의 장기구상과 새로운 권력의 정당성을 확보할 수 없다는 경제적 요구를 동시에 충족시키기 위한 이론적 절충의 결과였다. 이 논의는 이후 당내의 토론과 여과를 거치면서 중국이 비록 사회주의에 진입했으나 초급단계라는 논리나, 중국이 자본주의를 거치지 않고 사회주의로 진입했기 때문에 자본주의적 요소의 도입이 필요하다는 동방사회론, 이후 제3세대와 제4세대 지도부가 제기하고 발전시키고 있는 3개 대표론 등에서 전반적으로 관철되었다.

셋째, 개혁사회주의는 고전적 맑스주의를 '발전의 학설'로 해석하고 있다. 중국에서 이론논쟁의 핵심은 결국 누가 그 이론을 해석할 권리를 가지고 있는가에 달려 있다. 마오 쩌뚱은 물론이고 역대의 핵심권력은 지속적으로 고전적 맑스주의를 다시 해석하는 방법을 통해 개혁의 속도와 폭을 조절하였다. 1980년대 정초된 사회주의 초급단계론도 떵이 이론적 공간을 확보해주자, 맑스와 레닌 등 고전 맑스주의 사회주의론에 대한 비판이 활발해지면서 정착된 것이다. 이와 더불어 1870년 중반 이후 맑스의 만년사상, 특히 동방사회론 등을 중요하게 평가하고 이를 근거로 사회주의 초급단계론이 맑스주의로부터 일탈하지 않은 연속선상에서 발전하고 있다는 점을 강조한다. 3대 사회형태론, 맑스의 동방사회론 재해석, 4좌표 역사관에 대한 적극적인 평가는 모두 이러한 맥락에서 이루어졌다. 중국사회주의의 이행경로는 현실사회주의가 경험하지 못한 실험이기 때문에, 새로운 현실에 부합하는 이데올로기적 장치만 있다면 이를 포괄적으로 실험할 수 있다는 논리로 발전하였다. 이것은 이미 해석된 맑스주의자학보다는 맑스의 추상적 함의에 주목하는 맑스학의 경향을 강조하는 과정에서도 확인할 수 있다.[2]

넷째, 중국사회주의의 변화는 정책적으로는 자본주의에 대한 재해석과 자본주의적 요소를 도입하기 위한 측면이 있었다. 개혁 초기에는 자본주의 정치경제학의 범주로 간주했던 상품경제를 유연하게 인식하면서 이를 경제정책에 반영하여 근대화를 성취하였다. 이어 1992년 떵샤오핑의 남순강화를 통해 상품경제론을 넘어 시장과 주식제도라는 자본주의 정치경제학의 핵심범주를 도입하였다. 경제영역에서 사적 소유의 도입이라는 마지막 과제를 남겨두었지만, 어찌됐든 '중국판' 주식사회주의, 우리사주 사회주의의 가능성을 열어놓는 것이기도 했다. 이와 같이 자본주의를 유연하게 인식하고 중국국력의 한계를 명확하게 인식하면서 자본주의국가에 대한 태도도 변하였다. 중국은 1980년대에 이미 선진자본주의가 자기모순으로 인해 몰락할 것이라는 견해를 좌편향으로 규정했고, 자본주의와 장기공존하면서 자본주의의 요소를 도입하고 합리적으로 경쟁하는 것을 강조하는 대외개방정책을 지지하였다. 특히 자본주의적 요소를 적극 도입하기 위해 경제특구와 연해발전전략, 해외직접투자의 유인, 세계무역기구 가입 등을 시행해 전지구적 자본주의에 편입한 것은 중국식 자본주의 인식의 결과였다. 최근 중국에서 전개되는 전지구화 논의나 사회민주주의에 대한 유연한 인식은 1980년대 말 자본주의 재해석의 연장선에 있는 것임과 동시에 중국사회주의의 21세기형 자본주의관이 배태되는 과정이라고 할 수 있다.[3)]

다섯째, 개혁사회주의론이 성공할 수 있었던 이론과 정책의 관계가 중요하다. 중국은 이미 짧은 과도기를 거치고 사회주의에 접어들었기 때문에 중국적 근대화를 통해 사회주의 공동 부유라는 목표를 향해 가고 있다. 이들에게 중요한 것은 현실에 조응하는 이념으로서의 사회주의였다. 그러나 현실을 강조할수록 고전적 맑스주의는 물론이고 사회주의의 합리적 핵심으로부터 멀리 벗어났으며 사회주의로의 복귀라는 장기적 전망도 불투명해졌다. 그럼에도 개혁사회주의가 당내 노선투쟁에서 살아남아 정치적 대세가 될 수 있었던 것은 개혁개방의 지도부가 중국혁명과 사회주의 건설기에 투신한 덕에 역사적 발언권을 가지고 있었고, 생산력 발전이라는 시대정신을 정면으로 상대했기 때문이다. 또 떵 시기의 사회주의론은 기존의 이념이나 체제와 전면적으로 단절하기보다는 사회주의의 가치를 공유하면서 점진적으로 이행하는 방식을 취했다. 개혁개방 초기 떵과 당내의 개혁이론가들도 사회주의 체제에서 자본주의 요소를 받아들이는 것은 사회주의 내의 혁신을 위한 일시적인 우회라고 보았다. 즉 사회주의를 강화하여 더 높은 것을 성취하기 위한 수단으로 자본주의를 활용한다는 생각이었다. 1980년대 사회주의 초급단계론을 정립할 때도 이것을 사회주의로부터의 일탈이 아니라, 중국이 후진성을 탈피하기 위해 반드시 거쳐야 할 단계이자 발전된 사회주의를 통해 공산주의의 궁극적 목표에 도달하기 위한 과정으로 이해하였다.[4] 이것은 사회주의에 대한 일단의 신념의 표현이자 당내의 이론적 갈등을 최소화하려는 의도에서 나온 것이었다.

여섯째, 중국사회주의의 역사적 변천은 향후 사회주의 이론의 수정 가능성과 발전방향을 드러내준다. 우선 이념논쟁을 최소화할 가능성이 있다. 떵 샤오핑 시기는 물론이고 이후 세대의 지도부들도 사회주의를 둘러싼 이념논쟁을 통한 문제해결보다는 부쟁론의 입장을 견지해왔다. 그러나 새로운 지도부는 경제적 성과를 통해 체제를 정당화하면서 한편으로 정치적 성과를 통해 사회주의개혁의 방식이나 목표도 정당화해야 하는 과제를 안고 있다. 민주주의와 관련하여 중국지도부가 사회주의의 외연을 넓혀 이론적 자율성을 부여하는 방식으로 문제를 해결할 것이라는 전망도 가능하다. 이 경우 중국적 요소를 더 강조하면서도 국제적·보편적 규범을 대체로 만족시키는 사회주의의 틀을 제시할 수도 있을 것이다. 왜냐하면 중국의 변화는 유럽 시민사회에서 나타난 경향들인 사적 소유권의 보호, 자유롭고 법적으로 평등한 생활 등 민주주의적 게임의 규칙을 초보적으로 따라가고 있기 때문이다. 다만 이를 명시적으로 선언하기에는 당내의 이념투쟁의 부담이 지나치게 크기 때문에 단기적 정책의제로 설정하지는 않을 것이다. 늘 그래왔듯이 학술계로 하여금 다양한 이데올로기 논의를 벌이게 한 뒤 여기에 근거해 당정이 필요한 이론을 취사선택하는 방법을 취할지도 모른다. 이 과정에서 일부는 부분적으로 실험하면서 그 성과를 분석하여 새로운 이념형을 만드는 데 참고할 수도 있을 것이다.

2. 변화와 개혁 그리고 체제안정성

중국사회주의 이념은 체제안정성과 깊은 함수관계를 지니고 있다. 개혁개방 이후 중국에는 인화성이 강한 노동과 복지의 위기, 정부권위에 도전하는 세력의 형성, 개혁의 혜택을 입지 못한 세력들의 사회적 불만, 개혁의 속도와 방향을 둘러싼 당내 노선투쟁의 가능성 등이 잠복해 있다. 여기에 농민문제, 빈부격차, 도농격차, 만연한 부패, 환경 문제, 지식인 문제, 소수민족 문제 등 정치사회적인 문제까지 있다.[5] 이것은 1980년대 세계은행이 경고한 위기의 재판이다.[6] 중국당정은 사회주의의 공백을 국가주도 민족주의 또는 발전민족주의로 메워가면서 이데올로기의 위기를 모면하고 있다. 그러나 도시노동자들의 신념의 위기는 갈수록 구체화되고 있다. 특히 비공식 노동자와 반실업상태의 노동자들은 자주노조를 결성하면서 조합주의에 포섭된 관변 노동조합의 통제와 관리를 넘어 국가에 대항하기 시작하였다. 농민도 과도한 분담금 징수에 항의하는 차원을 넘어 일할 권리를 요구하고 상대적 박탈감을 호소하면서 잦은 시위를 벌이고 있다. 지역간, 도시와 농촌간 균형발전이 빠른 시일 내에 가시적 성과를 내기 어려운 점을 고려할 때 이런 위기가 더욱 확산될 가능성도 있다.

그러나 중국의 위기가 곧바로 체제붕괴를 의미하는 것은 아니다. 체제의 원심력을 제어할 수 있는 다양한 요소들이 있기 때문이다. 첫째, 전통적인 대통일(大一統)의식, 문화혁명기를 겪으면서 형성된 혼란에 대한 공포, 개혁 수혜층의 확대, 청년들의 경쟁과 동기부여, 애국주의 교육의 효과 등 다양한 요인들이 위기의 재생산을 일정하게 제어하고 있다. 둘째, 밑으로부터의 자발적 동의에 기초한 권위를 지닌 지도부

와 그 지도부의 안정적인 계승, 예측가능성이 높아진 정치과정, 한계
는 있지만 그래도 효과적으로 기능하는 공산당의 그물망 등이 있다.
셋째, 경제적 성취가 정치체제의 안정은 물론이고 중국의 오랜 꿈인 돈
과 총을 지닌 중화제국의 부활을 가져올 수 있다는 기대 속에서 체제
에 대한 일반대중의 인내력이 작동하고 있다. 넷째, 중국은 세계의 공
장으로 고부가가치를 추구하는 내포적 축적으로의 전환이 절대적으로
필요한 싯점이 아니다. 오히려 저렴한 인건비와 생산성에 바탕을 둔
노동집약적 산업의 외연적 축적(extensive accumulation)을 통해 국제
경쟁력을 지니고 있으며 여기에 내수시장까지 가세하면서 그 경쟁력
은 상당기간 유지될 것이다. 이런 점에서 중국 사회주의체제는 정체성
의 위기에도 불구하고 상대적으로 안정되어 있다고 평가할 수 있다.

그러나 중국 사회주의체제의 상대적인 안정이 바로 일반 민주주의
의 보편적 가치와 평등 그리고 인권을 보장하는 사회의 건설이나 맑스
의 합리적 핵심으로 되돌아가는 것을 의미하지는 않는다. 특히 경제적
개혁개방에 대한 이론적 추인에 치중한 나머지 중국사회주의의 변화
는 근본적인 자기혁신보다는 미봉적·대증적 성격이 강했다. 게다가
지나친 이론합리화로 논거가 자의적이라는 문제도 있다. 이것은 '무엇
이 사회주의인가'라는 사회주의의 본질과 사회주의를 규정하는 개념적
정체성의 위기이다. 이것은 결국 사회주의 정치의 문제와 직결되어 있
다. 따라서 중국사회주의의 안정성을 고려하면서도 보편적인 지평의
개혁개방을 추구해야 하는 더 근본적인 과제가 남게 되는데, 이것은
제4세대 지도부가 해결할 역사적 과제이기도 하다.

다만 현단계에서 중국사회주의가 휘어지거나 부러지지 않는 유연한
사회주의의 특징을 유지해왔다는 점을 고려할 필요가 있다. 적어도 개
혁개방 이후 중국당정이 이데올로기를 해석하는 핵심은 사물의 특수

성을 고려하지 않는 보편성은 반드시 교조화에 빠진다는 것이고, 보편성의 문제를 현실 속에서 끊임없이 되물어야 한다는 것이다. 따라서 이데올로기의 차원에서 사회주의의 성격이 일시 후퇴하는 것을 두고 사회주의의 포기라며 여기에 근거하여 사회주의의 문제를 주변화하려는 시도는 과도한 일반화인 듯싶다.[7] 왜냐하면 중국은 형식적·제도적 수준에서 사회주의를 유지하고 있기 때문이다. 설사 대항이데올로기와 대항권력이 미성숙한 상태에서 '운명을 연장하고 있는' 것일지라도 그 의미는 현실적으로는 매우 크다.[8] 특히 '유연한 경제(軟經濟)' 정책에도 불구하고 정치체제는 여전히 사회주의 이데올로기에 구속되어 있을뿐더러 사회주의가 중국을 구하는 것이 아니라, 중국이 사회주의를 구할 수 있다는 역설이 존재할 만큼 중국에서 체제이데올로기는 현실적인 문제를 수용하고 해명하는 중요한 장치의 하나이다. 따라서 현 단계에서는 논란의 여지가 있으나, 사회주의적 요소로 중국을 통제해 나가는 것이 현실적인 흐름으로 관철되고 있다. 중국정치의 핵심인 공산당의 경우도 몰락 이전의 소련과는 달리 안정적으로 당원을 충원하고 있고 관료체제를 안정시키기 위한 공무원제도 개선 등의 정책수단도 효과적으로 활용하고 있다. 이런 점에서 중국사회가 사회주의에서 다시 자본주의로 역이행한다고 보는 것은 중국사회의 복잡성을 지나치게 단순화하는 데서 생기는 것이라고 할 수 있다.

3. 중국적 맥락의 민주화

중국사회주의는 1990년대 중반까지는 그래도 근본적 모순에 직면하지는 않았다. 그때까지는 경제적 토대에서는 사회주의라고 부를 만한 요소들이 꽤 남아 있었고, 정치적 상부구조를 문제삼을 상황도 발생하지 않았다. 권력지도부도 개혁개방정책을 추진하면서 사회주의의 기준에 맞춰 이를 정당화할 이론을 찾아내기 위해 고심했다. '숨쉴 만한 수준'의 정치공간을 부여하면서 권력독점을 정당화했던 것도 크게 비판받지 않았다. 그러나 정치개혁과 민주화에 대한 요구와 더불어 새로운 질서에 부응하는 정치개혁 프로그램과 재이데올로기화(re-ideologization), '자유화 없는 민주화'라는 중국적 정치발전모델을 재검토하자는 주장이 대두하고 있다. 이것은 건국 이후 일원적 지배체제의 중추였던 공산당 개혁을 포함한 정치영역 자체의 변화를 염두에 두고 있다.[9]

첫째, 정치개혁 이데올로기의 문제이다. 중국은 일단 정치개혁을 시작하되, 마오사상과 떵이론, 이상주의와 현실주의, 정신주의와 물질주의, 정치와 경제, 평등과 효율 사이의 의미있는 균형[10]을 추구하고, 씨스템 자체의 변화(change of system)보다는 씨스템 내에서의 변화(change in system)[11]를 추진할 것으로 보인다. 왜냐하면 제4세대 지도부는 권력기반이 아직 취약하기 때문에 새로운 유형의 이데올로기적 장치를 개발하는 적극적인 전략보다는 사회주의의 엄격한 범주를 약화하거나 좀더 유연하게 해석해, 이념논쟁을 유발하지 않는 전략을 취하는 것이 더 유리하기 때문이다. 다만 중장기적으로는 각양각색의 새로운 이론을 실험하여 수용하거나 배척할 것이다. 최근 중국에서 논의되고 있는 '제3의 길'[12]이나 학술계가 조심스럽게 모색하고 있는 중국적 사회민주주의의 가능성,[13] 홍콩과 타이완 등에서 제기하는 삼민주의의 현대적 복원,[14] 민족주의의 재발견, 사회적 자본주의(social capitalism),[15] 민생·민주·민족이라는 또 다른 이론의 탐색 등이 그 예이다.

둘째, 정치개혁모델의 문제이다. 이미 중국당정은 사기업가 입당을 수용하면서 공산당 개혁을 포함한 정치개혁 프로그램을 추진하고 있다. 이것은 위로부터의 개혁조치를 통해 개혁담론의 주도권을 장악하려는 의도일 뿐 아니라, 현체제의 정당성을 강화할 논리를 위한 불가피한 선택이었다. 실제로 기층에서는 직접민주주의를 실험하는 등 자발적으로 선거규칙을 만들어내고 있다.[16] 쓰촨성 뿌윈(步雲)향에서 시작된 향진정부 책임자 선거는 촌민자치를 통해 정치학습을 받은 촌민들의 반발에 직면한 향진정부가 지역주민의 동의를 이끌어내기 위해 도입한 것이다. 이는 아마도 일시적인 위기탈출용에 그치지 않고 지속적으로 보완되면서 확대될 것이다. 그리고 그 추세도 카리스마적 지배에서 제도화된 권력으로, 계획에서 시장으로, 양적 성장에서 지속가능한 발전으로, 엘리뜨 정치에서 시민의 참여가 확대되는 방향으로 이전할 것이다.[17] 다만 중국형 정치발전모델은 서구의 다당제에 기반한 자유주의모델보다는 싱가포르의 선거권위주의와 같은 당외 민주모델, 당내권력균형과 당내 민주를 강화하여 점차적으로 질서있는 경쟁을 합법화하는 당내 민주모델, 촌민선거를 점차 정치민주선거로 확대하는 기층 민주모델을 절충해서 형성될 가능성이 있다.[18] 이러한 모델은 각각 장단점이 있기 때문에 규범화된 특정모델을 중국에 기계적으로 적용하기보다는 구체적인 현안마다 다양한 모델을 실험하는 방식으로 점진적으로 중국식 모델을 만들어나갈 것으로 보인다. 이때 중국당정은 기존 제도보다 높은 효율성, 위험을 줄일 수 있는 안전성, 현체제에서 작동할 수 있는 실현가능성, 이데올로기논쟁을 피할 수 있는 합법성을 먼저 고려할 것이다. 개혁의 속도와 관련해서도 급진개혁보다는 완만하면서도 가시적인 변화를 느끼게 하는 정책을 취하는 한편, 정치권력 핵심이나 사회주의 정체성의 근간을 위협하는 비판을 제외하고는 폭넓게 수용할 가능성이 있다. 톈안먼사건 직전 강력한 지도자에 의한 강력한 개혁정치를 주장했던 신권위주의의 흐름[19]을 일례로 들 수 있다. 신권위주의는 톈안먼사건 직후 반사회주의적이고 봉건적인 사상이라고 비판받았으나 쟝 쩌민 시기에도 드러나지 않게 관철되었고,[20] 제4세대 지도부 역시 용어는 달리하더라도 그 함의는 비판적으로 수용할 가능성이 있다.

셋째, 구체적인 정치일상에서 시도되는 민주개혁의 양상들이다. 중국은 다당제 반대를 전제로 한 당내 민주화와 지도방식 개선, 일상사무에 대한 당의 과도한 개입 방지, 반부패활동의 강화, 삼권분립 비판을 전제로 한 국가체제의 (법치화가 아닌) 법제화, 국가군대화가 아닌 군의 현대화 개혁, 촌민자치를 기반으로 하는 선거제도의 개혁 등에 기초한 (정치민주화가 아닌) 정치 현대화를 추진하고 있다.[21] 특히 당정관계에서 헌법과 법률의 중요성을 강조하기 시작했다. 법에 의한 지배는 시민생활을 보장하는 한편 인권문제에 대한 발전을 예고해준다. 한편 당정을 견제하고 당정과 균형을 맞추기 위해 꽝뚱성 등에서는 기층에서 중국형 의회민주주의도 시도하였다. 또 16기 3중전회의 의제 채택 과정에서는 처음으로 정치국 회의결과를 중앙위원회에 보고하는 민주집중제의 요소를 실험하였다.[22] 이 과정에서 시민의 정치참여 형태도 다양하게 확대되고 있다. 실제로 1991년 행정소송법이 제정되면서 '민간이 행정기구를 상대로 제소하는 현상(民告官)'이 급증하였고 정부의 패소율도 높아지고 있다.

넷째, 민주화와 인권의 문제이다. 당정지도부는 1980년대의 정치개혁에도 불구하고 지배주체에만 관심을 기울인 나머지 대중은 수동적인 대상으로 전락했고 민주주의 역시 왜곡되었다. 심지어 민주주의는 가난한 나라의 가난한 민중에게는 호소력이 떨어지는 것으로 보았고 당면과제를 해결하기 위해 정치적 자유화는 유보해왔다. 그러나 시장경제가 계획경제를 대체하면서 경제활동공간이 넓어졌고 국제적 규범을 수용하는 폭도 확대됐다. 그 결과 사회에 미치는 국가의 힘이 약해졌고 경제영역의 자율성이 제고되었으며 지식인들을 중심으로 정치적 자유와 권리에 대한 요구가 확산되었다.[23] 물론 여기에는 체제안정을 위해 민주화의 요구를 수용함으로써 급진화를 막으려는 계산도 작용하고 있다.[24] 더구나 중국은 갈수록 늘고 있는 민주화에 대한 사회적 요구뿐 아니라, 서방이 제기하는 인권문제 등을 일정부분 수용해야 하는 국제적 압력도 받고 있다. 무엇보다 사기업가의 성장에 따른 이익집단의 출현과 인터넷이라는 소통공간의 확대로 중국의 민주화 개념도 중국적 맥락에 그치기보다는 보편적 가치를 추구하는 경향이 확대될 것이다. 이런 점에서 보면 단기적으로 자유화를 지닌 민주화(democratization with liberalization)보다는 위로부터의 점진적인 과정을 선호하는 가부장적 민주주의(paternalistic democracy)[25]를 따라갈 것으로 보인다. 그러나 정책결정과정에서의 절차적 민주화와 시민사회의 자율성을 넓히려는 시도들이 늘어날 것은 분명하다. 이 과정에서 민주화를 과도하게 제한하는 것이 오히려 체제안정을 위협한다는 인식이 확대되면 중국적 맥락의 민주화가 연착륙할 가능성도 있다.

다섯째, 민족주의의 문제이다. 민족주의는 중국의 정치개혁과 민주화에 순기능과 역기능을 동시에 한다. 민족주의적 에너지는 얼마든지 긍정적으로 활용할 수 있다. 그러나 현실의 중국민족주의는 사회주의의 공백을 메우는 과정에서 대두하고 있으며 근대화와 결합해 부국강병을 실현하고자 하는 개발민족주의의 특징이 강하다.[26] 2003년 10월, 유인 우주선 선져우(神舟) 5호 발사에 성공한 후 부국강병의 꿈은 한층 고양되었다. 중국공산당은 민족주의적 에너지를 기초로 애국주의 교육을 강화하고 있다. "조국을 사랑하고 조국을 보위하며, 조국을 건설하는 최종목표는 조국의 흥성, 경제번영, 인민의 부유한 행복이며 이것은 사회주의 근본목표와 완전히 일치한다"[27]는 견해도 대두되었다. 후 진타오도 당 정치국 제7차 집체 학습회의에서 "중화문화의 우수한 전통과 중화민족의 우수한 정신을 크게 발양하여, 새로운 역사적 조건 속에서 민족의 우수한 문화와 각 민족 인민의 정신역량을 크게 고취하는 데 써야 한다"[28]고 말했다. 특히 2008년 뻬이징 하계올림픽과 2010년 샹하이 박람회 등을 앞두고 이러한 추세는 더 강화될 것이다. 이런 맥락에서 일부 분석가들은 중국의 5천년 봉건왕조를 전복한 삼민주의, 민족주의·민권주의·민생주의를 현대의 시대상황에 맞게 내용적으로 복원한 신삼민주의로 평가하기도 한다.[29]

결국 모든 과제는 후 진타오체제로 넘어와 있다. 후 진타오는 민생을 중시하면서 이념적으로는 성장과 분배에 관한 균형전략을 추구하고 있다. 이미 선부론과 공동 부유의 균형을 잡고, 서부 대개발에 이어 중부 대개발과 동북 대개발을 통해 지역간 균형을 추구하는 정책을 추진하고 있다. 뿐만 아니라, 싸스 퇴치[30] 등 민생을 파고들면서 구축한 정치적 성과를 지속적으로 축적해 새로운 정치스타일을 선보이면서 리더십의 정당성 확보에 주력하고 있다. 이런 과정으로 '떵 샤오핑의 술병에 쟝 쩌민의 포도주를 담았듯이'[31] '쟝 쩌민의 술병에 후 진타오의 술을 담으면서' 연약한 뻬이징오리(limp Peking duck)라는 우려를 불식시키고 있는 중이다.

그러나 문제는 중국공산당이 스스로 탈바꿈하여 급속하게 전지구화되어가고 있는 경제체제의 감독자가 되는 데 성공할 수 있겠는가 하는 점이다. 이것은 역설적으로 사회주의 역사의 궤도를 자본주의 생산양식이라는 더 큰 서사의 내부에 그려나간다는 의미이기도 하다.[32] '거대

서사에 대한 불신'[33)]이라는 포스트모더니즘의 개념을 빌리면, 중국사회주의는 현재와 가까운 장래에는 거대서사로서의 사회주의적 신념을 상실할 것이라는 점에서 포스트사회주의이고, 중국적 환경이 요구한다면 사회주의적 전망으로 돌아올 수 있는 가능성을 장기적이고 구조적인 맥락에서 남겨놓고 있다는 점에서 또한 포스트사회주의적이다. 그러나 이러한 이중적 포스트사회주의의 함의 가운데 전통적 사회주의로의 복귀는 더이상 가망이 없어 보인다. 중국은 개혁개방론 이론의 구축과 함께 사회주의를 혁신적으로 '정의'하는 좀더 근본적인 변화의 과정에 접어들었다고 볼 수 있다.

보론: 한국에서 비판적
중국연구를 한다는 것

한국에서 비판적 중국연구를 한다는 것

1. '지금·여기서'의 중국문제

1999년 여름, 뻬이징대학 남문 근처 학생회 사무실. 좁은 복도에는 아직도 유고주재 중국대사관 폭격에 항의하던 시위용품들이 어지럽게 널려 있었다. 학생회 간부인 L군은 미국전투기의 공습각도를 설명하면서 이것이 중국민족에 대한 보복적 성격임을 힘주어 말했다. 연일 방송되는 중앙텔레비전의 뉴스와 해설은 이러한 학생들의 열정에 불을 지르고 있었다. L군은 대학의 공산주의청년단과 일반학생들을 이끌고 미대사관 앞 항위시위에 나섰다. 시위대는 밤이 이슥하도록 촛불을 들고 '중화'를 소리 높여 외쳤다. 이 시위는 당정이 일반민주주의 요구로 열기가 확산되는 것을 우려하여 해산토록 하면서 비로소 끝났다.[1] 중화의 목소리에 위아래가 서로 조응되고 있음을 확인할 수 있었다.

2002년 여름, 미국은 동투르키스탄 이슬람주의자들과 관련된 미국자산을 동결할 것을 지시했다.[2] 중국도 동투르키스탄 이슬람조직(ETIM)이 국제테러조직과 연계하여 중국에서 많은 폭력사건을 일으킴으로써 지역안보와 안정에 심각한 위협을 가해왔다고 주장하면서 이에 찬성했다.[3] 유엔도 신쟝·위구르지역에서 활동하는 동투르키스탄 이슬람조직을 알카에다조직 지원명단에 포함시켰다. 중국은 이것을 관련 국가들과 반테러 협력을 전개하여 얻은 긍정적 성과라고 평가했다.[4] 걸프전 이후 중국은 미국의 신개입주의를 지속적으로 비판했지만 미국과 중국이 국가이익 앞에서는 결합할 수도 있음을 잘 보여주었다.

2001년 가을, 씨애틀 워싱턴대학의 세미나실. 노벨문학상 후보로 늘 거론되는 중국의 망명시인 뻬이 따오(北島)를 만날 수 있었다. 코르덴 재킷을 걸친 마른 체구에 서늘한 눈매를 가진 그는 익숙한 영어로 망명객의 쓸쓸한 심경을 드러내고 있었다. 중국정부의 감시망을 피해 『오늘(今天, TODAY!)』이라는 지하간행물을 찍고 민주화운동에 투신했던 시기를 회상하면서 사상과 표현의 자유가 없는 중국의 성장이 지니는 어두운 모습을 힘주어 말했다. 세미나 뒤풀이에서 만난 Y는 '출구 없는 방' 같은 중국의 국민국가를 성토했다. '중국이 죽어야 중국이 산다'고 그는 말했다. 안으로 굽은 채 모든 것을 합리화하는 '중국적'인 실체를 해체하지 않고는 중국의 급진적 전망은 기대할 수 없다고 단언했다.

언제나 전환시대를 겪어왔던 중국이 또 한번 전환기를 맞이하고 있다. 이번엔 사회주의 시장경제라는 수사를 통해 현실을 적절하게 설명하거나 합리화할 수 없기 때문에 문제가 더 심각하다. 민족주의에 대한 신앙, 개발신화 속에 묻힌 사회주의 근대의 쓸쓸한 그늘, 마오 쩌뚱 시대에 대한 이유있는 향수, 민족국가에 대해 같은 목소리를 내는 좌우의 기묘한 동거 등이 복잡하게 얽혀 있는 것이다.

이 글은 서구적 편견이 담긴 중국인식의 틀, 미국의 패권적 지배에 대한 성찰 없는 일방적 중국민족주의 비판의 위험성, 사회주의 중국부정론과 민족주의 비판론의 결합, 암암리에 미국의 중국위협론에 동조하는 동아시아론을 비판하면서 비판적 중국학을 시도한 글[5]에 대한 반론과 제언의 형식을 띠고 있다. 우선 필자는 현재 중국사회에는 미국의 제국주의적 지배와 민족국가 중국 사이의 갈등이 주요한 것이라고 판단하지 않는다. 왜냐하면 이미 중국 스스로 저항적 민족주의 대신 민족집단의 원초론적 특성을 강조하거나 개인이 민족구성원임을 자각케 하는 동원적 기제를 사용하고 있어서 '패권─반패권'의 문제설정은 매우 주관적이거나 중국중심주의로 쏠릴 가능성이 크기 때문이다. 오히려 필자는 '지금·여기서' 중국의 주요모순은 전지구적 자본주의와 결합한 중국의 신자유주의적 발전전략과 신자유주의에 노출된 민중생활의 위기 또는 개발독재적 유혹에 빠져 있는 중국의 지배전략과 일반민주주의의 지체에 있다고 본다.

또하나는 비판담론이 비판하는 대상과 시각의 문제이다. 중국지역연구가 시장과 기업 또는 학문 그 자체에만 소용될 것이 아니라 우리 사회에도 이바지해야 한다는 점에서, 비판담론 전선이 형성되고 확대되는 것은 전적으로 바람직하다. 그러나 지금 필요한 생산적 논쟁은 비판담론 내의 사소한 입장차이를 부각하는 것이 아니라 한국의 지배적 중국담론과 맞서는 것이다. 그래서 필자는 비판적 연구 내부에서 대화와 토론을 조직화할 것을 제안하는 것이다.

2. 무엇을 어떻게 비판하고 재구성할 것인가

그동안 한국에서의 중국연구는 한학(Sinology)적 분위기와 냉전의 유산에서 자유롭지 못했고, 서구의 희망적 예단을 그대로 차용하거나

타이완학계의 중국연구 경향을 반영함으로써 우리식의 비판적인 중국연구를 제대로 해내지 못했다. 1970년대 냉전의 틀 속에 머물러 있던 인식을 전환할 계기를 만든 리영희 선생의 연구[6]는 매우 예외적인 경우이다.

중국연구의 공간은 1980년대 한국의 사회구성을 둘러싼 논쟁에 힘입어 다소 확대되었다. 이 논쟁은 '좁은 이론의 틀로 넓고 복잡한 현실을 재단했다'는 비판을 받긴 했으나 한국사회의 급진적 전망을 둘러싼 나름대로 진지한 논의를 반영하였다. 그러나 이 논쟁 역시 레닌주의와 소련사회주의 이행에 대한 문제를 중심으로 했지 중국사회성격 논의로 확대되지 못했다. 오히려 민족해방노선이 논쟁의 중심적인 화두로 등장하면서 북한사회주의 논쟁으로 옮겨가버렸다. 중국사회주의 연구는 중요한 연구과제임에도 불구하고 비판적 중국연구의 척박한 현실 때문에 몇가지 중요한 저작을 소개하는 수준에 머물러 있었다.

이것은 우리 사회운동에 상당한 함의를 줄 수 있었던 톈안먼사건에 대한 해석에도 그대로 반영되었다. 톈안먼사건의 사회경제적 배경, 무력진압의 정치적 함의, 중국시민사회 내지 의회민주주의의 조건, 인권과 일반민주주의의 문제, 사회주의의 성격논의 등을 둘러싼 다양한 토론을 생략한 채[7] '당의 무오류성'을 내세우며 진압의 정당성을 주장하거나 사회경제적 조건의 구체적 분석 없이 기계적으로 '파시스트적 해결책'으로 몰고 가버림으로써 토론의 여지를 봉쇄해버렸다.[8]

그후 구소련의 해체, 중국의 시장주의적 발전, 그리고 한국사회의 제한적 민주화와 맞물리면서 중국연구 경향도 급속하게 변했다. 지역연구와 전통학문의 소통과 대화[9]는 물론이고 비판적 연구를 조직화할 겨를도 없이 개혁개방 등 중국변화의 정책적 의미를 강조하는 연구들이 봇물 터지듯 쏟아져나온 것이다.

그 사이 전체주의적 모델에 입각했던 많은 연구자들은 중국의 자본주의적 개혁을 옹호하면서 친사회주의적 중국연구자로 변신했다. 한나라당의 전신인 신한국당과 중국공산당이 자매관계를 맺고 교류협력을 시도했던 것도 그렇게 우연한 일이 아니다. 반면 중국사회주의에서 한국사회를 읽을 어떤 의미를 찾고자 했던 일부 연구자들은 신자유주의적 시장정책 아래서 벌어지는 중국민중의 고단한 삶에 주목하기 시작했다.10)

중국연구의 경향과 방법론에서도 전체주의모델, 다원주의모델, 신제도주의모델로 이행11)하는 추세를 수용했다. 다만 최근에는 그 수용의 시간차가 줄어들고 있으며 한국의 중국학자들 역시 서구의 논의에 일부 개입하고 있다. 이 과정에서 '부분의 합이 전체인 것은 아니다'라는 중국연구의 속성에도 불구하고 거대담론은 논의를 진행하기도 전에 퇴조하는 한편 국가-시민사회, 중앙-지방관계, 지방단위의 미시적 연구, 엘리뜨 연구, 중국외교정책, 정치과정, 사회분화에 대한 미시적·경험적 연구가 상대적으로 활발했다.12) 이와 함께 한국시장의 중국진출과 같은 경제적·정책적 문제를 밝히는 실용적 연구도 활성화되었다.

이런 점을 고려할 때 중국연구에서 비판정신을 회복해야 한다는 문제제기는 적절하고도 중요하다. 그러나 비판적 중국연구의 의미를 미국의 패권적 지배를 소홀히 하고 있다거나 중국에서 민족문제를 과소평가하고 있는 차원에서 찾는다면 이것은 과도한 일반화이다.

또하나는 연구시각의 문제이다. 서구적 정의관에 기초해서는 하나의 역사적 복합체라 불리는 중국사회를 체계적으로 해석하기 어렵다. 따라서 중국사회가 여느 국가와는 다른 이념과 정책의 바탕 위에 서있다는 것을 인정하고 중국사회의 성취를 살피려는 노력이 필요하다.

특히 중국사회주의 스스로가 설정한 이념에 근거하여 일반자본주의 또는 다른 사회주의와 무엇이 같고 무엇이 다른지 분석하고 평가하는 것이 유용하다.[13] 그러나 내재적 시각은 '중국 바로알기'같은 개념에 경사되어 상대주의적 시각에 매몰될 가능성이 크고 연구자의 주관적 가치가 과도하게 실릴 소지가 있다. 내재적 접근은 현실적으로도 서구 연구성과에 대해 인식론적 비판에 머물고 있다는 점에서 연구의 토착화와 질적 발전에 기여하기보다 선언적 비판에 그치고 있다.[14] 이를 극복하기 위해서는 서구의 중국연구에 대한 경험적 성과를 분석적으로 수집해 이 가운데 우리 연구에 필요한 것을 과학적으로 추상하는 작업이 필요하다. 이 과정에서 경험연구의 어려움 때문에 중요하지만 의도적으로 누락한 정치변동에 관한 내용이나 비판담론을 복원해야 할 것이다. 이것은 단순히 "타자를 연구하는 데는 우선 내부자의 입장에서 연구하는 것이 학문의 상식"[15]이라는 이유로 중국중심의 중국이해를 주장하는 것과는 다른 맥락이다.

3. 비판적 중국연구와 중국중심주의

1) '중국 위협'의 함의

"중국문제를 경제라는 코드로 해석하는 현재의 지배담론 형태는 〔문제이며, 이것은〕 19세기 미국이 보여주었던 시장중심주의의 재판 〔이며〕, 시장주의는 한국의 중국담론을 시장주의로 일반화하여 시장주의자들이 관심을 두지 않는 중국담론은 사장시키는 방향으로 확대재생산된다. (…) 〔따라서〕 한국에서 중국을 보는 눈은 관변담론과 반관변담론, 주류와 비주류, 진보와 보수, 우와 좌라는 관심의 소재에는 차이를 보이지만, 패러다임에는 차이가 없다"[16]는 주장이 있다. 그러나 중국문제를 설정하면서 '패권-반패권'을 주요모순으로 간주하는 것은 적절하지도 않고 올바르지도 않다.

필자의 과문 탓인지 몰라도 한국의 비판적 중국연구자들이 패권적 지배에 기초한 미국의 '중국위협론'에 동조한 적은 없는 듯싶다.[17] 중국위협론은 강한 중국을 추구하려는 중국의 의도, 국력의 증가와 성장 잠재력, 지속적인 국방예산의 증가와 군비확장 움직임, 국제문제에 대한 적극적인 개입 등에 기초하고 있다. 그러나 중국은 '인내와 자제'를 함께 요구받는 대국이고 온건한 역사적 궤적, 반중국 편견, 군비증강에 대한 과도한 우려 등을 고려할 때, 불량국가(rogue-state)가 아니기 때문에 구소련과 같은 군사적 위협을 느낄 필요가 없다는 시각도 있다.[18] 특히 미국이 우려하는 중국의 군비증가에 대해서도 향후 20년 동안 중국이 미국의 군사기술을 따라잡을 가능성이 없고, 만일 군비확장을 추구한다면 타이완을 겨냥하는 것이라는 견해도 있다.[19]

그러나 대외정책에서 힘을 앞세우는 미국은 경제성장과 개혁을 위해 안정된 역내 안보환경을 창출하고자 한다는 중국의 정치적인 논리를 수용하지 않는다. 오히려 지역강대국으로서 세계질서에 영향력을 행사하기 위한 중국의 노력이 매우 적극적이기 때문에[20] 미국의 국가이익과 충돌한다고 본다. 이런 점에서 미국은 국가이익을 '위협'하는 국가로 중국을 설정하게 되었고 여기에 근거한 정책을 추구해왔다. 구체적으로는 세계무역기구 가입을 통해 중국을 세계경제질서 안으로 유인하거나, 인권·핵의 비확산·타이완 문제·에너지와 환경 문제 등의 변수를 조작함으로써 중국정책을 조절해왔다. 그러나 문제는 미국이 중국을 잠재적 적으로 규정하건 전략적 동반자로 규정하건 대중국정책에서 봉쇄와 관여 사이에 근본적인 패러다임의 차이가 명확하게 드러나지 않는다는 점이다.[21] 미국은 위협에 대한 인식은 하지만 현실적으로 중국의 국내적 발전에 영향력을 행사할 수 있는 범위가 한정되어 있으며, 그 위협에 대항할 결정적인 카드를 찾기는 쉽지 않다. 이것은 미국이 관여와 봉쇄카드를 적절하게 선택하면서 중국을 압박할 수 있는 형편이 아니라 중국문제에 '어떻게 관여할 것인가'라는 단일한 과제를 놓고 고민하고 있다고 보는 근거이기도 하다.[22]

일본의 중국위협론은 경제적 측면과 안보적 측면으로 나누어볼 수 있다. 경제적인 측면에서 중·일은 약 900억달러 규모의 무역, 250억달러에 달하는 투자 등 상호의존이 심화되어왔으나, 일본산업의 공동화는 물론 고부가가치 산업의 생산과 연구개발까지 중국으로 유출됨으로써 일본의 성장력 자체가 떨어질 수 있는 문제가 있다. 안보적 측면에서 일본은 기본적으로 중국의 국방비 증액과 핵무기 현대화계획을 우려하면서 장기적으로 동아시아에서 힘의 균형을 깨고 중국이 우위를 차지할 것을 우려한다. 일본은 중국의 세계무역기구 가입과 국제공동체로의 통합을 환영하면서도 '강한 중국'이 가지게 될 전략적·정치적 이해가 미일동맹의 이해와 충돌할 것이라는 점에서 위협으로 받아들인다. 일부에서 중일간 산업의 보완성 때문에 중국 리스크라는 개념을 제시하기도 하지만, 전반적으로 위협을 전제로 한 대응전략을 짜고 있는 것은 분명하다.[23]

이런 점을 고려할 때, 평화공존에 기초한 중국의 반패권 수사를 문맥 그대로 수용하기는 어렵다. 오히려 중국의 반패권담론은 패권을 포기한다기보다 안정적인 국내발전과 평화로운 외부환경을 구축하기 위해 잠정적으로 유보하거나 우회하는 것으로 해석할 수 있다. 패권주의 성향은, 1996년 타이완 해협위기 등과 관련한 공격적 자세에서도 드러났듯이 사라진 것이 아니다. 따라서 중국의 폭발적 성장이라는 이미지를 중국위협으로 등치할 필요는 없으나, 중국의 성장이 '이미지 그 자체'만이 아니라 현실적 기초를 가지고 있다고 보는 것이 중요하다.[24] 비단 군사적 측면뿐 아니라, 실제로 중국이 화교경제권을 포괄하는 강력한 경제통합 의지를 가지고 있고 현실적으로 동아시아의 강력한 행위자로 등장한 위협적인 현실을 '있는 그대로' 수용하면서, 국제 또는 지역 차원에서 중국의 패권적 의도를 견인하고 약화시키는 노력을 기울이는 것이 더 현실적이다.

2) '사회주의 중국 부정론'의 실체

소련과 동유럽 몰락 이후 지배적 담론은 사회주의 중국 부정론이었다. 사회주의와 민족주의 일반을 부정하는 이 담론의 논리를 비판하는 연구자들은 "주변부 사회주의가 지니는 해방적 기능보다 억압적 기능을 강조하고, 저항적 민족주의를 통해 국민국가를 완성함으로써 얻은 주체적 탈식민지 달성이라는 성과보다 국민국가의 억압성을 드러내는 데 집중했다"[25]고 주장한다. 이것은 주로 근대화론에 입각하여 중국이 가야 할 길을 자본주의로 상정하고 사회주의의 길을 걸어간 중국의 권력투쟁, 소득격차, 당의 부패, 관료주의, 중앙과 지방의 갈등 등을 과도하게 부각하는 데 대한 비판이다. 그러나 사회주의 부정론에 대한 이러한 비판은 중국의 역사특수적 민족국가의 형태를 강조하면서 발전하였다. 그 결과 사회주의 일반의 보편적 규범과 가치에 둔감할 뿐 아니라 일반대중의 민주주의적 요구를 외부의 '인권개입'이라는 틀로 해석하였다. 뿐만 아니라 시장주의를 때로는 비판하고 때로는 옹호하는 중국 당정의 불분명한 태도를 분별없이 받아들이는 결과를 낳게 된다. 실제로 중국 당정의 민족주의는 자본의 요구를 수용하는 데는 관대하지만 해방적 국제주의에 대한 수사의 차원을 넘어서지 못하고 있으며, 쑨 원이 제기한 대아시아주의의 문제설정보다 더 후퇴하고 있다. 따라서 사회주의 중국 부정론에 대한 과도한 비판은 결과적으로 현실사회주의 논리의 포로가 될 개연성이 있다.

필자가 중국사회주의를 부정하지 않으면서 신자유주의적 발전전략을 비판적으로 점검하는 이유는 그것이 '지금·여기서' 중국에 대한 비판적 인식의 틀을 확장해줄 것이라고 보기 때문이다. 그동안 중국문제는 중국공산주의 운동사에서 대중노선과 사회주의적 우애의 한 전범을 이루었던 옌안작풍에 대한 따뜻한 시선만으로 한국사회에 비판적 성찰의 계기를 제공했다. 하지만 이제는 사회주의의 이름으로 행해지는 사회주의의 왜곡과, 모호성을 특징으로 하는 과도한 민족국가 논리를 재검토해야 할 싯점이 되었다. 실제로 중국은 무늬만 사회주의였지 민족중흥을 위해 달려오는 동안 사회주의적 성취라고 평가받았던 복지의 후퇴, 도농간·지역간 격차, 여성문제에 대한 자본주의적 왜곡, 부패와 환경오염, 민주주의의 저발전이라는 문제를 심화시켜왔다. 따라서 중국을 경향적으로 국가사회주의 내지 국가자본주의로 해석한다고 해서 이를 '비판적 중국학'의 실종으로 이해하는 것은 구체적인 현실을 애써 회피하는 것이나 다를 바 없다.

4. 중국민족주의는 대안적·비판적 담론인가

현대 중국의 민족주의 성격에 대해서는 미국의 패권적 지배를 견제하는 저항적 민족주의, 중화 자체가 하나의 세계라는 오래된 인식과 메시아적 전통이 없다는 점을 강조하는 수동적 민족주의, 위로부터의 조작적 동원에 의한 것이라는 동원민족주의, 시장과 결합하여 발전국가 모형을 추구하는 발전민족주의 등으로 보는 다양한 해석이 있다.

1) 유연한 민족담론과 강한 혁명 및 시장

중국혁명은 민족혁명의 요소를 갖고 있었으나 협애한 민족주의에 기초하지 않았다. 건국 이후 마오 쩌둥도 중국적 근대에 관심을 기울이고 있었으나 '반근대성의 근대'[26]를 추구했다. 따라서 민족주의 틀 속에 갇혀 '중국적인 것'에 몰두하거나 국제주의적 지평을 제약했다고 평가할 수는 없다. 오히려 구체적 현실 속에서 맑스주의 역사서술의 기반이 되는 사회적, 역사적 목적론을 계속 결합해나갔기 때문이다.[27] 마오 쩌둥노선은 비록 다양한 전지구적 공간을 민족적 공간으로 나누고자 했으나, 내부공간을 분할하는 문제와 관련해서 자국적인 것은 민족적일 뿐 아니라 진정으로 지역적인 것이어야 한다고 생각했고 민족주의를 국제주의라는 전지구적 맥락 속에서 고려했다.

개혁개방 초기에도 중국은 외자와 기술도입을 위해 문호를 개방하고 평화로운 대외환경을 구축해야 했기 때문에 좁은 '민족국가'의 틀을 강조하지 않았다. 오히려 중국의 민족국가적 논리를 비판한 계몽주의의 사상적 세례를 대체로 수용하였다. 서구와 일본제국주의에 유린당한 역사적 수치와 분노를 근간으로 하는 대중의 민족주의적 정서도 자극하지 않았다.[28]

이처럼 건국 이후 중국민족주의는 사회주의와 시장의 관계 속에서 적절하게 통제되었다. 즉 민족주의의 충동을 사회주의적 맥락에 종속시키거나, 경제발전을 통해 정치안정을 추구하는 과정에서 시장이 민족주의를 흡수하는 식이었다. 이런 점에 비추어 본격적으로 사회주의 시장경제를 도입하고 전지구적 자본주의에 편입되었던 1990년대 중반 이후 국가 주도로 진행한 동원적 민족주의와는 성격이 달랐다.[29)]

2) 강한 민족담론과 결합한 시장과 혁명

중국의 자본주의적 근대를 향한 기획이 돌이킬 수 없는 지점을 넘어서면서 사회주의는 자본주의는 물론이고 민족주의적 경향도 통제할 수 없게 되었다. 특히 1994년 이후 '반혁명세력'의 검은 손이 (정치적) 민주에 대한 요구의 배후에 있다는 신보수주의 사조와 애국주의운동이 본격화되었고, 여기에 대중들의 반응적 민족주의가 결합하여 애국민족주의라는 틀을 구축했다.[30)] 이러한 애국민족주의는 이론적 틀을 갖추고 출발한 것이 아니라 사회주의 이데올로기의 공백을 잠정적으로 채워나가야 하는 현실적 필요에 의해 동원된 것이었다.

따라서 중국민족주의는 모호한 상태에서 다양한 현실과 결합했다. 동아시아지역에 패권적 지배를 관철하려는 미국에 대한 저항적 민족주의, 세계무역기구 가입과 같은 전지구화에 반대하는 반시장적 민족주의, 그리고 시장과 결합하면서 근대의 과제를 추구하려는 발전민족주의 등 다양한 층위에서 민족주의담론이 사용됐다. 이러한 중국민족주의는 커나갈수록 해방의 국제주의라는 수평적 연대의 틀을 벗어날 수밖에 없었고 사회주의의 본래 가치나 민주주의 요구를 후퇴시킬 수밖에 없었다.[31)]

특히 중국민족주의는 미국 패권에 대한 저항적 성격보다 복잡한 내부 문제를 해결하면서 개혁개방과 사회안정이라는 두 마리 토끼를 잡기 위해 동원되었다. 사실 중국은 범죄율 급등, 유동인구 증가, 환경악화, 지방정부의 자율성 증대, 민족분리운동, 관료 부패, 서구로부터의 '정신오염', 심지어 파룬궁 같은 사회문제에 직면해 있다. 이것은 공산당에 의한 '질서있는 지배'가 한계를 드러내고 있으며, 기존의 사회주의적 해법이 더이상 유효하지 않다는 것을 의미한다. 이러한 상황에서 민족적 자부심을 바탕으로 중화민족과 애국을 결합한 이념을 청년세대에 주입하려고 시도하는 한편, 국가와 당이 애국세력과 민족적 자부심을 보호하는 후견 역할을 스스로 자임하고 나서면서 민족주의가 확산되었다.[32] 특히 국내 모순을 근본적으로 해결하기 어렵고 삼민주의를 근본적으로 재해석하거나 쇄신된 사회주의담론이 등장하기까지는 상당한 시간과 노선투쟁이 필요하다는 점에서 애국민족주의의 유용성은 크게 감소되지 않을 것으로 보인다.

이러한 중국민족주의를 통해 구축된 '패권─반패권' 담론은 중국 신자유주의의 모순을 은폐할 수 있는 장치로 사용되는 것은 물론 개인이 집단에 매몰되면서 민주주의의 발전을 가로막을 수 있다는 점에서 위험하다. 미국은 주유고 중국대사관 공습, 보스니아 내전 개입, 아프카니스탄 공격과 이라크 공격 등에서 '인권이 주권에 우선할 수 있다'는 명분을 앞세우고 있다. 이러한 '인권카드'는 사활의 이해가 걸린 세계적 또는 동아시아에서의 패권적 지배를 공고히 하려는 전술임에 분명하다. 그러나 그렇다고 해서 중국민족주의를 '긴급한 폭력'에 대항하는 저항적 시민민족주의로 강조하거나, 아시아에서의 수평적 연대를 유보할 수밖에 없다고 해서는 안될 것이다.

중국민족주의가 미국에 대항하는 저항적 민족주의의 속성을 갖고 있다 하더라도 그것만으로 온당한 가치를 지녔다고 보기 어렵다. 오히려 민족주의담론의 쓰임새가 왜곡되고 있는 상황에 대한 비판적 재검토가 필요하다. 나아가 저항적 민족주의에 대한 애정과 '방법으로서의 민족주의'에 기초하여 중국에 아시아가 없었던 이유를 들어 민족국가 차원에서 세계혁명을 추구하는 것이 더 효율적이었다고 주장하는 데 동의하기는 어렵다. 이 주장은 1990년대 말 동아시아 외환위기 당시 중국이 위엔화 평가절하를 하지 않는 점을 프롤레타리아국제주의 정신의 표출로 이해하는 데서 그 논리적 성급함을 엿볼 수 있다.[33] 위엔화를 평가절하하지 않은 것은 중화국제주의의 또 다른 표현으로 보는 것이 오히려 더 현실에 부합할 것이다.

5. 남는 문제들

"지나친 보편주의나 이상주의적 담론은 주류의 지배적 담론을 방기하고 그들과 공모할 가능성이 크다. (…) 보편적인 계몽주의나 이상주의는 좀더 현실적 지배권력의 지형도에 주목해야 할 것"[34]이라는 우려는 옳다. 그러나 미국의 중국포섭과 중국민족주의의 저항이라는 담론 바깥에 존재하는, 보편적 가치에 비추어본 중국적 저항이나 중국민중의 일상의 문제도 되돌아봐야 할 것이다.

한국의 비판적 중국연구자들이 국민국가의 완성을 향한 중국의 노력에 찬물을 끼얹고 시장주의적 담론이 확산되도록 방치했다는 주장은 사실이 아니다. 오히려 우리가 '비판적'이라 부를 수 있는 담론은 근대국가의 완성으로 포장된 민족주의와 시장의 결합, 또는 그 기묘한 동거에 대한 문제제기이며 시장담론에 의해 보편적 삶의 가치가 왜곡되는 것을 주목하고 있다. 이것이야말로 중국의 '현실적 지배권력의 지형도'라고 판단하기 때문이다. 즉 중국사회주의의 실패한 기획들로부터 사회주의담론에 숨겨져 있는 사회적 정의와 개인의 자유를 동시에 회복해야 할 것이다. 인권에 대한 문제제기를 미국의 중국전복 기도로 단순화하거나 중국형 민주주의와 서구형 민주주의는 역사적 조건이 다르다며 상대주의에서 출발할 것이 아니라, 자율적 개인이 해방의 원천이라는 기준으로 근대의 문제를 되살펴보는 것이야말로 비판적 중국담론의 출발이 될 수 있다.

이런 점에서 중국의 국제화를 비판하는 신좌파 내지 포스트모더니즘의 시각도 비판의 대상이다. 왜냐하면 이들은 중국 국가가 아닌 서구 국가에 대해서만 비판하고 있기 때문이다. 즉 중국에 대한 서구의 담론을 해체하는 데 주력할 뿐 중국의 국가를 분석하는 데에는 이 도구를 사용하지 않는다. 신좌파 일부는 중국 국가를 비판하고 신고전주의, 자유주의를 비판하기는 했지만, 보호주의(nativist)모델로 돌아가거나 국제문제에서 민족주의의 목소리에 의존하고 있다.[35]

중국과 일본을 포함한 동아시아 국가들이 민족주의적 또는 국가주의적 저의를 숨기지 않고 있는 상황에서, 반미·혐미의 아시아주의는 건설적이지도 진보적(비판적)이지도 못하다. 지역 대결의식에 근거해 민족주의적 대응을 확장하는 것은 그 태생적 한계 때문에 오히려 국가체제 중심의 제국주의적 책동에 활용될 가능성이 크다.[36] 시민운동과 대중운동을 확장해 민족주의에 기초한 민족국가의 틀을 견제하고 올바른 방향으로 견인할 필요가 있다. 그것은 국제연대의 지평에 기초해야 할 것이다. 이러한 시도는 '상상으로서 아시아'나 황화론의 복제[37]가 아니라 우애와 평화로 가는 과정에서 어렵지만 우회할 수 없는 선택이기도 하다.

마지막으로 덧붙이자면, 한국의 중국연구 공간도 되돌아볼 필요가 있다. 중국지역을 연구대상으로 하는 학회는 정치학연구 중심의 중국정치연구회와 학문간 연구학회인 현대중국학회, 인문학자들이 중심이

된 한국중국학회를 비롯하여 각 분과학문별로 다양하다. 그러나 당장 학문간 연구를 화학적으로 결합하여 한국적 중국담론을 생산할 수 있는 조직을 구축하는 일이 매우 시급하다. 실제 학문간 연구를 방해하는 것은 어떤 분과학문을 선택하고 있는가보다 어떤 방법론과 이론에 입각하고 있는가 하는 점이 더 큰 영향을 미친다. 적어도 사회과학영역에서는 분과학문의 방법론에 본질적인 차이가 없으면서도 대화와 소통이 활발하지 않은 점을 반성할 필요가 있다. 이를 바탕으로 인문학적 사색과 사회과학적 방법을 결합해 중국연구의 한계를 극복해나가야겠다.

후주

제1장 '전환시대의 논리'

1) Samuel P. Kim and Tai hwan Lee, "Chinese-North Korean Relations: Managing Asymmetrical Interdependence," Samuel P. Kim and Tai hwan Lee eds., *North Korea and Northeast Asia*, Rowman & Littlefield Publishers Inc. 2003, 110면.

2) Brantly Womack, "An Exchange of Views about Basic Chinese Social Organization," *The China Quarterly*, No. 126, 1991.

3) 중국개혁을 제2의 혁명으로 본 것은 Harry Harding, *China's Second Revolution*, Brookings Institution 1987; Stephen Uhalley, *A History of the Chinese Communist Party*, Hoover Institution Press 1988; 金春松「我國八年經濟發展的三大突破」, 『求是學刊』 1987年 5期; 曹煥榮「關於中國的第2次革命的考察」, 『人民日報』 1987년 10월 6일자.

4) 세대 구분은 떵 샤오핑이 고안한 개념으로 알려져 있다. 제1세대는 마오 쩌뚱이고 제2세대는 떵 샤오핑 자신이며 쟝 쩌민이 제3세대의 '핵심'이다. 이렇게 보면 후 진타오는 제4세대의 핵심으로 볼 수 있다. Andrew J. Nathan and Bruce Gilley, *China's New Rulers: The Secret Files*, New York Review Book 2002, 11면. 이렇게 세대를 구분하는 데 명확한 기준이 있는 것은 아니며 활동시기와 연령, 집단적 경험을 고려해 편의적으로 구분한다. Cheng Li, *China's Leaders: The New Generation*, Rowman & Littlefield 2001, 51~86면.

5) 현실사회주의는 '역사로서의 사회주의'라는 의미로, '유토피아로서의 사회주의'와 구분하기 위해 사용한다(와다 하루끼 『역사로서의 사회주의』, 고세현 옮김, 창작과비평사 1994). 시장사회주의, 개혁사회주의, 신국가주의체제라는 개념으로 쓰이기

도 한다. W. Bruce and K. Laski, *From Marx to the Market-socialism search of an economic system*, Oxford Univ. Press 1989, 20~30면; Su Shaozhi, "The Formation and Characteristics of China's Existing System," Forges Roger V. Des, Duo Ning, Wu Yen-bo eds., *Chinese Democracy and the Crisis of 1989: Chinese and American Reflection*, State Univ. of New York Press 1993, 9~20면.

6) 현재 중국은 대항권력과 대항이데올로기가 미성숙하고 시민사회가 한계를 가지고 있어 '사회가 국가를 위협하는 상황'이 발생할 가능성은 적다. 이런 점에서 중국사회가 안정을 유지할 것이라는 낙관적 견해가 우세하고 동방사회론과 같은 사회주의적 장치가 유지되거나 정착될 것이라는 데에 대체로 동의할 수 있다. Jie Chen, Yang Zhong, Jan William Hillard, "The Level and Source of Popular Support for China's Current Political Regime," *Communist and Post-communist Studies*, Vol. 30, No. 1, 1997, 45~64면; Marc Blecher, *China Against the Tides*, Pinter 1997, 216~21면; 이희옥「중국정치체제안정도의 시론적 평가」,『현대중국연구』3집 1994년.

7) Gordon White, "Chinese Socialism and It's Transition," *Chinese Social Science Quarterly*, 1993년 가을호, 151~52면.

8) Francis Fukuyama, "The End of History," *The National Interest*, No. 16, 1989, 3~18면; Zbigniew Brezezinski, *The Grand Failure: The Birth and Death of Communism in the Twentieth Century*, MacMillan 1989.

9) Su Shaozhi, "China's Existing System," Forges Roger V. Des, Duo Ning, Wu Yen-bo eds., 앞의 책 16~18면.

10) 후쿠야마는 세계적인 규모에서 자유주의와 자본주의를 대체하는 이데올로기와 정치운동이 등장할 가능성은 없다고 단언하고 자유주의와 자본주의가 지배하는 시대를 예고하였다. Francis Fukuyama, 앞의 글 3~18면. 그는 정치영역의 신자유주의와 경제영역의 고급소비재에 대한 손쉬운 접근이 결합된 보편적인 동질적 국가 (Universal Homogenous State)의 승리를 주장했다. 중국사회주의의 상대적 안정과 관련한 후쿠야마의 견해에 대한 비판은 Arif Dirlik & Roxan Prazniak, "Socialism

is dead, so why must we talk about it?"*Asian Studies Review*, Vol. 14, No. 1, July 1990.

11) 소련과 동유럽의 변화 이후 다니엘 벨의 입장에 대해서는, 다니엘 벨 「이데올로기 종언에의 재초대: 30년 후에 다시 쓴 후기」(현인택 옮김), 『사상』 1990년 겨울호, 119면.

12) Fred Halliday, "The End of Cold War," *New Left Review*, No. 180, 1990; Jurgen Domes는 공산주의 지배가 계속될 것이라는 생각은 환상이라고 주장했다. "Four Ways Communism Could Die in China," George Hicks eds., *The Broken Mirror: China After Tiananmen*, Longmans 1990, 466면.

13) Cheng Chu-yuan, *Behind the Tiananmen Massacre: Social, Political and Economic Ferment in China*, Westview 1990, 196~97면.

14) Maurice Meisner, *The Deng Xiao-Ping Era: An Inquiry into the Fate of Chinese Socialism 1978~1994*, Hill and Wang 1996; Robert Weil, "China at the Brink: At the Contradiction of 'Market Socialism'," *Monthly Review*, Vol. 47, No. 7, 1994, 10~35면.

15) 4개 견지란 사회주의의 견지, 공산당 지도의 견지, 맑스-레닌주의-마오 쩌뚱사상의 견지, 인민민주독재의 견지를 말한다. 그러나 개혁개방정책이 가시화되는 과정에서 '하나의 중심(경제 건설)과 두개의 기본점(개혁개방의 견지, 4개 견지)'이라는 국가의 목표 중 '중심(경제 건설)을 돌출'시키는 문제가 초미의 관심사가 되었다. 적어도 1992년 떵 샤오핑의 남순강화 이후 중국의 개혁개방정책은 이데올로기적 성격이 강한 4개 견지보다는 '경제 건설이라는 중심'과 '개혁개방의 견지'를 상대적으로 부각해왔다. 4개 견지는 대체로 경제적 혼란에 따라 사회주의정신이 흔들리거나 사회범죄가 늘어날 경우 대중의 각성을 촉진하기 위해 단속적으로 사용된다는 점에서 현재는 종속변수로 취급되고 있다.

16) 페트라스(James Petras) 「중국 시장사회주의의 모순」, 『오늘의 정치경제학』, 만인사 1990, 172면.

17) Samir Amin, "The Future of Socialism," *Monthly Review*, July-August 1990, 26

면; 아민(Amin)의 견해에 대한 비판은 손호철 『한국정치학의 새구상』, 풀빛 1991,
399면 참조.

18) 이것은 이른바 포스트모더니즘 차원에서의 이해방식이다. Vaclav Havel, "The
End of Modern Era," 『뉴욕타임스』 1992년 3월 1일자.

19) 사회주의의 위기를 자본주의의 승리로 이해하는 경향에 반대하고 자본주의도 유
기적 위기(organic crisis)를 겪고 있다는 견해는 R.에케르트 「자본주의의 일반적 위
기」, 『페레스트로이카논쟁』, 새길 1990, 13~23면; Mary Kaldor, "After Cold War,"
New Left Review, No. 180, 1990.

20) 중국의 대표적인 맑스주의 이론가 쑤 샤오즈는 현대맑스주의의 위기(crisis)를 말
하는 경우, 이 위기를 교차로(crossroads)나 전환점(turning point)으로 해석해야
지, 붕괴(collapse)로 보아서는 안된다고 강조하였다. Su Shaozhi, "The Rethinking
of Marxism in China," *Marxism and the New Global Society*, Seoul IFES 1989, Oct.
25~27, 309면.

21) Shaohua Hu, *Explaining Chinese Democratization*, Praeger 2000, 1~14면;
Chalmers Johnson, "Soft Totalitarianism in China," *New Perspectives Quarterly*,
14: 3, Summer 1997.

22) Sujiao Guo, *Post-Mao China: From Totalitarianism to Authoritarianism?*,
Praeger 2000.

23) Robert Weil, Arif Dirlik, Hill Gates, Maurice Meisner 등의 주장에서 나타난다.
이들의 논의에 대해서는 Christopher J. Smith, *China in the Post-Utopian Age*,
Westview Press 2000, 특히 19장 참조.

24) 이데올로기라는 용어는 사회과학자들 사이에 합의된 개념 없이 가치구조(value
structure), 문화(culture), 정치이론(political theory)의 층위에서 다양하게 사용되
고 있다. 중국사회주의에서 이데올로기의 개념은 정치·법률·도덕·철학·예술·종
교 영역의 사회의식의 각종 형태로 규정한다. 그리고 사회적 의식은 사회적 존재를
반영한다. 계급사회에서 그것은 계급성을 지니며, 어떠한 이데올로기든 일정한 계
급적 경향과 계급적 내용을 가진다고 본다. (王元璋 主編 『簡明馬克思主義原理辭典』,

江蘇人民出版社 1987, 135~36면). 반면 자본주의국가에서는 중국의 이데올로기를 분석할 때 '명확하고 견고하며 닫힌 지배체계' 또는 '정치생활에 대한 경직된 이미지' '상반되는 정보에 대한 폐쇄적 체계' '대부분의 상황을 구체적으로 설명하고 정치행동의 규준을 정하는 것'이라는 개념적 정의를 사용하고 있다(John Bryan Starr, *Ideology and Culture: An Introduction to the Dialectics of Contemporary Politics*, UCLA Press 1973, 9면). 과도한 일반화를 무릅쓰고 이데올로기란 "경험을 활용하여 '현실'을 인류 목적에 적응시키기 위해 고안된 합리적이고 해석적인 개념체계" (James C. F Wang, *Contemporary Chinese Politics: An Introduction*, Englewood Cliff 1986, 48면) 또는 개인들의 목표를 성취할 목적으로 어떤 방식으로 행동하거나 행위하는 방향을 제시해주는 일련의 정치적 가치, 감정 및 지식체계로 정의할 수 있다. 여기서 합리성이란 신념체계의 다양한 요소간에 상당히 높은 수준의 내적 일관성을 요구하며, 목적은 정치체계의 객관적인 필요 혹은 강력한 정치가나 정치집단의 주관적인 열망을 의미한다(Lowell Dittmer「중국과 북한에서의 맑스주의 이데올로기」, 김달중·스칼라피노『아시아공산주의의 지속과 변화』, 법문사 1989, 40면). Schurmann은 이데올로기를 이념이 만들어내는 결과에 따라 분류하였다. 즉 이념이 정책이나 행동을 유발시키는 경우 실천적 이데올로기(practice ideology)로, 이념이 개인의 사고를 형성하기 위해 채택되는 경우 순수 이데올로기(pure ideology)로 보았다(Franz Schurmann, *Ideology and Organization in Communist China*, Berkeley and UCLA Press 1968, 21~22면). 이러한 점에 기초하면 중국의 이데올로기 개념은 "지도층이 어떤 일반적인 목표를 향하여 정치체제 또는 노선을 이끌어나갈 때, 이 목표에 관해 지니는 전망 및 이것을 이끌어나가는 방법과 추진속도" (Lowell Dittmer, "Political Development: Leadership, Politics and Ideology," Joyce K. Kallgren eds., *The People's Republic of China After Thirty Years: An Overview*, UCLA Press 1979, 27면)라고 규정할 수 있다.

25) Lucian W. Pye, *China: An Introduction*, Little Brown 1978, 189~213면; John Bryan Starr, 앞의 책 20~52면.

26) Gorden White, "The Decline of Ideocracy," Robert Benewick and Paul

Wingrove eds., *China in the 1990*, MacMillan 1995, 23~24면.

27) 이런 점에서 M. Seliger는 "이데올로기는 강력한 체제를 조직화하는 행동지향적 (action-oriented) 신념체계"라고 규정했다. 그의 개념과 분석틀을 원용하여 떵 샤 오핑 사회주의를 분석한 것으로 Milton D. Yeh, "The Ideology and Politics of Deng's Leadership in Post-Mao Mainland China," *Issue and Studies*, 1988년 5월 호, 64~81면 참조.

28) 1992년 10월 14일 중국공산당 제14차 전체회의에서 통과된 「중국공산당 강령」에 서는 기존의 프롤레타리아 국제주의를 삭제했다. 이에 대해서는 「中國共産黨章程」, 『人民日報』 1992년 10월 21일자; 1982년 당강령과의 차이는 「중국공산당 장정해 설」, 『중소연구』 56호, 1992년 겨울호, 227~30면.

29) Richard Lowenthal, "Development vs. Utopia in Communist Policy," Chalmers Johnson eds., *Change in Communist Systems*, Stanford Univ. Press 1970.

30) 중국에서는 '제3의 길'을 '자본주의의 개량'이라며 원칙적으로 수용하지 않고 있 으나, 논의는 매우 활발하게 전개되고 있다. 王振華·陳志瑞 『挑戰與選擇: 中外學者 論 '第三條道路'』, 中國社會科學出版社 2001 참조.

31) 중국의 현 정치체제의 전반적인 틀은 맑스-레닌주의에 정향되어 있으며 체제개 혁의 논리를 설명하기 위해 사회주의를 유연하게 해석하는 것은 물론 외연을 확대 하고 있다는 점에서 필자는 존슨의 견해에 동의한다. Chalmers Johnson, "What's wrong with Chinese Political Studies," *Asian Survey*, 1982년 11월호, 919~33면.

32) 한국에서의 중국연구동향은 정재호 편 『중국정치연구론』, 나남 2000 참조. 한국 에서 비판적 중국학을 둘러싼 논쟁은 「보론」의 김희교와 이희옥의 논쟁 참조.

33) 이에 대한 문제제기로 이희옥 「전지구적 자본주의와 중국 근대성의 반사」, 『당대 비평』 2000년 봄호; 백영서 『동아시아의 귀환』, 창작과비평사 2000; 동아시아 지식 인연대 편 『동북아시아를 위하여』, 동아일보사 2004 등 참조.

34) 필자는 동북아 구상에서 동아시아 각국이 국가주의와 민족주의를 상대화하고 혼 성적 정체성을 추구할 것 등을 제시하였다. 이희옥 「동북아 시민사회교류와 공동체 적 지역통합」, 동북아지식인연대 편, 앞의 책 341~65면.

35) 북중관계의 변화와 중국의 역할에 관한 최근의 분석으로 이희옥「한반도 문제와
중국역할의 성격과 한계」, 『한국과 국제정치』 제20권 2호, 2004년 여름호 참조.

36) 중국연구에 있어 내용분석의 중요성에 대해서는 楊開煌「中共研究中的內容分析法
及其爭議與反省」, 『東亞季刊』 20卷 2期, 1987년 11월, 43~44면.

37) 보수 대 개혁이라는 단순도식 대신 개혁 이후 중국지도부의 성격을 개혁의 수준
과 폭에 따라 다양하게 분류할 수 있다. 조정론자, 개혁론자(Harry Harding, 앞의
책 57~69면), 신마오쩌뚱주의자, 관료적 보수그룹, 시장개혁그룹(Richard Baum,
"Political Stability in Post-Deng China: Problems and Prospects," *Asian Survey*,
Vol. 32, No. 6, 494~97면) 보수적 개혁파, 실용적 개혁파, 정통보수(Carol Lee
Hariman, "Policy Package's in Post-Mao China," *Asian Survey*, Vol. 24, No. 5,
1984) 완고한 좌파, 보수개혁파, 진보개혁파(Victor C. Falkenheim, "Political
Reform in China," *Current History*, No. 476, 1982, 280~81면) 등이다.

38) 기존의 중구연구방법론에 대한 개괄적인 소개와 이의 한계를 분석한 것으로 이희
옥「중국연구방법론 시론-기존논의의 비판적 검토와 새로운 연구의 모색」, 『중국
연구』 13집, 1992, 41~82면.

39) 중국연구를 패러다임의 위기라고 보고 과거 중국학 연구의 배타주의와 고립주의
를 극복하고 세계의 또 다른 한 부분으로서 중국의 경험을 고려하는 이론적 자율성
을 추구해야 한다는 주장도 제기되고 있다. Philip C. C. Huang, "The Paradigmatic
Crisis in Chinese Studies: Paradoxes in Social and Economic History," *Modern
China*, Vol. 17, No. 3, 1991, 334~36면.

40) Alfred G. Meyer, "Theories of Convergence," Chalmers Johnson eds., 앞의 책
313면. 그러나 마이어의 입장은 부분적으로 전체주의적 입장에 서 있으며 그가 비
판의 대상으로 삼고 있는 것도 당시의 행태주의 연구의 통계적 또는 경험적 문제였
을 뿐이지, 그의 방법과 지향이 사회주의 사회를 내재적이고 과학적으로 분석한 것
은 아니라는 점에서 여전히 한계로 남아 있다.

41) Chalmers Johnson, "The Role of Social Science in China Scholarship," *World
Politics*, Vol. 17, No. 2, 1965, 256~57면.

42) 서구적 개념과 이론을 중국의 현실에 적용하는 정도가 크면 클수록 그 추상성의 수준도 높아진다는 점을 주목할 필요가 있다. 최명「중국학에 있어서 자료와 방법론의 문제」,『중국문제』(한양대) 1권, 1975년, 13면.

43) 중국모델의 독자성에 대해서는 James Townsend R., *Politics in China*, Little Brown 1980, 21~22, 25면.

제2장 '중국적'인 것의 의미

1) 특히 마오의 독서경향에서도 중국전통의 영향을 적지 않게 발견할 수 있다. 龔育之·逄先知·石仲泉『毛澤東的讀書生活』, 北京三聯書店 1986; Steven W. Mosher, *China's Plan to Dominate Asia and the World*, Encounter Books 2000, 83~123면.

2) Gupta는 역사적 연속성을 평가하기 위해 전통적 중국문화, 서구로부터 충격을 받기 이전 역사적인 변화유형, 서구충격에 따른 변화, 맑스-레닌주의의 범주가 변용된 방식 등을 분석해야 한다고 주장했다. Krishna P. Gupta, "Continuities in Change," *Problems of Communism*, Sep-Oct. 1974, 10면.

3) 中屋敷 宏『中國のイデオロギ-論』, 東京勁草書房 1983, 120~21, 139면.

4) 이러한 도교의 공동성과 세속성은 중국인의 민족성을 잘 드러내주며 이는 중국사회주의의 특징과도 관련있다는 평가가 있다. 위의 책 162~63면.

5) 시경의 '適彼樂土'(石鼠 篇), 공자의 '大同之行也 天下爲公' 與 '不患寡而患不均'(『論語』季氏 篇), 한대 도교경전의 '天地施化得勻'의 '太平氣'(『太平淸領書』), 명말 황 쭝런(黃宗仁)의 '井田之必可復 … (田土)不齊自從而齊矣'(『 待訪明夷錄』 田土 篇), 홍 슈촨(洪秀全)의 '太平天國'의 농업사회주의 요소, 캉 여우웨이(康有爲)의 '大同之世, 天下爲公, 無有階級, 一切平等'(『禮運注』와 『大同篇』), 쑨 원의 '三民主義'(『三民主義』) 등에 나타난 '爲公(大同)'과 '均産(太平)'을 핵심으로 하는 주관사회주의라고 보기도 하였다. 林代昭·潘國華『社會主義在中國的傳播與實踐』, 北京大學出版社 1991 참조.

6) 魯凡之『中國社會主義論』, 臺北南方出版社 1987, 302면.

254

7) 費孝通「再論中國家庭結構的變動」을 魯凡之, 위의 책 16면에서 재인용.

8) 横山宏章『中華思想と現代中國』, 集英社 2002.

9) 姬田光義·阿部治平『中國近現代史』, 일월서각 1984, 14면.

10) 민두기「중국의 전통적 정치사상의 특질」, 『중국근대사론』, 지식산업사 1980 참조.

11) 이것은 정치적 차원에서 존왕양이(尊王攘夷)의 관념을 형성하는 사상적 기반이었
    다. 葛荃「論春秋 '公羊傳' 的大一統政治思想」, 『政治學研究』1987年 3期, 69~70면.

12) Fung Yu-Lan, *A History of Chinese Philosophy*, The Free Press 1948, 16면.

13) J. K. Fairbank, Reischauer, Graig, *East Asia*, Houghton Mifflin Co. 1973, 20면.

14) 정세현「중화우월의식의 형성과정과 발전」, 『중소연구』 17권, 1983년 봄호,
    94~95면.

15) Fitzgerald C. P., *The Chinese View of Their Place in the World*, Oxford Univ.
    Press 1971, 13면.

16) 조재관·신복룡「모택동의 민족주의」, 『중국문제』(한양대) 3권, 109~11면.

17) 중체서용론 논쟁에 대해 민두기『중국의 전통과 근대』, 평민사 1979 참조. 중국에
    서의 중체서용에 대한 비판적 해석은 李澤厚『中國現代思想史論』, 北京東方出版社
    1988, 311~41면 참조.

18) 孫隆基『中國文化的深層結構』, 臺北唐山出版社 1991, 368면.

19) 溝口雄三「중국근대를 보는 시각」, 민두기 편『중국현대사의 구조』, 청람 1983,
    283면.

20) 孫文「三民主義」, 『孫中山選集』下卷, 香港中華書局 1974, 602면.

21) 임훈『중국공산당의 창당과정: 시대적 배경을 중심으로』, 유림사 1985, 32~33면.

22) Rovert R. Scalapino, "Pattern of Asian Communism," *The China Quarterly*, Jan-
    Apr. 1971, 8~9면.

23) Edgar Snow, *Red Star over China*, Random House 1938, 88면.

24) 孫隆基, 앞의 책 368면.

25) 江澤民「加快改革開放和現代化建設步伐奪取有中國特色社會主義事業的更大勝利」,
    『求是』1992年 21期, 21면.

26) 中嶋嶺雄『增補 現代中國論』, 東京青木書店 1975, 215면.

27) 金觀濤「中國におけるマルクス・レーニン主義と儒教文化」, 『中國研究月報』46卷 2號, 1992年 12月, 4면.

28) 류 샤오치는 맑스-레닌주의 이데올로기에 유교도덕의 수련을 체계적으로 도입했다. 그는 훌륭한 공산당원이 되기 위해 도덕을 순화한 수신이 최대의 문제라고 지적했다. 中共中央編輯委員會「論共産黨員的修養」, 『劉少奇選集』上卷, 人民出版社 1981, 97~167면.

29) 쭌이회의의 역사적 성격에 대해서는 何幹之『中國現代革命史(1911~1956)』, 高等教育出版社 1958, 72~173면 참조.

30) 마오 쩌뚱은 홍군 내의 교조주의적 사상을 염두에 두고 이를 서책주의(本本主義)라고 표현하면서 '맑스주의 서책은 물론 학습해야 하지만 반드시 우리나라의 실정과 결부되어야 한다. 우리는 서책이 필요하지만, 실정을 떠난 서책주의는 반드시 시정되어야 한다'고 강조하고 '조사 없이 발언권 없다. 조사는 바로 문제를 해결하는 것'이라고 주장했다. 毛澤東「反對本本主義」, 『毛澤東選集』1卷, 人民出版社 1991, 109~112면. 이 문건은『毛澤東選集』(1956년판)에 누락되었다가 1964년『毛澤東著作選讀』에 처음 실렸으며『毛澤東選集』개정판(1991년판)에 재수록되었다.

31) 그러나 여러 학자들이 이 저작에 대한 독창성에 의문을 제기하고 있다. 천 뽀따의 영향 속에서 쓴 것이라는 주장도 있고 코헨 등 일부 학자들은 저작연대를 1950년대라고 주장하기도 한다. Arther A. Cohen, The Communism of Mao Tse-tung, Univ. of Chicago Press 1964; Karl Wittfogel, "The Legend of Maoism," The China Quarterly, No. 2, 1960. 이러한 논의에 대한 간략한 소개는 서진영『중국혁명사』, 한울 1992, 214면 참조.

32) 毛澤東「實踐論」, 『毛澤東選集』1卷, 259~273면. 실천론의 인식론적 기초는 "하나의 정확한 인식은 물질에서 정신, 정신에서 물질, 실천에서 인식, 인식에서 실천이라는 여러차례의 반복을 통해 완성될 수 있다"라는 의미로 그대로 나타난다. 「人的正確思想是從哪裏來的」, 『毛澤東著作選讀』, 人民出版社 1988, 840면.

33) 毛澤東「實踐論」, 272면.

34) 서진영, 앞의 책 216면; 毛澤東「矛盾論」, 『毛澤東選集』1卷, 274~312면.

35) 특히 마오 쩌뚱의 모순론에 대해서는 중국혁명 기간 중요한 이론가의 한 사람이
    었던 리 따의 견해 참조. 李達:『矛盾論解說』, 北京三聯書店 1953.

36) 金觀濤「儒家文化的深層結構對馬克思主義中國化的影響」, 『新啓蒙』(2), 1988年
    12月.

37) 그러나 리 쩌허우는 마오 쩌뚱의 사상은 중국고대의 실용이론과 병가의 변증법의
    영향을 받았다고 보았다. 李澤厚『馬克思主義在中國』, 北京三聯書店 1988, 49면.

38) 王澍白『毛澤東思想的中國基因』, 香港商務印書館 1990, 76~77면.

39) 陳伯達「我們關於目前文化運動的意見」, 『在文化陣線上』, 重慶生活書店 1939,
    93~95면.

40) Raymond F. Wylie, "Mao Tse-tung, Chen Po-ta and the Significance of
    Marxism 1936~1938," *The China Quaterly*, No. 65, 1979, 449면.

41) 陳伯達「論文化運動中的民族傳統」, 앞의 책 66~77면.

42) 이 글의 제목은 '新階段論'이었다. 毛澤東『新階段論』, 新民主出版社 1968; 그리고
    이 문건의 일부 요지가 毛澤東「中國共産黨在民族戰爭中的地位」, 『毛澤東選集』2卷,
    人民出版社 1968, 499~500면에 수록되어 있다.

43) 毛澤東「改造我們的學習」, 『毛澤東選集』3卷, 人民出版社 1971, 753~61면.

44) 毛澤東「整頓黨的作風」, 『毛澤東選集』3卷, 778면.

45) 마오 쩌뚱의 행동지침이 가장 잘 반영된「실천론」에서 맑스의 포이어바흐에 관한
    테제 중 '세계는 해석하는 것이 아니라, 개조하는 것이다'라는 것에 주목한 점도 이
    를 잘 드러낸다. 毛澤東「實踐論」, 261면.

46) 서진영, 앞의 책 231면; 그러나 마오사상의 중국화를 부정하는 연구자들은 그의
    사상이 맑스-레닌-스딸린주의의 합성물이며, 비록 맑스-레닌주의를 그대로 차용
    하지는 않았으나 계급투쟁론, 폭력혁명론, 자본주의의 적대화, 공산주의체제의 옹
    호 등으로 미루어볼 때 맑스-레닌주의와 방법상의 차이만 있는 이론일 뿐이라고
    비판하였다. An-Chia Wu, "The Thought of Mao Tse-tung: A New Version of
    Marxism-Leninism?, *Issue and* Studies, Apr 1988, 77~78면.

47) 「中國共産黨與中國民族解放的道路」, 『解放日報』(1943년 7월 5일자)를 陳君聰 『劉少奇的思想理論硏究』, 華東出版社 1988, 65면에서 재인용. 왕 쟈샹은 마오사상을 "중국의 맑스-레닌주의이고, 중국의 볼세비즘이며 중국의 공산주의이다. (…) 마오사상은 창조적 맑스주의, 맑스-레닌주의의 중국적 발전"이라고 정의했다.

48) 『中國共産黨中央委員會關於若干歷史問題的決議』, 人民出版社 1953, 22면.

49) 마오가 자신이 제기한 신민주주의론을 폐기한 것은 정통 맑스-레닌주의를 초월한 중대한 발전의 하나이다. 마오는 7차대회에서 마오사상이 중국인민의 올바른 건국이론, 즉 신민주주의론이라는 것을 거부했다. 이것이 1956년 8전대회에서 마오사상이 당의 지도사상에서 삭제된 이유다. 王占陽 『毛澤東的建國方略與當代中國的改革開放』, 吉林人民出版社 1993, 637면. 그러나 마오 쩌뚱사상을 제기하지 않은 것은 소련이 반대했기 때문이라는 회고도 있다. 胡喬木 『回憶毛澤東』, 人民出版社 1994, 11면. 이에 대한 평가로 추이 즈위안 『중국은 어디로 가고 있는가』(장영석 옮김), 창비 2003, 59면 참조.

50) 德田教之 『毛澤東思想の政治力學』, 東京慶應通信 1977, 120면.

51) 金觀濤, 앞의 글 7면.

52) Alexander Eckstein, *China's Economic Revolution*, Cambridge Univ. Press 1977, 2장. 그러나 소련의 경제성장은 중공업 중심이었고 경공업과 농업에서는 두드러진 성과를 거두지 못했다.

53) Stuart Schuram eds., *Introduction: The Cultural Revolution in Historical Perspective, Authority Participation and Cultural Change in China*, Cambridge Univ. Press 1973, 4면; 이때부터 마오 쩌뚱이 레닌주의의 비서구적인 측면에 관심을 가지고 있었다고 평가하기도 한다.

54) 毛澤東 「論人民民主專政」, 『毛澤東選集』 4卷, 人民出版社 1969, 1370면.

55) 張玉法 『中國現代政治史論』, 臺北東華書局 1988, 315면.

56) 中國科學院經濟硏究所·中央工商行政管理局 編 『中國資本主義工商業的社會主義改造』, 人民出版社 1962 참조.

57) 毛澤東 「論十大關係」, 『毛澤東選集』 5卷, 人民出版社 1977, 267~88면.

58) 중소분쟁의 이데올로기적 성격을 중국과 소련의 '사회주의'인식을 통해 정리한
    것으로 江副敏生 『過渡期についての中ソ論爭 – 現代社會主義社會の再檢討』, 中央大學
    出版社 1979 참조.

59) 위의 책 69면.

60) 毛里和子는 이러한 중소간의 50~60년대의 이데올로기 갈등을 중세의 종교전쟁
    비유했다. 위의 책 71면.

61) 이런 점에서 당시 마오 쩌뚱의 맑스주의 이해는 장자(莊子)의 낙관주의적 세계관
    과 유사하다는 견해도 있다. 송영배『중국사회사상사』, 한길사 1989, 473면.

62) 毛澤東「關於坂田文章的談話」, 『毛澤東思想萬歲』, 人民出版社 1969, 564면.

제3장 맑스주의와 실사구시

1) 중국의 진자운동의 축은 대체로 생산관계와 생산력, 민주와 독재, 개국과 쇄국, 혁
   명에 대한 우호와 실질적 지원 등의 변수를 기준으로 다음과 같은 도식으로 만들 수
   있다. 衛藤藩吉「中國政治における波動リズム」, 『現代中國政治の構造』, 日本國際問題研
   究所 1982, 26면을 기초로 작성.

보수 / 급진	생산관계	혁명에 대한 지원	독재	쇄국(전형적으로 문혁)
온건 / 개혁	생산력	혁명에 대한 우호	민주(?)	개국(전형적으로 개혁)

   그러나 이러한 진자운동은 개혁개방 이후에는 보수 대 개혁 간의 갈등이 아니라, 위
   의 개혁분류변수들을 모두 충족시키면서 개혁의 속도와 폭을 둘러싼 정책갈등이라
   고 볼 수 있다.

2) Marc Blecher, *China Against the Tides*, Pinter 1997, 89면.

3) Harry Harding, *China's Second Revolution*, Brookings Institution 1987, 57~69면.

4) 毛澤東「新民主主義論」(이희옥 옮김), 『모택동선집』 I, 전인출판사 1989, 381~83면.

5) 처음에는 중국혁명을 신민주주의혁명과 사회주의혁명, 즉 2단계 혁명으로 인식하

였다. 그러나 과도기 총노선을 제출한 이후 신중국의 성립을 계기로 프롤레타리아 독재 권력이 성립하였으며 사회주의로 이행하는 과도기가 시작되었다고 보았다. 이것은 인민민주독재의 수립을 통해 그 이후의 과정에서 혁명의 성장전화를 구하는 견해를 불식하고 있다는 의미를 지닌다. 마오 쩌뚱 시기에 출판된 『毛澤東選集』 5권에는 "〔과도기 총노선은〕 1949년 3월 중국공산당 2중전회의 결의에서 이미 제기되었고 그곳에서 원칙적인 해결을 보았다. 그런데 많은 동지들은 2중전회의 규정에 따라 일하는 것을 싫어하고 (…) 심지어 공공연하게 2중전회의 원칙을 위반하고 있다"고 명시하였다. 그러나 1988년판 『毛澤東著作選讀』에는 이 구절이 삭제되었다. 오히려 1957년 7월 12일 『社會主義敎育課程的閱讀文件彙編』(1編)에 수록된 「과도기 당의 총노선에 관한 학습과 선전요강」을 근거로 생산수단을 사회주의 소유제로 바꾸는 것이 중국사회의 유일한 경제적 기초라고 보면서 이것을 당의 과도기 총노선의 본질로 삼았다. 이 두 문건의 내용 차이는 신민주주의혁명을 사회주의혁명으로 보고자 하는 마오 쩌뚱노선과 사회주의에 대한 유연한 입장을 견지하고자 하는 류 샤오치노선 간의 노선갈등을 반영하고 있다. 이에 대해서는 毛澤東 「關於黨在過渡時期總路線」, 『毛澤東著作選讀』, 人民出版社 1988, 704~705면; 毛澤東 「黨在過渡時期總路線」, 『毛澤東選集』, 89면. 그리고 마오 쩌뚱노선의 이론적 문제에 관한 정리는 德田敎之 『毛澤東主義の政治力學』, 慶應通信 1977 참조.

6) 座間紘一 「사회주의로의 이행과 3반5반운동」, 東京大學出版會 편 『중국혁명의 해부』, 이삭 1984, 197~234면. 중국 내의 논의를 포괄적으로 정리한 것으로 許滌新 外 『중국자본주의논쟁사』(김세은 외 옮김), 고려원 1993. 특히 Ⅱ장 참조.

7) 毛澤東 「黨在過渡時期的總路線」, 89면.

8) 이것은 1953년 4월 23일 「關於在1953~54年幹部的理論敎育的指示」에서 스딸린의 지도 아래 작성된 「蘇聯共産黨(布)歷史小敎程」의 사회주의 학습을 강제한 데에서도 나타난다. 이에 대해서는 江副敏生 『過渡期についての中ソ論爭-現代社會主義社會の再檢討』, 中央大學出版社 1979, 75면.

9) 중소분쟁에 대한 이론적 논의를 간단히 정리한 것으로 菊地昌典他 『中ソ對立』, 有斐閣 1976이 있다.

10) 마오 쩌뚱은 1958년 11월 9일 당위원회 위원들에게 편지를 보내 소련학자가 편집한 『政治經濟學(教科書)』을 읽도록 권했으며, 11월 21일에는 중국과학원 경제연구소가 정리한 「소련의 정치경제학(교과서) 3판의 중요 수정과 개정 보충」을 실은 내부간행물을 읽도록 권고하였다. 이후에도 이러한 강조는 지속되었다. 「毛澤東蘇聯政治經濟學讀書筆記」, 『毛澤東思想萬歲』 人民出版社 1969; 이러한 마오 쩌뚱의 소련 『정치경제학 교과서』 독서에 대한 개괄은 石仲泉 「讀 蘇聯政治經濟學敎科書 的談話」, 龔育之·逄先知·石仲泉 『毛澤東的讀書生活』, 三聯書店 1986, 148~53면 참조.

11) 薛漢偉 『社會主義社會階段劃分的理論和實踐』, 安徽人民出版社 1987, 120면.

12) 『北京週報』 1977年 2號, 12면.

13) 陳力 『中國社會主義社會四階段論』, 四川社會科學院出版社 1987, 10면.

14) 마오 쩌뚱의 견해를 비판적으로 보는 관점도 있으나 마오의 대과도론이 맑스-레닌 사회주의를 '1단계는 발달하지 않은 사회주의, 2단계는 비교적 발달한 사회주의로 구분하고, 2단계는 1단계보다 장기성을 가진다'고 지적한 점을 근거로 사회주의 초급단계의 단계구분은 마오에서 시작됐다고 주장하면서 마오 쩌뚱 사회주의론을 전면적으로 비판하는 견해에 반대하는 입장도 있다. 石仲泉, 앞의 글 164면.

15) 毛澤東 「關於正確處理人民內部矛盾的問題」, 『毛澤東選集』 5卷, 373면.

16) 列寧 「無產階級專政時代的經濟和政治」, 『列寧全集』 30卷, 人民出版社 1984, 87~98면.

17) 「關於國際共產主義運動總路線的建議: 中國共產黨中央委員會對蘇聯共產黨中央委一九六三年三月三日來信的復信」, 『人民日報』 1963년 6월 17일자.

18) 「關於赫魯曉夫的假共產主義及其在世界歷史上的教訓: 九評蘇共中央的公開信」, 『人民日報』 1964년 7월 14일자.

19) 中共研究雜誌社編 『中共文化大革命文件彙編』, 中共研究社 1973, 20면.

20) 魯凡之 『中國社會主義論』 臺北南方叢書 1987, 269면.

21) 「關於社會主義社會的發展法則的問題的研討會」, 『新華文摘』 1980年 2期.

22) 齋藤捻 『社會主義經濟論序說』, 東京大月書店 1976, 18~46면.

23) 蘇紹智·馮蘭瑞 「無產階級政權取得後的社會發展階段問題」, 『經濟研究』 1979年 4期.

24) 위의 글 16면.

25) 列寧 『馬克思主義論國家』, 人民出版社 1964, 32면.

26) 「蘇維埃政權的當面課業一文的初稿」8章, 『列寧全集』 러시아판 36권, 139면을 蘇紹智·馮蘭瑞, 앞의 글 17면에서 재인용; 「關於全俄中央執行委員會的工作」, 『列寧全集』 30卷, 人民出版社 1984, 229면.

27) 中村平八 『發展途上社會主義の硏究』, 白桃書房 1977, 214면.

28) 蘇紹智·馮蘭瑞, 앞의 글 18면.

29) 列寧 「論'左派'幼稚性和小資産階級性」, 『列寧全集』 27卷, 人民出版社 1984, 310면.

30) 이런 점에서 중국에는 봉건주의, 자본주의, 사회주의, 공산주의 이데올로기가 공존하고 있다고 보기도 한다. 李洪林 『四種主義』, 三聯書店 1988 참조.

31) 蘇紹智·馮蘭瑞, 앞의 글 18면.

32) 薛漢偉, 앞의 책 171면.

33) 朱術先 「也談無産階級取得政權後的社會發展階段問題」, 『經濟硏究』 1979年 8期.

34) 劉建興·鄭開 「過渡時期和社會主義社會」, 『經濟硏究』 1979年 11期.

35) 朱術先, 앞의 글 15면.

36) 그러나 이러한 논리에 대해 齋藤捻 교수 등은 맑스가 다우클라우드제를 통해 과도기를 규정하지 않았다고 주장했다. 이에 대해서는 齋藤捻 「マルクス-エンゲルスの社會主義經濟論」, 앞의 책 참조.

37) 列寧 「無産階級專政時代的經濟和政治」, 『列寧選集』 4卷 , 84면.

38) 中村平八, 앞의 책 218면.

39) 王瑞蓀·宋美琰·秦燕士 「談談社會主義社會的性質和特征」 『經濟硏究』, 1979年 10期, 23~25면.

40) 駱耕漠 『從資本主義到共産主義的三個過渡問題』, 人民出版社 1980.

41) 中村平八, 앞의 책 221~222면에서 재인용.

42) 맑스와 레닌의 과도기 용법의 이중성에 대해서는 江副敏生, 앞의 책 25~40면; 趙培星 『社會主義論』, 北京人民出版社 1988, 1~20면 참조.

43) 高放 編 『社會主義大辭典』, 河南人民出版社 1988, 74면.

44) 『中國共産黨第11屆中央委員會3次全體會議公報』, 人民日報出版社 1978, 13면

45) 韓俊清 「列寧的帝國主義論與當代資本主義」, 『遼寧大學學報』 1989年 5期, 72면.

46) 韓寶淸 「對資本主義的再認識」, 『遼寧大學學報』 1989年 3期, 72면.

47) 阿居韓 「國家壟斷資本主義是資本主義發展的最後和最長歷史階段」, 『世界經濟』 1988年 11期, 9면.

48) 黃蘇 「重新認識當代資本主義的歷史地位」, 『世界經濟』 1988年 11期, 6면.

49) 周揚 「關於馬克思主義的幾個理論問題的探討」, 『人民日報』 1983년 3월 26일자.

50) 于光遠 「發展作爲社會主義建設的科學的馬克思主義」, 『人民日報』 1983년 3월 14일자.

51) 蘇紹智 「在全面改革中發展馬克思主義」, 『文滙報』 1983년 3월 9일자.

52) 熊映梧 「用發展觀點硏究資本論」, 『중소연구』 20호, 1983년 겨울호, 267~77면.

53) 張薰華 『資本論脈絡』, 復旦大學出版社 1987, 48면; 신민주주의혁명 시기 류 샤오 치는 신민주주의 신질서를 공고히하는 데에는 '붉은 자본가' '착취유공론' 등도 마땅히 필요하다고 주장한 바 있다. 그는 이것 때문에 비판받았으나 이후 이러한 유연한 이론이 당시의 실제에 부합하는 것이라는 평가를 얻기도 했다.

54) Richard Baum, "China in 1984: The Greeting of the Revolution," *Asian Survey*, Vol. xxvi, No. 1, June 1986, 38면.

55) 「理論與實踐」, 『人民日報』 1984년 12월 7일자. 이례적인 이 글에 대해 서구의 평론가들은 중국이 맑스주의를 거부하고 있다고 추론하였다. 이러한 논란의 와중에서 '맑스와 레닌의 저작은 우리가 직면한 모든 문제를 해결하도록 요구할 수 없다(不能要求馬克思·列寧當時的著作解決我們當前所有的問題)'고 수정하였다(『人民日報』 海外版 1984년 12월 8일자). 그리고 10월 21일에는 「다시 이론과 실천을 논함」이라는 사설을 실었다. 12월 7일자 『人民日報』 평론원 사설을 두고 외부관찰자들 사이에서 이 문제를 지나치게 예민하게 받아들일 뿐 아니라, 문제를 확대해석하였기 때문에, 중국공산당이 당기관지를 통해 이 논의가 맑스주의 자체에 대한 공격으로 전화하지 않도록 하기 위한 것이었다. 그러나 맑스주의에 대한 인식의 전환을 여전히 요구하였다. 실제 12월 7일자 사설에 대해 AP통신은 '중국공산당이 맑스주의는 현재로

서는 이미 운명을 다한 것'이라고 규정하고, UPI통신 등도 '후 야오빵은 맑스주의에 대한 공격을 비준했다'는 제목의 평론을 게재하는 등 국제적 반향을 일으켰다. 1986년 4월 쟈오 쯔양도 맑스의 정치경제학은 사회주의의 '모든 문제(所有問題)'를 해결할 수 없다고 주장했다. 이에 대한 간략한 해설은 段若非 「論堅持和發展馬克思主義」, 當代思潮雜誌社 編 『社會主義若干問題講座』, 紅旗出版社 1991, 280~81면 참조.

56) 「再談理論與實踐」, 『人民日報』 1984년 12월 21일자.

57) *The Christian Science Monitor*, 1985년 4월 17일자.

58) 「如何把部工作做得更好些」, 『紅旗』 1985年 3期, 4면.

59) 吳安家 「中共意識形態的變遷與持續」, 國立政治大學博士論文 1985, 70면; 胡繩 「馬克思主義和中國國情」, 『紅旗』 1983年 6期, 21면.

60) 이 글에서 사용하는 사회주의 개념은 공산주의 1단계를 지칭하는 것이며 별다른 설명이 없는 한 공산주의의 개념은 협의의 공산주의 개념으로 사용하였다.

61) 1844년 맑스는 사회주의를 프롤레타리아 계급운동의 성격과 최종목적으로 표현했다. 그는 1844년 7월 31일에 쓴 「프러시아인의 프러시아 국왕과 사회개혁을 평함」에서 사회주의의 개념을 사용했다. 그는 "독일의 프롤레타리아계급은 비범한 사회주의의 천부를 지니고 있다. (…) 리옹의 노동자들은 자신들이 추구하는 것은 오직 정치적 목적이며, 자신들은 공화국의 전사라고 생각했다. 그러나 그들은 실제로는 도리어 사회주의의 전사였다. (…) 사회주의는 혁명 없이는 불가능하다." 馬克思 「評普魯士人的普魯士國王和社會改革」, 『馬克思恩格斯選集』 1卷, 人民出版社 1971, 484, 486, 488면.

62) 永安幸正 「社會主義論の歷史と課題: その原形の物語るもの」, 『社會科學討究』 36卷 1號, 1990, 174~75면.

63) 馬克思 「高達綱領批判」, 『馬克思恩格斯選集』 3卷, 人民出版社 1972, 25면.

64) 위의 글 12면.

65) Joseph.V.Stalin, "Dialectical and Historical Materialism," B. Franklin, *The Essential Stalin*, Croom Helm 1973, 300면; 그리고 사회주의 초급단계론의 대체적

264

인 견해도 이와 같다. 陳力, 앞의 책 30면.

66) 永安幸正, 앞의 글 180면.

67) 馬克思「1848年至1950年的法蘭西階級鬪爭」,『馬克思恩格斯選集』1卷, 479~80면.

68)「馬克思致約瑟夫·魏德邁」,『馬克思恩格斯選集』28卷, 503~10면.

69) 中村平八, 앞의 책 190면의 도표정리.

70) 馬克思「高達綱領批判」, 12면.

71) 段若非「과학으로서의 사회주의이론과 중국에서의 사회주의」, 강인덕 편『개혁과 개방: 중국주요논문선집』, 극동문제연구소 1988, 60~65면.

72) 薛漢偉, 앞의 책 1987, 7면.

73) 馬克思 恩格斯「德意志意識形態」,『馬克思恩格斯選集』3卷, 人民出版社 1972, 401면.

74) 중국어 번역본은 하설(學說)로 번역되어 있으나, 교의(敎儀)로 보는 것이 원의에 가까워 보인다.

75) 恩格斯「共産主義者和卡爾·海因岑」,『馬克思恩格斯選集』4卷, 311~12면.

76) 薛漢偉, 앞의 책 8면.

77) 陳力, 앞의 책 10면.

78) 張武谷「在改革大潮中的反思: 馬克思社會主義異論與當代社會主義實踐」,『求是』, 1988年 4期, 19~25면.

79) 列寧「國家和革命」,『列寧選集』3卷, 人民出版社 1960, 250~51, 255면 등.

80) 위의 글 200면.

81) 같은 곳.

82) 列寧「無産階級專政時期的經濟和政治」,『列寧全集』30卷, 89면.

83) 列寧「蘇維埃政權的當前任務」,『列寧全集』27卷, 216~55면.

84) 列寧「向匈牙利工人致敬」,『列寧全集』29卷, 350~55면; 흐루시초프가 이끄는 소련공산당은 이 문헌을 새로운 사회주의관의 근거로 삼았다.

85) 列寧「國家和革命」, 265면.

86)「論左派幼稚性和小資産階級性」,『列寧選集』3卷, 546면.

87) 중국의 개혁론자들은 레닌이 정신노동과 육체노동의 대립은 생산수단을 공유화
    하고 생산력을 발전시켜 해소해야 한다고 주장한 것을 높이 평가하면서도 레닌의
    생산력 발전의 구체적인 경로가 없다는 것을 한계로 지적하였다. 陳力, 앞의 책
    20~21면.

88) 列寧, 「國家和革命」, 255면.

89) 「中國共産黨章程」, 『紅旗』 1987年 21期.

90) 서진영 「사회주의 초급단계론과 중국적 사회주의」, 『국제정치논총』 1989년 2호,
    286면.

91) 江副敏生, 앞의 책 44~49면.

92) 丁雲本·周羅庚·葉慶豊 『社會主義集權政權的形成與演變』, 北京春秋出版社 1988,
    66~70면.

93) 陳力, 앞의 책 23~25면.

94) 春陽 「社會主義階段是 '過渡階段' 嗎」, 『北京大學學報』 1987年 4期 참조.

95) 斯大林 『斯大林選集』下卷, 308면.

96) 春陽, 앞의 글 65면.

제4장 개혁개방의 논리

1) 汪暉 「當代中國的思想狀況與現代性問題」, 『文藝爭鳴』 1998年 6期, 10면.

2) 떵이론 연구방법은 그의 이론을 현대화론으로 간주하는 현대화이론법, 외국의 비
   맑스주의 연구자들이 맑스에 대한 독자적인 이해에 기초하여 떵이론 체계를 연구
   하는 맑스주의 개념 연구법, 1980년대 이후 해외 중국연구자들이 주로 이용한 비교
   연구법, 현지조사법, 중국사와 문화연구방법 등이 있다. 馬啓民 『國外鄧小平理論硏
   究評析』, 高等敎育出版社 2002, 313~23면.

3) X.L. Ding, *The Decline of Communism in China: Legitimacy Crisis 1977~1989*,
   Cambridge Univ. Press 1994.

4) Shaohua Hu, *Explaining Chinese Democratization*, Praeger 2000, 132면.

5) Zhaohui Hong & Yi Sun, "In Search of Re-ideologization and Social Order," Andrew J. Nathan, Zhaohui Hong, Steven R. Smith eds., *Dilemmas of Reform in Jiang Zemin's China*, Lynne Rienner Publishers 1999, 34면.

6) 「太行區的經濟建設」, 『鄧小平文選 1卷』, 上海人民出版社 1994, 77~85면.

7) Maria Hsia Chang, *Return of the Dragon: China's Wounded Nationalism*, Westview 2001, 153면.

8) 「在慶祝中國共産黨成立七十周年大會上的講話」, 『十三以來重要文獻選編』(下), 北京人民出版社 1993, 1634~35면.

9) 「신민주주의론」, 『모택동선집』I, 전인출판사 1989, 381~82면.

10) Arif Dirlik, "Postsocialism? Reflections on 'Socialism with Chinese Characteristics," Arif Dirlik and Maurice Meisner eds., *Marxism and the Chinese Experience*, M. E. Sharpe 1989, 372~73면.

11) 「馬列主義要與中國的實際狀況相結合」, 『鄧小平文選』1卷, 257~60면; 「今後的主要任務是搞建設」, 『鄧小平文選』1卷, 261면.

12) 李德彬 『중화인민공화국경제사』(윤정분·양필승 옮김), 교보문고 1997, 49~62면.

13) 「怎樣恢復農業生産」, 『鄧小平文選』1卷, 323면.

14) 聶錦芳·劉秀萍 『超越 后發展 困境』, 北京大學出版社 2002, 25면에서 재인용.

15) 段治文 『中國社會主義進程史論』, 浙江大學出版社 2002, 129면.

16) 吳冷西 『憶毛主席』, 新華出版社 1995, 52면.

17) 「關於發展工業的幾点意見」, 『鄧小平文選』2卷, 人民出版社 1993, 28~31면.

18) 이러한 정책 때문에 신마오주의자들과 저우 언라이 사이에 1973년 「통일계획의 견지와 경제관리 기능에 대해」 문건의 철회, 1975년 3월 「부르주아계급에 대한 전면적인 독재에 관해」를 둘러싼 노선투쟁 등이 전개되었다. 天兒慧 『중화인민공화국 50년사』(임상범 옮김), 일조각 2003, 119~20면.

19) 「加强黨的領導, 整頓黨的作風」, 『鄧小平文選』2卷, 12면.

20) 마오와 떵의 사상적 연관에 관한 중국 외부의 논쟁과 경과에 대해서는 馬啓民, 앞

의 책 280~95면.

21) 당시 권력은 신마오주의자 그룹인 화 꿔펑파, 고급간부 출신이 중심이 된 예 젠잉파, 실용주의그룹인 떵 샤오핑파로 나뉘어 있었다. Richard D. Nethercut, "Leadership in China: Rivalry, Reform, and Renewal," *Problems of Communism*, Mar-April 1993, 30면.

22) 「完整地准確地理解毛澤東思想」, 『鄧小平文選』 2卷, 42면; 물론 이것은 완전히 새로운 것은 아니었다. 1975년 떵이 두번째 권력에 복귀할 때에도 이러한 주장을 했다. 다만 차이가 있다면, '과학적 체계'를 강조하면서 의도적인 마오 왜곡을 시정하려고 했다는 점이다. Yan Sun, *The Chinese Reassessment of Socialism 1976~1992*, Princeton Univ. Press 1995, 24~25면.

23) 「兩個凡是不符合馬克思主義」, 『鄧小平文選』 2卷, 152면.

24) 「關於科學和發教育工作的幾点意見」, 『鄧小平文選』 2卷, 48~58면.

25) 위의 글 50~51면.

26) 「軍隊要把教育訓練提高到戰略地位」, 『鄧小平文選』 2卷, 59~65면.

27) 『光明日報』 1978년 5월 11일자.

28) 이 논의를 둘러싼 토론을 정리한 것으로 안치영 「중국 개혁개방 정치체제의 형성」, 서울대 정치학과 박사학위논문 2003, 142~58면 참조.

29) 「高擧毛澤東思想旗幟, 堅持實事求是的原則」, 『鄧小平文選』 2卷, 128면.

30) 「解放思想, 實事求是, 團結一致向前看」, 『鄧小平文選』 2卷, 128면.

31) 위의 글 140~53면.

32) 「在中國文學藝術工作者第四次代表大會上的祝詞」, 『鄧小平文選』 2卷, 209면.

33) Marc Blecher, *China Against the Tides*, Pinter 1997, 91면.

34) "Senior Cadres Appraisal of Mao Zedong," *Issue and Studies*, Vol. 16, No. 5, May 1980, 77면.

35) 이 과정에서 떵의 역할은 매우 중요했다. 왜냐하면 개혁의 속도와 폭 조절이 개혁 자체의 성패를 좌우하는 것이었기 때문이다. 이를 위해 개혁이데올로기의 확정→지도부해체→화 꿔펑의 축출이라는 과정을 원만하게 이루었고 무엇보다 개혁 자체

를 세력화하고 이를 대중과 일반관료에 관철시켰다. 이것은 개혁이데올로기의 제도화라는 측면에서 중요한 의미를 지닌다.

36) 린 이푸 외『중국의 기적』(한동훈 옮김), 백산서당 1996, 129면.

37) 『紅旗』 1987年 7期.

38) 「堅持四項基本原則」, 『鄧小平文選』 2卷, 163~78면.

39) 「社會主義首先發展生産力」, 『鄧小平文選』 2卷, 313면.

40) 이런 점은 마오에 대한 떵의 비판을 '정치적 수사가 아니라 진심이다'라고 보는 시각과는 다르다. 마오와 떵의 단절론에 대해서는 竹內 實「鄧小平是中國歷史第四位偉人」, 『國外中共黨史研究動態』 1995年 1期, 7면; Tang Tsou는 떵체제가 급진적 변화를 피하였고 사상해방에도 불구하고 이념적으로 4개 기본원칙의 제약을 받았다는 점에서 중간경로(middle course)의 변화를 채택한 것으로 평가하였다. Tang Tsou, *The Cultural Revolution and Post-Mao Reforms: A Historical Perspective*, Univ. of Chicago Press 1986, 251~58면.

41) 「堅持四項基本原則」, 『鄧小平文選』 2卷, 163~64면. 이러한 인식은 13전대회 보고의 현실인식과 일치한다. 첫째, 1987년 당시 중국경제는 일부 채집경제에 기초한 원시생산력을 논외로 하더라도, 수공업에 기초한 수공업 생산력, 기계제 생산력, 전자기술에 기초한 현대적 생산력이 병존하는 3원 구조였다. 이 중에서 수공업 생산력이 지배적 지위를 차지하고 있었다. 둘째, 1987년 당시 중국의 국민총생산은 세계 8위권이었으나 1인당 국민총생산은 310달러로 세계 100위권 밖이었다. 셋째, 봉쇄체제에도 불구하고 중국의 사회생산력 발전은 빨랐지만, 서방 선진국과는 매우 다른 역사적 단계에 놓여 있었다. 즉 서방은 이미 산업화 이후단계로 진입했으나 중국은 여전히 산업화를 필요로 하는 단계에 있었다. 趙紫陽「沿着有中國特色的社會主義道路前進」, 『十三大以來重要文獻選編』(上), 人民出版社 1991, 10면.

42) Maria Hsia Chang, 앞의 책 155면.

43) Ding Yijiang, *Chinese Democracy after Tiananmen*, UBC Press 2001, 120~21면.

44) 「一切從社會主義初級階段的實際出發」, 『鄧小平文選』 3卷, 人民出版社 1993,

251~52면.

45) 田克勤 『鄧小平理論槪論』, 北京高等敎育出版社 2002, 66면.

46) 邢賁思 『當代馬克思主義的新發展』, 人民出版社 2002, 207면.

47) 「중국공산당 중앙위원회, 성·시·자치구위원회, 지구위원회, 현위원회 위원들에게」, 『모택동서한선집』, 북경민족출판사 1984, 546~47면.

48) 石仲泉 「讀蘇聯政治經濟學(敎科書)的談話」, 龔育之·逄先知·石仲泉 編 『毛澤東的讀書生活』, 三聯書店 1986, 148~77면.

49) 魯振祥 「社會主義探索史上有價値的一頁」, 『黨的文獻』 2001年 4期.

50) 紅旗雜誌社圖書資料室 編 『社會主義初級階段文獻資料選編』, 北京書目文獻出版社 1989, 5면.

51) 과도기논쟁에 대한 정리는 이희옥 「현대중국의 이데올로기 수정연구」, 한국외국어대 박사학위논문 1993, 94~106면 참조.

52) 紅旗雜誌社圖書資料室 編, 앞의 책 5면.

53) 「解放思想, 實事求是, 團結一致向前看」, 152면.

54) 「堅持4項基本原則」, 163면.

55) 「目前的形勢和任務」, 『鄧小平文選』 2卷, 260면.

56) 葉劍英 「在慶祝中華人民共和國成立三十周年大 會上的講話」, 中共中央文獻硏究室 編 『三中全會以來重要文獻選編』(上), 人民出版社 1982, 220~221면.

57) 「中國共産黨中央委員會關於建國以來黨的若干歷史問題的籍決議」, 『3中全會以來重要文獻選編』(上), 838면.

58) 趙紫陽 「當前的經濟形勢和今後經濟建設的方針」, 『3中全會以來重要文獻選編』(下), 人民出版社 1982, 1040~41면.

59) 胡耀邦 「全面開創社會主義現代化建設的新局面」, 中共中央文獻硏究室編, 『十二大以來: 重要文獻選編』(上), 人民出版社 1986, 26면.

60) 趙紫陽 「政府工作報告」, 『十二大以來』(上), 327면.

61) 「中國共産黨章程」, 『十二大以來』(上), 64면.

62) 「趙紫陽同志會見新西蘭工黨領袖朗伊時的談話」, 『人民日報』 1984년 2월 17일자.

63) 「鄧小平同志會見第二次中日民間人士會議日方委員會代表團時的談話」, 『人民日報』 1984년 7월 1일자.

64) 「中共中央關於經濟體制改革的決定」, 『十二大以來』(中), 人民出版社 1986, 558~87면.

65) 「加强四項基本原則的敎育, 堅持改革開放的政策」, 『建設有中國特色的社會主義』, 香港三聯書店 1987, 159~60면.

66) 「鄧小平同志會見西班牙工人社會黨副總書記格拉時的談話」, 『人民日報』 1987년 5월 1일자.

67) 「趙紫陽在宣傳·理論·新聞·黨校幹部會議上的談話」, 『人民日報』 1987년 7월 10일자.

68) 「中共中央關于社會主義精神文明建設指導方針的決議」, 『紅旗』 1986年 19期, 2~9면.

69) 「社會主義必須擺脫貧窮」, 『鄧小平文選』 3卷, 225면.

70) 聶錦芳·劉秀萍 『超越'后發展'困境』, 30면에서 재인용.

71) 「沿着有中國特色的社會主義道路前進」, 4~61면; 16대 이후 중국특색을 지닌 사회주의(有中國特色的社會主義)를 중국특색사회주의(中國特色社會主義)로 고쳐 불렀는데, 이 변화를 리 쭝제는 중국사회주의가 발전단계에서 성숙단계로 접어드는 징후로 보았다. http://www.people.com/GB/shizheng(검색일: 2002년 11월 15일).

72) 「趙紫陽同志在歡迎卡達爾宴會上的談話」, 『人民日報』 1987년 11월 4일자.

73) 「沿着有中國特色的社會主義道路前進」, 5면.

74) 江波 兪馬 「我國社會主義初級階段的經濟與政治」, 『馬克思主義硏究』 1987年 4期, 6면; 胡福明 「對我國社會主義的初級階段的幾点認識」, 『南京大學學報』 1987年 4期, 1~6면.

75) 중국의 개혁개방론자들은 고전맑스주의의 사회주의관이 '완전히 명료하지 않은 것' 때문이라고 밝히면서 중국적 사회주의 본질론이 변할 수밖에 없다는 점을 지적하기도 했다. 薛漢偉 『時代發展與中國特色』, 北京大學出版社 1996, 154~155면. 밀리반드도 맑스주의의 정의가 모호하고 주요한 맑스 이론가들이 정치적 논문을 쓰지 않았기 때문에 사회주의 정치연구, 특히 맑스주의 정치연구가 어렵다고 밝혔다.

Ralph Miliband, *Marxism and Politics*, Oxford Univ. Press 1977, 1~2면.

76) 薛漢偉, 앞의 책 168~70면.

77) 陳力, 앞의 책 20면.

78) 列寧「關於星期六義務勞動」,『列寧全集』30卷, 人民出版社 1984, 252~53면.

79) 列寧「從破壞歷來的舊制度到創造新制度」,『列寧選集』4卷, 人民出版社 1972, 175~76면.

80) 陳力, 앞의 책 21면.

81) 于光遠『中國社會主義初級階段的經濟』, 中國財政經濟出版社 1988, 66~67면.

82) 위의 책 55~62면.

83) 陳力「試論社會主義社會的階段劃分」,『社會科學』(四川) 1987年 1期, 101~104면.

84) 蘇紹智·王逸舟「對社會主義再認識」,『中國大陸』1987年 11月, 74~78면.

85) 陳力, 앞의 글 102~103면.

86) 떵 샤오핑노선의 이러한 측면에 대한 비판으로 半澤 貫『鄧小平の中國』, 東京こぶし書房 1984 참조. 그러나 스딸린적 편향을 인정하면서도 스딸린의 '사회주의공식'은 전면적으로 부정할 수 없다고 주장하는 중국 내의 견해는 春陽, 앞의 글 63~65면. 또는 張輝美「社會主義社會是一個獨立的社會形態」,『湖南師大學報』1988年 6期 참조.

87)「沿着有中國特色的社會主義道路前進」, 6면.

88) 趙紫陽「正確地認識國情是建設有中國特色的社會主義的出發點」,『鄧小平文選中的哲學思想』, 北京廣播出版社 1984, 38면.

89) 이러한 특징을 '二多一少三不'로 요약할 수 있다. 王文承「社會主義初級階段的含義, 特征和歷史地位」,『社會科學』(四川) 1987年 6期, 5~6면.

90)「沿着有中國特色的社會主義道路前進」, 8면.

91) 이러한 견해에 대해서는 馬洪『社會主義商品經濟論』(정광수 옮김), 과학과사상 1990 참조.

92)「沿着有中國特色的社會主義道路前進」, 6~7면.

93) A. Morozov 외「중국사회주의 초급단계론」, 한국사회연구소 엮음『오늘의 정치

경제학』, 만인사 1989, 49~52면

94) 위의 글 99면.

95) 馬集(整理)「社會主義初級階段理論與馬克思主義的發展」, 『中國社會科學』 1988年 11 期, 39면.

96) 『中共中央關經濟體制改革的發展』, 人民出版社 1984, 17면.

97) 薛漢偉, 앞의 책 157면.

98) 「計劃和市場都是發展生産力的方法」, 『鄧小平文選』 3卷, 203면.

99) Zheng Yongnian, *Discovering Chinese Nationalism in China*, Cambridge Univ. Press 2000, 216면.

100) 馬洪(정광수 옮김), 앞의 책 273면.

101) 위의 책 276면.

102) 「在慶祝中國共産黨成立七十周年大會上的講話」, 『十二大以來重要文獻選編』(下), 1638면.

103) 「中共中央關於社會主義精神文明建設指導方針的決議」, 『十二大以來重要文獻選編』 (上), 1174면; 「在慶祝中國共産黨成立七十周年大會上的講話」, 1641면.

104) 물론 사회주의 정신문명 캠페인을 통해 사회주의적 접근을 강조하기는 했으나, 이 캠페인의 목표는 새로운 사회주의적 발전패러다임을 만들기 위한 것이 아니라 경제 발전에 대한 패러다임을 확보하고 공고히 하는 것이었다. Arif Dirlik, "Revolutionary Hegemony and the Language of Revolution: Chinese Socialism between Present and Future," Arif Dirlik and Maurice Meisner eds., 앞의 책 36면.

105) 「旗幟鮮明地反對資産階級自由化」, 『鄧小平文選』 3卷, 196~97면.

106) 「排除干擾, 繼續前進」, 『鄧小平文選』 3卷, 200면; Maria Hsia Chang, 앞의 책 163~65면.

107) 스딸린 『사적유물론과 변증법적 유물론』(정성균 옮김), 두레 1991, 66~72면.

108) 王師勤「關於跨越資本主義'卡夫丁'峽谷的啓示」, 『社會科學』(上海) 1988年 5期, 10면.

109) 田鵬穎「馬克思歷史決定論的沈思」, 『社會科學』 1991年 3期, 3면.

110) 馬克思「給維・伊・查蘇利奇的復信草稿」, 『馬克思恩格斯全集』19卷, 432, 443~44, 450면.

111) 馬克思「政治經濟學批判序文」, 『馬克思恩格斯全集』13卷, 7~11면.

112) 馬克思 『馬克思恩格斯全集』46卷(上), 人民出版社 1979, 104면.

113) 『馬克思恩格斯全集』46卷(上), 111면.

114) 위의 책 104면.

115) 張凌雲「試論社會主義初級階段的理論根據」, 『社會科學』(上海) 1988年 3期, 6면.

116) 맑스의 3대사회형태론을 시기적으로 구분하여 체계적으로 정리한 것으로 趙家祥 『馬克思主義的社會形態理論簡論』, 北京大學出版社 1984.

117) 王東 外, 앞의 책 222면; 張凌雲, 앞의 글 7면 등을 참고하여 재구성.

118) 陳爲群「論馬克思恩格斯的共産主義發展階段學說的形成」, 『馬克思主義研究』1989年 3期 참조.

119) 段若非「堅持和發展馬克思主義」, 袁木 編 『社會主義若干問題』, 紅旗出版社 1990, 186면.

120) 陳榮富「論我國社會主義所處的歷史方位」, 『馬克思主義研究』1989年 2期, 26~42면.

121) 사회형태란 경제적 토대와 상부구조의 통일이고 경제적 토대는 일정한 생산력 수준에 상호적응하는 생산관계의 총화이다. 許滌新 『政治經濟學辭典』, 人民出版社 1980, 71면.

122) 陳榮富, 앞의 글 30면.

123) 謝立中 『社會發展二重奏』, 河北人民出版社 1987, 62면.

124) 위의 책 116면.

125) 王金華「社會主義國家超越階段錯誤發生原因探討」, 『馬克思主義研究』1989年 2期.

126) 儲小平「馬克思的東方社會理論」, 『中國社會科學』1989年 6期, 100면.

127) 이것이 1938년 소련 당사에서 수용되는 과정은 당시 중국혁명을 둘러싼 코민테른의 노선투쟁에서 비롯된 것이다. 즉 뜨로쯔끼의 프롤레타리아 혁명론에 대하여 중국혁명을 부르주아혁명의 단계로 규정한 스딸린의 노선을 정당화하기 위하여 중

국사회를 아시아적 생산양식의 특수성이 아닌 봉건제의 아시아적 변형이라는 측면에서 찾았다. 이것은 맑스와 엥겔스가 아시아사회의 특수한 발전경로를 추적하면서 제시한 아시아적 생산양식을 폐기하는 것이었다(임지현 「맑스의 후기사상과 유물사관」, 『역사학보』 126호, 1990, 166면). 5단계론을 인정하는 중국이론가의 반론의 요지는 맑스-엥겔스가 1870년대 말에서 80년대에 완성한 역사적 유추에 근거하고 있다. 즉 「도이치 이데올로기」 「공산당선언」 「자본주의 생산 이전의 각종형식」 「정치경제학비판서문」 『자본론』 『반뒤링론』 「가족, 사유재산과 국가의 기원」 등 맑스-엥겔스의 일련의 대표적인 저작에 이러한 논의가 관철되어 있다고 보았다. 나아가 레닌의 여러 저작에서 5단계론은 낮은 단계에서 높은 단계로 순차적으로 교체되는 이론이라고 논술한 것을 주목하였다. 따라서 스딸린이 1938년 「변증법적 유물론과 역사적 유물론」에서 정식화한 것은 맑스-엥겔스와 레닌의 사상을 다시 제기한 것에 불과하기 때문에 맑스-엥겔스가 발견한 5단계론을 스딸린이 처음 만든 것으로 보고 이 이론을 부정하는 것은 불합리한 것이라고 비판했다. 그 논거는 다음과 같다. "① 인류 원시사회는 일련의 발전단계를 거쳐 최후 시기로 진입하는데 아시아적 꼬뮌과 고대 그리스-로마의 꼬뮌은 게르만적인 것과 같이 모두 인류 원시사회 최후의 단계로, 원생형태에서 차생형태로, 공유제에서 사유제로, 무산계급에서 계급사회로 넘어가는 과도단계이다. 따라서 인류역사의 제1단계는 당연히 전체 원시사회이다. 이 사상에 근거하여 1859년 「정치경제학비판서문」의 사회형태 발전순서를 수정해야 하고 '아시아적 생산양식'의 위치를 원시사회로 대체해야 한다. ② 아시아적 생산양식 혹은 유럽꼬뮌, 인도꼬뮌 등은 게르만의 마르크꼬뮌과 같이 비록 중세에 보편적으로 존재했고 심지어 18~19세기에도 존재했으나 이것은 단지 고대꼬뮌의 흔적일 뿐 유럽사회와 다른 독립적, 지역적, 특수한 사회형태는 아니다. ③ 인류역사는 노예제-봉건제-자본주의라는 3대 노역(奴役)형식을 거쳐왔다. 이 3대 형식 이전은 원시사회이고, 자본주의가 멸망한 이후는 공산주의사회(그 1단계는 사회주의사회)이다. 이러한 인류역사는 원시사회-노예사회-봉건사회-자본주의사회-공산주의사회라는 다섯 종류의 사회구성을 거치는 것이다(趙家祥 『馬克思主義的社會形態理論簡論』, 北京大學出版社 1984, 80, 91면). 30년대의 이러한 논쟁의 성격에 대한 간략한 정리와 평가에 대해서는 中共上海市委黨史資料征集委員會 編 『三十年代中國社會性質論戰』, 知識出版社 1986, 49~53면 참조.

128) 이런 논자들은 대체로 「독일 이데올로기」를 근거로 맑스와 엥겔스는 5단계론을 제기한 바 없다고 주장하고 「경제학수고」에 기초해 3대 사회형태론 사상을 유추할 수 있다고 주장했다. 段忠橋 「歷史發展五形態論」, 『中國人民大學學報』 1993年 4期, 58~63면.

129) 羅榮渠 『現代化新論』, 北京大學出版社 1995, 8~24면.

130) 吳兆雪·楊耕 「馬克思的社會發展理論研究述評」, 『中國社會科學』 1996年 1期, 4~12면. 아시아적 생산양식이 주로 동방사회의 특징을 밝힌 것이라면 '카후딘협곡' 초월론은 동방사회 발전경로의 문제이다.

131) 景中强 「馬克思晚年的社會主義理論及其當代形式」, 『學習論壇』(鄭州) 1995年 3期, 20~21면.

132) 顧海良 『馬克思 '不惑之年'的思考』, 中國人民大學出版社 1993, 148면.

133) 『馬克思恩格斯全集』 19卷, 131면.

134) 張奎良 「馬克思的晚東方社會理論」, 『中國社會科學』 1992年 2期, 32면.

135) 「德意志意識形態」, 『馬克思恩格斯選集』 1卷, 26면.

136) 張奎良 「馬克思的東方社會學說與中國的社會主義初級階段理論」, 『上海社會科學』 1989年 3期, 4면.

137) 張奎良 「馬克思的東方社會理論」, 35면; 張凌雲 「馬克思亞細亞的生産方式理論: 研究過程與邏輯敍述: 兼評五形態論理論框內的學說」, 『學術季刊』 1992年 4期, 72면.

138) 張奎良 「馬克思的東方社會學說與中國的社會主義初級階段理論」, 4면.

139) 「不列顚在印度統治的未來結果」, 『馬克思恩格斯選集』 2卷, 67, 70면.

140) 중국 내 맑스의 초월론에 대한 견해는 세 가지 유형으로 구분할 수 있다. ① 맑스의 초월 구상은 하나의 가설일 뿐 과학적인 결론이 아니다. 맑스의 유일한 결론은 러시아 토지공유제가 공산주의 발전의 기점이 된다는 것이기 때문이다. ② 맑스의 초월론은 특정한 역사적 조건과 특정한 국가에서 발생할 수 있는 현상일 뿐 어떠한 조건, 어떠한 국가에서나 만들어질 수 있는 것은 아니다. ③ 맑스의 초월 구상은 제

기한 것은 많았지만 문제를 최종적으로 해결한 것은 아니며 동방사회 발전경로를 연구하는 방법론일 뿐이다. 吳兆雪·楊耕, 앞의 글 12~14면.

141) 이 논리에 대해 중국의 이론가들은 농노제 종법의존관계가 자본주의의 고용노동 형식으로 대체될 것이며, 그것은 러시아가 자본주의로 전개된다는 의미라고 해석하면서 맑스사상의 한계를 지적하기도 했다. 「俄國利用奧地利-華沙會議」, 『馬克思恩格斯全集』19卷, 194면.

142) 당시 맑스는 독일과 미국에서 일어난 경제위기를 크게 주목하고 이 위기의 성격을 분석하는 한편 당시의 국제정세와 세계혁명 전반에 대해 낙관적으로 판단하고 있었다. 1875년 6월 18일 라프로프에게 보낸 편지에서 "총위기의 주기가 단축되고 있다. 나는 이러한 시간이 불변적인 것이 아니라 점차 단축될 것이라고 생각해왔다. 특히 기뻐할 수 있는 일은 이러한 시간의 단축이 명확하게 드러나기 시작했다는 점이다. 이것은 부르주아계급 세계의 불길한 징조이다"라고 표명하기도 했다. 『馬克思恩格斯全集』34卷, 139면.

143) 江丹林 「社會形態演進規律和東方社會發展道路」 『哲學硏究』1988年 9期, 9~10면.

144) 「給祖國紀事編輯部的信」, 『馬克思恩格斯全集』19卷, 130면.

145) 「給維·伊·查蘇利奇的信」, 『馬克思恩格斯全集』19卷, 268면.

146) 이것이 곧바로 맑스가 자본주의의 역사적 지위 자체를 부정했다는 것을 의미하지는 않는다. 맑스는 자본주의 기원의 보편적인 의의만을 부정했을 뿐이다. "러시아의 농촌꼬뮌 고유의 이중성 때문에 꼬뮌이 해체되고 자본주의제도로 들어갈(陷入) 가능성이 배제될 수 있다. 만약 러시아가 계속 1861년에 시작한 길을 걷는다면, 자본주의제도가 지닌 모든 극단적인 불행을 맞게 될 것이다"라는 언급을 보면 맑스가 러시아사회의 자본주의 발전 가능성을 충분히 고려했음을 알 수 있다.

147) 그러나 자본주의 초월과 관련해 '자본주의'를 해석하는 두 가지 견해가 있다. 자본주의를 전체 시기로 보는 견해(대다수의 견해)와 자본주의 원시축적기로 제한하는 견해(「試論馬克思關於跳越資本主義卡夫丁峽谷設想的本義及思想價値」, 『天津社會科學』1991年 4期)이다. 그리고 전자의 신중한 견해와 후자의 낙관적 예측을 비판하면서 두 이론이 동일한 범주의 두 가지 서로 다른 시각이기 때문에 역사특수적 조

건에서 해석해야 한다고 강조하는 견해(趙立坤 「關於馬克思'跳越卡夫丁峽谷'新構想的思考」, 『求索』(長沙) 1993年 6期, 104~106면)도 있다.

148) 세계역사문제나 동방역사문제 모두 근원적으로는 사회발전경로의 문제이다. 이에 대한 중국이론계의 관점은 몇가지로 세분할 수 있다. 첫째, 사회발전경로에 관한 맑스의 사상은 하나의 단일노선에서 다양하게 발전하고, 유럽중심론에서 세계의 다양성으로 변모해가는 과정에 있다. 둘째, 초기에 맑스는 사회형태가 교체되는 보편적인 법칙에 주목했고 후기에는 동방사회의 특수성에 주목했기 때문에 초기이론을 '단선론', 후기이론을 '다선론'으로 등치하는 것은 옳지 않다. 셋째, 맑스의 아시아적 생산양식론에 근거하면 동서방은 '두개의 길(雙線)'로 발전한다. 아시아적 생산양식론은 동서방의 쌍선발전의 기점인 동시에 서양의 고대 생산양식, 봉건적 생산양식과 병행발전하는 동방전제제도의 기초이다. 넷째 맑스의 관점에 의하면 초기의 사회발전과정은 환경의 제약 때문에 단선적이었고 근대 이후에는 교류와 환경의 변화에 의해 다선적이었다. 단선론과 다선론은 하나의 형식과 구체적인 모델의 문제일 뿐 모두 생산력 발전에 근거하고 있다. 吳兆雪·楊耕, 앞의 글 14~16면.

149) 張奎良 「馬克思晩年的設想與鄧小平建設有中國特色社會主義理論」, 『中國社會科學』 1994年 6期; 張奎良 「馬克思晩年學說與鄧小平理論的重合点」, 『學習與探索』 1994年 3期.

150) 王師勤, 앞의 글 11면.

151) 張奎良 「馬克思的東方社會學說與中國的社會主義初級階段理論」, 6면.

제5장 '가난은 사회주의가 아니다'

1) 秦暉 「中國改革: 歷史與倫理的評價」, 『戰略與管理』 2000年 1期, 58~59면.

2) 이것을 '공유제와 사유제를 묻지 말자는 논의(不問姓公姓私論)'라고 불렀다. 馬立誠·凌志軍 『交鋒: 當代中國三次思想解放實錄』, 今日中國出版社 1998, 242~67면. 「三中全會社會主義所有制異論中的六大根本突破」, www.xinhuamet.com(검색일: 2003

년 10월 10일자).

3) 『中華人民共和國憲法』, 法律出版社 2004, 2~5면.

4) 楊繼繩 『鄧小平時代』(下), 中央編譯出版社 1999, 474~75면.

5) 賀曉林·劉遠達 「關於物價改革的思考」, 『瞭望』 1988년 6월 20일자. 이러한 추세로 1988년에는 소비자물가 상승률이 연간 18.5%를 기록했다(中國國家統計局 「1988年 國民經濟和社會發展統計公報」, 『人民日報』 1989년 3월 1일자). 정 쮜위안은 1983~1989년 매년 실질적인 통화팽창률이 30%를 초과하였으며, 식품가격은 40~50%를 상회하고 1988년에는 도시주민 1/3의 실질소득이 감소했다며 이것이 톈안먼사건의 경제적 배경이라고 주장했다(鄭竹園 『大陸政經巨變與中國前途』, 臺北 五南圖書出版公司 1992, 4면).

6) 쟈오 쯔양도 13기 3중전회에서 수많은 '대중은 개혁을 원한다, 대중은 물가상승, 분배의 불공정, 행정기구의 부패현상에 가장 불만을 품고 있다'고 지적했다. 『人民日報』 1988년 10월 28일자.

7) 朱慶芳 「1988年城市職工心態錄」, 『瞭望』 1989년 1월 9일자, 8~10면.

8) 「必須旗幟鮮明地反對動亂」, 『人民日報』 1989년 4월 26일자.

9) 國分良成 『中國政治と民主化』, サイマル出版社 1992, 219~20면.

10) 嚴家其·包遵信 「民主と法制の軌道のうえで當面の中國の問題を解決しよう-あわせ て李鵬に高げる書」, 矢吹晉 編譯 『チャイナ·クライシス重要文獻』 2卷, 蒼蒼社 1989, 210면.

11) 「中國共産黨第13屆中央委員會第4次全體會議公報」, 『人民日報』 1989년 6월 25일자.

12) 「只要社會主義才能發展中國」, 『人民日報』 1989년 7월 22일자.

13) 當代思潮雜誌社 編 『社會主義若干問題講座』, 紅旗出版社 1991. 여기에 실린 15편 의 글은 모두 이러한 논조를 갖고 있었다. 또한 당시 '사회주의인가 자본주의인가' 의 논의의 핵심을 이데올로기에 두지 않고 질서와 정치적 안정에 두었던 신보수주 의도 비슷한 맥락이다. 이에 대해서는 砂山幸雄 「現代中國の新保守主義」, 『日中經濟 協會報』 1992년 8월, 33~37면 참조.

14) 矢吹 晉 「ソ連八月革命の衝擊」, 『海外事情』 1991년 10월, 2~3면.

15) 『人民日報』1991년 4월 12일자.

16) 矢吹 晋, 앞의 글 3면.

17) 황푸 핑(皇甫平)은 중국공산당 샹하이시 위원회 선전부 집필팀의 필명으로 황푸(黃浦)강의 평론(評論)이라는 의미를 지니고 있다. 이것은 샹하이를 상징하는 '황푸'와 떵 샤오핑의 '핑'을 합성한 것이기도 하다. 황푸 핑의 논문이 떵 샤오핑의 의견을 수용한 쥬 룽지의 지시에 따른 것이라는 분석도 있다. 그리고 당시 『人民日報』가 보수파의 수중에 들어 있어 샹하이의 『解放日報』를 이용했다는 주장도 있다. 『讀賣新聞』1991년 7월 16일자.

18)「改革開放應有新思路」,『解放日報』1991년 3월 2일자.

19)「擴大開放的意識要更强些」,『解放日報』1992년 3월 22일자.

20) 何新「世界經濟形勢與中國經濟」,『人民日報』1990년 12월 11일자.

21) 이를 떵 샤오핑이 1960년 초기에 제출한 백묘흑묘론(白猫黑猫論: 검은 고양이든 흰 고양이든 쥐만 잘 잡으면 된다)의 실용주의노선에 빗대어 새로운 고양이론(新猫論)이라고 부르기도 한다.

22) 당시 국제관계를 보는 중국의 입장은 이른바 '24자 방침'에서 확인할 수 있다. 냉정하게 관찰하고 입장을 확고하게 견지하며, 신중하게 대처하고 때에 이르기 전까지 자기를 노출하지 않으며, 고지식하고 우둔함을 사용하고 자기가 먼저 나서지 않는다(冷靜觀察, 站穩脚跟, 沈着應付, 韜光養晦, 善於守拙, 絶不當頭)는 것이다. 吳振强「シンガポールから評す: ソ連政變後, 中國の現實的對應と戰略的選擇」,『日中經濟協會報』1992년 8월, 39면.

23) 이에 대한 비판과정으로 劉炎「京滬等省市響應擴大開放」,『鏡報』1991年 5月, 24~27면.

24)「馬克思主義是指引我們勝利前進的强大思想武器」,『求是』1991年 12期, 7면.

25) 孟琳「胡喬木爲悍衛馬列搏鬪」,『鏡報』1991년 5월, 43면.

26) 伊達宗義「變革に直面する中國」,『報告』(海外事情 研究所) 26卷 1992年, 51면.

27) 인민일보의 신속한 보도태도에서 중국지도부가 고르바초프의 소련개혁을 보는 시각이 부정적이었으며 쿠데타를 심정적으로 지지하는 입장이라는 것을 엿볼 수

있다. 『人民日報』 1991년 8월 20일자.

28) 『人民日報』 1991년 8월 21일자.

29) 『人民日報』 1991년 8월 23일자.

30) 吳振强, 앞의 글 38~39면.

31) 中國靑年報思想理論部 「蘇聯政變以後, 中國的現實對應與戰略的選擇」, 『中國靑年報』 1991년 9월 9일자.

32) 陳野平 「德才兼備 以德爲主: 論選拔幹部的準備」, 『人民日報』 1991년 9월 1일자.

33) 『解放日報』 1991년 8월 31일자.

34) 『人民日報』 1991년 9월 7일자. 또는 孟琳, 앞의 글 43면.

35) 馬啓民 『國外鄧小平理論硏究評析』, 高等敎育出版社 2002, 123면.

36) Michael E. Marti, *China and the Legacy of Deng Xiaoping*, Brassey's Inc. 2002, 205-206면.

37) 긴축조정의 종료싯점을 11월에 개최된 중앙위원회 8중전회로 잡는 경우도 있으나, 그것은 중앙위원회의 보다 공식화된 싯점이다. 9월 공작회의와 8중전회의 성격이 큰 의미를 가지는 것은 아니다.

38) 渡邊利夫·小島朋之 『毛澤東と鄧小平』, NTT出版社 1994, 247면; 『十四大以來重要文獻選編』(上), 人民出版社 1993, 15면.

39) 「論聯合政府」, 『毛澤東選集』 3卷, 人民出版社 1991, 1079면.

40) 田克勤 『鄧小平理論槪論』, 北京高等敎育出版社 2002, 51면.

41) 당시 생산력 발전과 관련한 쟁점은 생산력 표준이 완고한 원칙인가 유연한 원칙인가, 근본적 표준인가 유일한 표준인가, 생산력 발전이 공산당 지배와 갈등할 가능성이 있는가 등이었다. 張向敏·宋光茂·鄭紅亮 外 編 『中國經濟大論戰』, 經濟管理出版社 1996, 25면.

42) 龔育之 『中國改革的理論之旗』, 河南人民出版社 2002, 209면.

43) 「在武昌, 深圳, 珠海, 上海等地的談話要點」, 『鄧小平文選』 3卷, 人民出版社 1993, 373면.

44) 맑스주의가 사라지고 그 자리에 강력한 관료적 국가통제를 지닌 자본주의가 들어

왔다. Michael E. Marti, 앞의 책 209면.

45)「中國要警惕右, 但主要是防止左. 右的東西有, 動亂就是左的」, 『鄧小平文選』3卷 25면.

46) 위의 글 27면.

47) 개혁개방노선은 마오 쩌뚱사상의 핵심을 대중노선에서 실사구시론으로 옮겼다.
이에 대해서는「關於建國以來黨的若干問題的決議」, 『紅旗』1981年 13期, 832~37면.

48)「更好地堅持以經濟建設中心」, 『人民日報』1992년 2월 22일자.

49) 方生「對外開放和利用資本主義」, 『人民日報』1992년 2월 23일자.

50)「改革的膽子再大一点」, 『人民日報』1992년 2월 24일자.

51) 『人民日報』1992년 3월 12일자.

52) 胡繩「資本主義和社會主義的關係」, 『人民日報』1992년 4월 10일자. 이 문건은「왜
중국은 자본주의의 길을 걸을 수 없는가」라는 자신의 논문을 새롭게 보완한 것이
다. 『人民日報』1987년 3월 5일자.

53)「在武昌, 深圳, 珠海, 上海等地的談話要點」, 370~83면.

54) 張向敏·宋光茂·鄭紅亮 外 編, 앞의 책 1면.

55)「在武昌, 深圳, 珠海, 上海等地的談話要點」, 373면.

56)「共産黨宣言」, 『馬克思恩格斯選集』1卷, 人民出版社 1972, 286면;「反杜林論」, 『馬
克思恩格斯選集』1卷, 676면.

57) 田克勤, 앞의 책 54면.

58)「對中國改革的兩種評價」, 『鄧小平文選』3卷, 139면.

59)「在武昌, 深圳, 珠海, 上海等地的談話要點」, 371면.

60) 田克勤, 앞의 책 55~56면.

61)「對中國改革的兩種評價」, 139면.

62) 마오 쩌뚱이 1958년 인민공사화 운동을 전개하면서 '공사'의 특징을 하나는 크고,
또하나는 공적이라고 말한 데서 연유한다. 즉 크다는 것은 공사의 규모가 크다는 것
이고 공적이라는 것은 생산수단의 공유제를 의미한다.

63)「在武昌, 深圳, 珠海, 上海等地的談話要點」, 382~83면.

64) Arif Dirlik, "Postsocialism? Reflections on Socialism with Chinese

Characteristics," Arif Dirlik and Maurice Meisner eds., *Marxism and the Chinese Experience*, M. E. Sharpe 1989, 363면.

65)「在武昌, 深圳, 珠海, 上海等地的談話要點」, 375면.

66) 실제 남순강화의 핵심 내용을 좌경방지라고 보고 이를 학습하자는 캠페인으로 확산시키려는 시도도 있었다. 中國社會科學出版社直屬編輯組編『要警惕右但主要是防止左』, 中國社會科學出版社 1992.

67)「在武昌, 深圳, 珠海, 上海等地的談話要點」, 378면.

68)「貫徹調整方針, 保證安定團結」,『鄧小平文選』2卷, 人民出版社 1993, 367면.

69)「在武昌, 深圳, 珠海, 上海等地的談話要點」, 379면.

70) Shaohua Hu, *Explaining Chinese Democratization*, Praeger 2000, 103면.

71) 이러한 견해는 맑스-레닌주의 학습에 대한 언급에서도 나타난다. "내가 공산주의에 입문할 수 있도록 해준 것은「공산당선언」,『공산주의 ABC』였다."「在武昌, 深圳, 珠海, 上海等地的談話要點」, 382면.

제6장 중국식 사회주의를 넘어

1) 신계몽주의자의 주장은 리 쩌허우의 입론과 대체로 유사하다. 李澤厚『中國現代思想史論』, 安徽文藝出版社 1991, 332~33면.

2) 물론 신계몽주의 내부의 분화도 있었다. '주향미래(走向未來)'파는 포퍼, 쿤, 라카토스의 영향 아래 과학정신과 과학사상을 강조하는 등 이성주의의 색채를 띠고 있었고, 이것은 근대성의 발전에 대한 방법론적 기초를 제공했다. '문화: 중국과 세계'파는 현상학, 해석학, 프랑크푸르트학파 등을 소개하면서 서방 현대화과정에서의 도구이성주의 경향에 대해 회의적인 태도를 지녔다. '중국문화서원'파는 논쟁의 주변에 있으면서 중국문화의 기초연구와 중서문화비교에 주력했다. 특히 이들은 해외 신유가의 영향으로 서방에 대한 맹목적인 믿음을 버리고 중국문화를 긍정적으로 이해하려고 노력했다.

3) 1990년대 분화과정은 許紀霖 「啓蒙的命運: 二十年來的中國思想界」, 『二十一世紀』 1998년 12월, 4~9면 참조.

4) Richard Baum, "China after Deng," *The China Quarterly*, No. 45, March 1996, 156, 161면.

5) Joseph Fewsmith, *China Since Tiananmen: The Politics of Transition*, Cambridge Univ. Press 2001, 80면.

6) 백원담 편역 『인문학의 위기』, 푸른숲 1999 참조.

7) 물론 '신좌파'의 설정에 문제가 있다. 대표적인 논자인 왕 후이조차도 "이른바 '신좌익'이 존재한다면, 그 대립은 '신우익'일 뿐, 어떤 자유주의가 아니다. 차이의 촛점은 자유주의가 아니라, 국내적 평등뿐 아니라 국제적 평등을 포괄하는 사회의 불평등과 사회적 불공평이다"라고 주장했다. www.chinabulletin.com/zs0003b China and the World(검색일: 2003년 2월 4일). 그럼에도 불구하고 '시장화' 논의 속에서 당대 중국의 심각한 사회적 불평등, 개혁에 따른 급격한 사회분화, 신자유주의를 비판하고 있다는 점에서 신좌파에 대한 일반의 위상설정이 크게 틀린 것은 아니다 (朱建榮 「中國 第三の革命」, 中央公論新社 2002). 자유주의자들은 신좌파의 대표적 논객으로 추이 즈위안, 깐 양, 왕 후이를 들고 있다. 徐友漁 「90年代新左派: 新左派的學風」, 公羊 主編 『思潮: 中國新左派及其影響』, 中國社會科學出版社 2003, 278~87면.

8) 任劍濤 「新左派的解讀」, 李世濤 『知識分子立場: 激進與保守之間的動湯』, 時代文藝出版社 2000, 191~214면.

9) 張法·張武·王一川 「從現代性到中華性」, 『文藝爭鳴』 1994年 2期.

10) 汪暉 「當代中國的思想狀況與現代性問題」, 『文藝爭鳴』, 17면; 시장의 광기(狂氣)와 관련하여 포스트모더니즘을 비판한 것으로 Xudong Zhang, "Postmodernism and Post-Socialist Society: Cultural Politics in China After the 'New Era'" New *Left Review*, No. 237, Sep-Oct 1999, 104~106면 참조.

11) 李民騏 「讀沃勒斯坦 '資本主義世界經濟'」, 公羊 主編, 앞의 책 89~109면; 陳燕谷 「從依附理論到全球體系」, 公羊 主編, 위의 책 51~88면.

12) 蕭功秦 「當代中國新保守主義的思想資源」, 『21世紀』, 1997년 4월, 135면.

13) 蕭功秦「中國社會思想的世紀末分化」,『天涯』2000年 2期, 34~37면.

14) 蕭功秦「新左派與 "當代中國知識分子的思想分化」, 公羊 主編, 앞의 책 406~407면.

15) 백승욱「신자유주의와 중국 지식인의 길 찾기」,『역사비평』2001년 여름호, 282면.

16) 汪暉, 앞의 글 15~16면.

17) 위의 글 18면.

18) 예컨대 공유제의 주체적 지위약화와 국유기업의 주식회사화를 우려한다. 이들은 효율적으로 운영되기만 한다면 국유기업에서 이윤손실과 자본감가가 발생해도 그 손실은 민간자본의 경제적 이익으로 전환되는 것이기 때문에 총자본의 관점에서 보면 문제될 것이 없다는 입장을 지니고 있다. 吳易風「非國有化, 民營化, 私有化」,『中流』2000年 2期 참조. 이들 구좌파의 활동무대는 주로『中流』『眞理的追求』등이다.

19) Joseph Fewsmith, 앞의 책 xvi면.

20) 韓毓海「漫長的革命: 毛澤東的社會主義」, 公羊 主編, 앞의 책 172면.

21) Liu Kang, "Is there an Alternative to (Capitalist) Globalization? The Debate about Modernity in China," Fredric Jameson & Masao Miyoshi eds., *The Culture of Globalization*, Duke Univ. Press 1998, 183면.

22) Ding Yijing, *Chinese Democracy after Tiananmen*, UBC Press 2001, 125면.

23)「中國共產黨章程」,『中國共產黨第十六次全國代表大會文件滙編』, 人民出版社 2002, 57면.

24) 江澤民『論三個彙代表』, 中央文獻出版社 2001, 2면.

25) 劉世軍·郝鐵川『江澤民 '三個代表' 思想研究』, 南京大學出版社 2002, 2~3면.

26) 段治文『中國社會主義進程史論』, 浙江大學出版社 2002, 214~20면.

27) 까우져우시 시찰에 대한 관찰기로 周勇闖·景蔚, 앞의 책 140~41면; 江澤民「在新的歷史條件下, 我們黨如何做到 '三個代表'」,『論 '三個代表'』, 中央文獻出版社 2001, 2면.

28)「'三個代表' 是我們黨的立黨之本, 執政之基, 力量之源」, 江澤民, 위의 책 9, 24면.

29) 이것은 정치, 학습, 기풍을 점검한다는 이전의 삼강론(三講論)의 성과를 공고히 하고 확대하는 연장선에 있다.「思想政治工作面臨的新形勢新情況」, 江澤民, 앞의 책 52~63면.

30) 江澤民「在慶祝中國共產黨成立八十周年大會上的講話」, 『人民日報』 2001년 7월 2
   일자.

31) 「中國共産黨章程」, 57면.

32) 天兒慧(임상범 역) 『중화인민공화국사』, 일조각 2003, 13~18면.

33) Zhaohui Hong & Yi Sun, "In Search of Re-ideologization and Social Order,"
   Andrew J. Nathan, Zhaohui Hong, Steven R. Smith eds., *Dilemmas of Reform in
   Jiang Zemin's China*, Lynne Rienner Publishers 1999, 34면.

34) 「胡錦濤在'三個代表'研討會上的重要講話」, www.people.com.cn(검색일: 2003년 9
   월 10일).

35) 『人民日報』 2002년 11월 8일자.

36) 단위체제의 변화에 관한 연구로 백승욱 『중국의 노동자와 노동정책』, 문학과지성
   사 2001; 李路路「論單位研究」, 『社會學研究』 2002年 5期 참조.

37) Wang Xiaoying, "The Post-Communist Personality: The Spectre of China's
   Capitalist Market Reforms," *The China Journal*, No. 47, January 2002, 4~11면.

38) 朱建榮, 앞의 책 79~80면.

39) 汝信·陸學藝·李培林 編 『2003年: 中國社會形勢分析與豫測』, 社會科學文獻出版社
   2003, 133면.

40) 朱建榮, 앞의 책 79~80면.

41) Cheng Li, *Rediscovering China: Dynamics and Dilemmas of Reform*, Rowman
   & Littlefield Publishers 1997, 305~307면.

42) 劉世軍·郝鐵川, 앞의 책 3~12면.

43) NHK 中國プロジクト 編 『21世紀中國はどう變貌するか』, NHK出版社 2002, 34,
   51~52면; 周勇闖·景蔚 『領航: 三個代表思想形成大回放』, 文匯出版社 2002,
   97~120면.

44) 『中國工商時報』 2002년 11월 15일자.

45) 張厚義「私營企業主階層發展的現狀和趨勢」, 汝信·陸學藝·李培林 編, 『2003年: 中國
   社會分析與豫測』, 279면.

46) 陸學藝『當代中國社會階層研究報告』, 社會科學文獻出版社 2002, 4~43면.

47) 「發展中日關係要看得遠些」, 『鄧小平文選』3卷, 人民出版社 1993, 54면.

48) 이희옥「중국의 계층분화와 중국적 부유계층 등장의 성격과 의미」, 김채윤·장경섭『변혁기 사회주의와 계급·계층』, 서울대출판부 1996, 3~36면.

49) 李君如『小康中國』, 社會科學文獻出版社 2003, 78면.

50) 「突然中産」, 『新週刊』2001년 11월 16일자.

51) 朱建榮, 앞의 책 4~6면.

52) 이희옥「후 진타오체제의 사회주의: 지속과 분화」, 『진보평론』2003년 겨울호, 39면.

53) 『中共黨史研究』2001年 6期.

54) 공산당 이론가인 스 쭝취안(石仲泉)의 조사결과이다. NHK 中國プロジクト 編, 앞의 책 54면의 인터뷰 참조.

55) 「走向完全的市場經濟」, www.news.xinhuanet.com(검색일: 2003년 10월 21일); 『中共中央關於完善社會主義市場經濟體制若干問題的決定』, 人民出版社 2004.

56) 「十六大報告關鍵詞」, http://xinhuanet.com/fortune(검색일: 2003년 10월 14일). 2004년 수정헌법에서도 이를 그대로 반영하였다. http://www.peopledaily.com.cn/GB/shehui/1060/2391835.html(검색일: 2004년 3월 26일). 중국특수론에 대해서는 康曉光「中國特殊論: 對中國大陸25年改革經驗的反思」, 『戰略與管理』, 2003年 4期, 56~62면 참조. 한편 11차 5개년계획부터는 '계획'이라는 용어를 폐기하고 정식으로 규획(規劃)이라는 용어를 사용했다. 이것은 기업이 생산활동에서 위로부터의 명령에 복종하는 것이 아니라, 국내외 시장의 요구에 따른다는 것을 의미한다. 「十六屆三中全會: 新的任務, 新的起點」, http://xinhuanet.com(검색일: 2003년 10월 10일).

57) 실제로 중국은 공산당 16전대회 이후 맑스-레닌주의, 마오 쩌뚱사상보다 떵 샤오핑이론과 3개 대표 중요사상을 지도이념으로 강조하는 경향이 커졌다. 「中國共産黨第十六屆中央委員會第三次全體會議公報」, www.people.com.cn(검색일: 2003년 10월 15일).

58) 凌志軍『變化: 1990年~2002年中國實錄』, 中國社會科學出版社 2002, 488면.

59) 이홍영 「중국개혁의 정치적 의미」, 『사상』 2003년 가을호, 8, 25면.

60) 朱高正 「自由主義與社會主義的對立與互動」, 『中國社會科學』 1999年 6期.

61) 許紀霖 「社會民主主義的歷史遺産」, 李世濤, 앞의 책 486면.

62) 朱建榮, 앞의 책 90면; http://chinesenewsnet.com (검색일: 2001년 5월 1일).

63) 「黨校研究所長資本家入黨有激辯中共黨內分岐外洩」, 『太陽報』 2001년 8월 31일자.

64) 徐斯儉 「中共16大與政治改革」, 『中國大陸研究』 46卷 4期, 2003, 43~44면.

65) 鄭永年 「共産黨的轉型還是終結」, 『信報財經新聞』 2001년 7월 17일자.

66) 1990년대 회사의 지배구조의 개념에서 나온 것이다. 즉 회사운영에 참여하는 모든 사람과 조직은 회사의 위험을 부담해야 하고 권익을 얻을 수 있어야 하므로 각측의 이익은 긴밀하게 결합되어야 한다는 것이다. 周勇闖·景蔚, 앞의 책 131면.

67) 위의 책 126~33면.

68) 7·1강화에 대해 하딩(H. Harding)은 기본적으로 1950년대 흐루시초프가 열었던 국민정당화의 새로운 형태라고 해석했다. 뉴욕타임스는 '중국지도부가 공산당에게 자본가에게도 문호를 열 것을 촉구했다'고 보도했고 요미우리신문도 '공산당이 탈계급화로 나아가는 중요한 걸음이다'라고 전했다. 워싱턴포스트는 '이데올로기 영역에서 발생한 하나의 중요한 전환이며 (…) 맑스-레닌주의·마오 쩌둥사상이라는 원칙에서 발생한 가장 극적인 변화'로 간주했는데 구좌파들은 이러한 의견을 수집하여 7·1강화를 비판하였다. 凌志軍, 앞의 책 491~92면.

69) 『中流』 2000년 5월.

70) 『眞理的追究』 2001年 5月.

71) 朱高正, 앞의 글.

72) Guo sujiao, *Post-Mao China: From Totalitarianism to Authoritarianism?*, Praeger 2000.

제7장 제3의 혁명

1) 朱建榮 『中國 第三の革命』, 中央公論新社 2002.

2) Bill Bruger and David Kelly, *Chinese Marxism in the Post-Mao Era*, Stanford Univ. Press 1990, 171~78면.

3) 전지구화에 관한 서적들이 쏟아져나오고 있다. 이 가운데 胡元梓·薛曉源 主編『全球化與中國』, 中央編譯出版社 1998; 胡鞍鋼 主編『全球化挑戰中國』, 北京大學出版社 2002 등 참조.

4) Arif Dirlik, "Postsocialism? Reflections on Socialism with Chinese Characteristics," Arif Dirlik and Maurice Meisner eds., *Marxism and the Chinese Experience*, M.E. Sharpe 1989, 370면.

5) David Shambaugh, *Is China Unstable? Assessing the Factors*, M.E. Sharpe 2000, 16~17면.

6) 1980년대 세계은행은 시장과 경쟁을 확대함으로써 효율을 향상시키고 기술발전 속도를 높일 수 있겠지만 실업, 수용할 수 없을 정도의 저임금, 기업도산, 노동자 해고, 빈익빈 현상은 더해질 것이라고 중국사회를 진단했다. World Bank, *China: long term development issues and options*, John Hopkins Univ. Press 1987, 181~82면.

7) Arif Dirlik & Roxan Prazniak, "Socialism dead, so why must be talk about it?," *Asian Studies Review*, Vol. 1, No. 1, July 1990.

8) 중국 맑스주의의 위기(crisis)는 개념적으로 교차로에 있거나(at a crossroads) 전환점에 왔다(arriving the turning point)는 의미이지 붕괴한다(collapse)는 의미는 아니다. Su Shaozhi, "The Rethinking of Marxism in China," *Marxism and the New Global Society*, Seoul IFFS.

9) 건국 이후 50년간 정치 이데올로기의 자기정당화 과정을 개괄해서 보려면 Lucian W. Pye, "An Overview of 50 Years of the People's Republic of China: Some Progress, but Problems Remain," Edmonds Richard Louis, *The People's Republic of China after 50 Years*, Oxford Univ. Press 2000, 7면 참조.

10) Zhaohui Hong & Yi Sun, "In Search of Re-ideologization and Social Order," Andrew J. Nathan, Zhaohui Hong, Steven R. Smith eds., *Dilemmas of Reform in*

Jiang Zemin's China, Lynne Rienner Publishers 1999, 36면; 쟝 쩌민이론의 특징을 동전의 삼면(three-sides coin)으로 표현하기도 했다.

11) Shaohua Hu, *Explaining Chinese Democratization*, Praeger 2000, 137면; 중국의 쇼크요법(shock therapy)은 종종 러시아 경험에 비추어 비판받았다. 崔之元『第二次思想解放與制度創新』, 香港牛津大學出版社 1997, x면.

12) 鄭偉『全球化與第三條道路』, 湖南人民出版社 2003. 참조.

13) 이희옥「3개 대표론과 중국사회주의의 변화」,『중국학연구』26집, 2003년 겨울, 472~75면.

14) 이것이 쑨 원의 발전민족주의를 연상시키는 것은 우연이 아니다. Maria Hsia Chang, *Return of the Dragon; China's Wounded Nationalism*, Westview 2001, 166면; Yongnian Zheng, *Discovering Chinese Nationalism in China*, Cambridge Univ. Press 2000, 44~45면. '제3의 길'이 명료하지 않은 상태에서 민족주의 추세가 강해지는 것을 볼 때, 삼민주의의 사회주의적 변용 같은 상황을 배제할 수는 없다. 이런 점에서 삼민주의를 수용하는 정도에 따라 각 정파의 성격을 차별화하고 중국 공산주의 운동 속에서 삼민주의의 위치를 강조하는 학문적 흐름은 매우 흥미롭다. 賀淵『三民主義與中國政治』, 社會科學文獻出版社 1995 참조.

15) 이것은 중국이 새로운 생산양식을 향해 진화하고 있다는 맥락에서 나온 개념이다. Gordon White, "The Impact of Economic Reforms on the Chinese Countryside: Toward the Politics of Social Capitalism?" *Modern China* 13, 14, Oct 1987, 456면.

16) 중국에서는 기층선거 연구열기가 매우 고조되고 있다. 黃衛平·鄒樹彬『鄉鎮選擧方式改革: 案例研究』, 社會科學文獻出版社 2002; 劉亞偉『無聲的革命』, 西北大學出版社 2002; 徐勇·吳毅『鄉土中國的民主選擧』, 華中師範大學出版社 2003 등 참조.

17) 朱建榮『中央公論』1999년 11월; 전반적인 민주개혁에는 시간이 걸리겠지만 '작은 정부와 큰 사회'(small government and big society)로 나아가는 것은 불가피해 보인다. Ding Yijing, *Chinese Democracy after Tiananmen*, UBC Press 2001, 3면.

18) 蕭功秦「新加坡的'選擧權威主義'及其啓示」,『戰略與管理』2003年 1期, 72면.

19) Mark P. Petracca and Mong Xiong, "The concept of Chinese Neo-Authoritarianism: An Exploration and Democratic Critique," *Asian Survey*, Vol. 30, No. 11, Nov.1990, 1102~1103면.

20) 쟝 쩌민의 정치 브레인이었던 왕 후닝은 신권력론(New power)이라는 용어를 통해 신권위주의를 내용적으로 복원하였다. 王滬寧「社會主義市場經濟的政治要求」, 『上海社會科學』1993年 2期.

21) 潘岳「對革命黨向執政黨轉必的思考」, 『開放』2001년 7월, 28~38면.

22) 土心「政治局'報告工作'的重要含意」, http://people.com.cn(검색일: 2003년 10월 14일). 이것은 공작보고서를 누가 만들고 누가 책임지는가 하는 감독과 피감독의 민주원칙을 명확히 한 측면에서 의의를 지니는 것이라고 평가하였다.

23) 학술영역을 중심으로 '민주는 사회주의의 국가형식'이라든가 '사회주의는 자본주의에 비해 더 높은 자유를 실현해야 한다' '사회주의는 정의와 인권을 보장해야 한다'는 주장이 확산되고 있다. 李云龍·張妮妮『民主·自由·人權·正義』, 河南人民出版社 2002, 1~15면.

24) 위험요인을 개량적인 조치를 통해 체제 내로 흡수하면서 국가주도의 시민사회 틀을 유지할 것이라는 정치전략적 의미를 담고 있다. B. Michael Frolic, "State-Led Civil Society," Timothy Brook and B. Michael Frolic eds., *Civil Society in China*, M.E. Sharpe 1997, 63면.

25) Baogang He, *The Democratization of China*, Routledge 1996, 215~31면.

26) 일부에서는 발전민족주의(developmental nationalism)가 사회주의의 공백을 메워가고 있다고 본다. Maria Hsia Chang, 앞의 책 178면.

27) 房寧·王炳權·馬利軍 外『成長的中國: 當代中國靑年的國家民族意識硏究』, 人民出版社 2002, 407면. 그러나 자유주의자들은 여전히 이러한 민족주의적 접근이 감정적일 뿐 아니라 민주주의 전망을 불투명하게 할 것이라고 본다. Joseph Smith, 앞의 책 221면.

28)「胡錦濤: 堅持先進文化前進方向, 大力發展文化事業」, http://people.com.cn(검색일: 2003년 8월 12일).

29) 『明報』2003년 7월 4일자; 「新三民主義與兩岸關係」, 『中國時報』 2003년 9월 16일자.

30) 싸스 퇴치과정에서 보여준 위기관리능력은 새로운 지도부의 정치력을 제고하는 데 기여하였다. 물론 국제적인 문제여서 외부의 압력도 작용했지만, 내부적으로는 보수적인 관료사회나 쟝 쩌민의 계파정치를 겨냥해 권력의 주도권을 잡겠다는 목적 도 지니고 있었다. 싸스 퇴치과정에 나타난 정치적 함의에 대해서는 김재철 「싸스의 정치: 외적압력과 중국의 국내적 변화」, 『중국연구』 31권, 2003, 53~57면 참조.

31) Zhaohui Hong & Yi Sun, "In Search of Re-ideologization and Social Order," Andrew J. Nathan, Zhaohui Hong, Steven R. Smith eds., 앞의 책 34면.

32) 아리프 딜릭 『전지구적 자본주의에 눈뜨기』(설준규 · 정남영 옮김), 창작과비평사 1998, 78면.

33) Jean-Francois Lyotard, *The Post-Modern Condition: A Report on Knowledge*, Univ. of Minnesota Press 1985, xxiv면.

보론: 한국에서 비판적 중국연구를 한다는 것

1) 『人民日報』 1999년 11월 16일자.

2) 『워싱턴포스트』 2002년 9월 11일자.

3) 『人民日報』 2002년 8월 28일자.

4) 『人民日報』 2002년 9월 12일자.

5) 김희교 「미국의 중국위협론과 한반도의 평화」, 『실천문학』 2002년 여름호; 김희교 「한국의 비판적 중국담론, 그 실종의 역사」, 『역사비평』 2001년 겨울호; 김희교 「한국의 동아시아론과 '상상된' 중국」, 『역사비평』 2000년 겨울호. 이 글이 출간된 이후 김희교는 다음과 같은 반론을 썼다. 「한국학계의 신식민주의: 중국담론을 중심으로」, 『역사비평』 2003년 가을호.

6) 리영희 『전환시대의 논리』, 창작과비평사 1974.

7) James. D. Torr eds., *China: Opposing Viewpoint*, Greenhaven Press 2001, 59면.

8) 김창희「중국공산당의 시위해산은 민중에 대한 배신인가」, 『노동해방문학』 1989년 8월호, 184~201면; 최성「중국인민의 유혈참극과 중국의 학생운동」, 『사회와 사상』 1989년 7월, 176~99면; 중국사회주의를 이론적으로 검토한 글에도 이러한 편향은 그대로 반영되어 있다. 유영구「중국사회주의의 이론·실천상의 몇가지 문제」, 『사상해방운동』 1989년 가을호.

9) 전통학문과 지역연구의 관계, 아시아연구와 중국연구가 정치학에 기여한 점에 대해서는 Lucian W. Pye, "Asia Studies and the Discipline," *Political Science*, December 2001, 805~807면.

10) 백승욱『중국의 노동자와 노동정책: 단위체제의 해체』, 문학과지성사 2001; 김영진「중국의 시장화와 노동정치」, 오름 1998; 이희옥「체제전환기 중국의 노동문제」, 『한신논문특별호』 1997; 이희옥「중국적 길과 사회주의적 그늘」, 『역사비평』 2001년 봄호.

11) Harry Harding, "The Evolution of American Scholarship on China," David Shambaugh eds., *American Studies of Contemporary China*, M.E. Sharpe 1993, 14~40면.

12) 전성흥·이민자「한국과 중국정치연구」, 『중국정치연구론』, 나남 2000, 288~304면.

13) 이 방법은 통일 이전 서독에서 동독을 연구하는 데 큰 영향을 주었다. Peter Ludz, "The SED Leadership Transition," *Problems of Communism*, May-Jun 1970, 25~26면.

14) 정재호「중국정치 연구의 영역, 쟁점, 방법 및 교류에 관하여」, 『중국정치연구론』 7면.

15) 김희교「한국의 비판적 중국담론, 그 실종의 역사」, 257면.

16) 위의 글 255면.

17) 이희옥「중화경제권과 한중관계」, 『중소연구』 21권 4호, 1997년 겨울; 이희옥「중국계 자본의 동아시아 지배전략」, 경남대 극동문제연구소 편 『동아시아 신질서의 모색』, 서울프레스 1996.

18) 중국위협론에 대한 서로 다른 관점을 간략하게 정리한 것으로 James D. Torr

eds., 앞의 책 116~138면 또는 Denny Roy, "The China Threat Issue," *Asian Survey*, Vol. 36, No. 8, Aug 1996, 758~71면.

19) J. Torr, 앞의 책 136~38면.

20) Larry M. Wortzel, "China Pursues Traditional Great-power State," *ORBIS*, Spring 1994, 173~75면.

21) Jin Canrong, "A response to Ted Osius: Policy Legacy and Political Context in U.S. Relations with China," *Asian Affairs*, Vol. 28, No. 3, Fall 2001, 135면.

22) Ted Osius, "Legacy of the Clinton-Gore Administration's China Policy," *Asian Affairs*, Vol 28, No. 3, Fall 2001, 131~32면.

23) 『인터네셔널 헤럴드 트리뷴』 2002년 9월 27일자.

24) 중국위협의 현실적 기초에 대해서는 이남주 「개혁개방 이후의 서구의 중국인식」, 『역사비평』 2002년 겨울호 참조.

25) 김희교 「한국의 비판적 중국담론, 그 실종의 역사」, 264면.

26) 왕 후이 「세계화 속의 자기변혁 추구」, 『당대비평』 2000년 봄호, 238면.

27) 아리프 딜릭 『전지구적 자본주의에 눈뜨기』, 창작과비평사 1998, 49면.

28) 王小東 「民族主義和中國的未來」, 『天涯』 2000年 2期, 38 ~ 40면.

29) 1990년대 중국 민족주의에 대한 개괄로는 이동률 「중국 민족주의가 대외관계에 미치는 영향」, 『국제정치논총』 41권 3호, 2001, 261~62면.

30) 이러한 애국민족주의는 문화수준을 통해 한족과 주변민족을 구별하는 종족적-인종적 이웃관, 아편전쟁 이후 역사적 굴욕에 대응한 민족주의, 미국에 의해 중국의 불안정이 증가하며 중국은 희생양이 되고 있다는 의식, 문화적 우월성이라는 거울을 통해 자신을 들여다보는 반외세적 나르시시즘(xenophobic narcissism), 국력을 과시하기 위한 과도한 기획, 협애한 세계관 등에 기초하고 있다. Maria Hsia Chang, 앞의 책 179면.

31) 이 점은 서구인들이 '예측할 수 없는 중국의 비이성적 민족주의'의 등장을 우려하는 배경이기도 하다. David Kelly, "China: Major Ideological Trend of 1995," Joseph Y.S. Cheng eds., *China in the Post-Deng Era*, The Chinese Univ. Press

1998, 74면.

32) Suisheng Zhao, *Chinese Nationalism and Authoritarianism in 1990s*, Routledge 2000, 256면.

33) 김희교 「한국의 동아시아론과 '상상된' 중국」, 28면.

34) 김희교 「한국의 비판적 중국담론, 그 실종의 역사」, 270면.

35) Joseph Fewsmith, "The Political and Social Implication of China's Accession to the WTO," *The China Quarterly*, Spring 2001, 584면.

36) 송주명 「탈냉전기 동아시아 태평양의 안보·경제체제와 한반도」, 『역사비평』 2000년 겨울호, 72~73면.

37) 중국의 민족주의나 중국 국민국가의 완성에 대해 비판적으로 접근하는 부류를 동아시아 공동체론자들이라 규정하고, 중국이 국민국가를 추구하는 과정에서 나타나는 억압성과 그 목표가 달성될 때 발휘될 거대 중국의 위력을 이들이 경계하고 있다고 비판한다. 김희교 「한국의 동아시아론과 '상상된' 중국」, 22면.

참고문헌

강인덕 편『개혁과 개방: 중국주요논문선집』, 극동문제연구소 1988.

경남대 극동문제연구소 편『동아시아 신질서의 모색』, 서울프레스 1996.

김달중·스칼라피노『아시아 공산주의의 지속과 변화』, 법문사 1989.

김영진『중국의 시장화와 노동정치』, 오름 1998.

김창희「중국공산당의 시위해산은 민중에 대한 배신인가」,『노동해방문학』
    1989년 8월호.

김채윤·장경섭『변혁기 사회주의와 계급·계층』, 서울대출판부 1996.

김희교「미국의 중국위협론과 한반도의 평화」,『실천문학』2002년 여름호.

김희교「한국의 동아시아론과 '상상된' 중국」,『역사비평』2000년 겨울호.

김희교「한국의 비판적 중국담론, 그 실종의 역사」,『역사비평』2001년 겨울호.

김희교「한국학계의 신식민주의: 중국담론을 중심으로」,『역사비평』2003년 가
    을호.

다니엘 벨(현인택 옮김),「이데올로기 종언에의 재초대: 30년 후에 다시 쓴 후
    기」,『사상』1990년 겨울호.

동경대학출판회 편『중국혁명의 해부』, 이삭 1984.

동아시아지식인연대 편『동북아시아를 위하여』, 동아일보사 2004.

리영희『전환시대의 논리』, 창작과비평사 1974.

린이푸 외(한동훈 옮김)『중국의 기적』, 백산서당 1996.

마홍(정광수 옮김)『사회주의 상품경제론』, 과학과사상 1990.

민두기 편『중국현대사의 구조』, 청람 1983.

민두기『중국근대사론』, 지식산업사 1980.

민두기『중국의 전통과 근대』, 평민사 1979.

백승욱「신자유주의와 중국 지식인의 길 찾기」,『역사비평』2001년 여름호.

백승욱『중국의 노동자와 노동정책: 단위체제의 해체』, 문학과지성사 2001.

백영서『동아시아의 귀환』, 창작과비평사 2000.

백원담 편역『인문학의 위기』, 푸른숲 1999.

새길 편집부『페레스트로이카 논쟁』, 새길 1990.

서진영「사회주의 초급단계론과 중국적 사회주의」,『국제정치논총』1989년 제2호.

손호철『한국정치학의 새구성』, 풀빛 1991.

송영배『중국사회사상사』, 한길사 1989.

송주명「탈냉전기 동아시아 태평양의 안보·경제체제와 한반도」,『역사비평』
    2000년 겨울호.

스탈린(정성균 옮김)『사적유물론과 변증법적 유물론』, 두레 1991.

아리프 딜릭(설준규·정남영 옮김)『전지구적 자본주의에 눈뜨기』, 창작과비평사
    1998.

아마코 사토시(임상범 옮김)『중화인민공화국 50년사』, 일조각 2003.

안치영「중국 개혁개방 정치체제의 형성」, 서울대 정치학과 박사학위논문 2003.

와다 하루끼(고세현 옮김)『역사로서의 사회주의』, 창작과비평사 1994.

왕 후이(이희옥 옮김)「세계화 속의 자기변혁 추구」,『당대비평』2000년 봄호.

熊映梧「用發展觀點研究資本論」,『중소연구』20호, 1983년 겨울호.

유영구「중국사회주의의 이론·실천상의 몇가지 문제」,『사상해방운동』1989년
    가을호.

이남주「개혁개방 이후의 서구의 중국인식」,『역사비평』2002년 겨울호.

李德彬(양필승·윤정분 옮김)『중화인민공화국경제사』, 교보문고 1997.

이동률「중국 민족주의가 대외관계에 미치는 영향」,『국제정치논총』41권 3호,

2001.

이홍영 「중국개혁의 정치적 의미」, 『사상』 2003년 가을호.

이희옥 「3개 대표론과 중국사회주의의 변화」, 『중국학연구』 26집, 2003년 겨울호.

이희옥 「전지구적 자본주의와 중국 근대성의 반사」, 『당대비평』 2000년 봄호.

이희옥 「중국연구방법론 시론: 기존 논의의 비판적 검토와 새로운 연구의 모색」,
　　『중국연구』 13집, 1992.

이희옥 「중국적 길과 사회주의적 그늘」, 『역사비평』 2001년 봄호.

이희옥 「중국정치체제 안정도의 시론적 평가」, 『현대중국연구』 3집 1994년.

이희옥 「중화경제권과 한중관계」, 『중소연구』 21권 4호, 1997년 겨울호.

이희옥 「체제전환기 중국의 노동문제」, 『한신논문집 특별호』, 1997.

이희옥 「한국에서 중국학을 어떻게 할 것인가」, 『역사비평』 2002년 겨울호.

이희옥 「한반도문제와 중국역할론의 성격과 한계」, 『국제정치논총』 43권 1집,
　　2004.

이희옥 「현대중국의 이데올로기 수정연구」, 한국외국어대 국제관계학과 박사학
　　위논문 1993.

이희옥 「후진타오체제의 사회주의: 지속과 분화」, 『진보평론』 2003년 겨울호.

임훈 『중국공산당의 창당과정: 시대적 배경을 중심으로』, 유림사 1985.

임지현 「마르크스의 후기사상과 유물사관」, 『역사학보』 126호, 1990.

정세현 「중화우월의식의 형성과정과 발전」, 『중소연구』 17권, 1983년 봄호.

정재호 편 『중국정치연구론』, 나남 2000.

조재관·신복룡 「마오 쩌뚱의 민족주의」, 『중국문제』(한양대) 3권, 1977년 1월.

최명 「중국학에 있어서 자료와 방법론의 문제」, 『중국문제』(한양대) 1권, 1975년.

최성 「중국인민의 유혈참극과 중국의 학생운동」, 『사회와 사상』 1989년 7월호.

추이 즈위안(장영석 옮김) 『중국은 어디로 가고 있는가』, 창비 2003.

許滌新 외(김세은 외 옮김) 『중국자본주의 논쟁사』, 고려원 1993.

姬田光義·阿部治平(편집부 옮김) 『중국근현대사』, 일월서각 1984.

NHK 中國プロジクト 編『21世紀中國はどう變貌するか』, NHK出版社 2002.

葛荃「論春秋'公羊傳'的大一統政治思想」,『政治學研究』1987年 3期.

江丹林「社會形態演進規律和東方社會發展道路」,『哲學研究』1988年 9期.

江副敏生『過渡期についての論爭: 現代社會主義の再檢討』, 中央大學出版社 1979.

江澤民「加快改革開放和現代化建設步伐奪取有中國特色社會主義事業的更大勝利」,
   『求是』1992年 21期.

江澤民『論'三個代表'』, 中央文獻出版社 2001.

江波兪馬「我國社會主義初級階段的經濟與政治」,『馬克思主義研究』1987年 4期.

景中强「馬克思晚年的社會主義理論及其當代形式」,『學習論壇』(鄭州)1995年 3期.

高放 編『社會主義大辭典』, 河南人民出版社 1988.

顧海良『馬克思'不惑之年'的思考』, 中國人民大學出版社 1993.

公羊 主編『思潮: 中國新左派及其影響』, 中國社會科學出版社 2003.

龔育之·逄先知·石仲泉『毛澤東的讀書生活』, 三聯書店 1986.

國分良成『中國政治と民主化』, サイマル出版社 1992.

菊地昌典他『中ソ對立』, 有斐閣 1976.

金觀濤「中國におけるマルクス·レーニン主義と儒教文化」,『中國研究月報』46卷 2號,
   1992年 12月.

金觀濤「儒家文化的深層結構對馬克思主義中國化的影響」,『新啓蒙』(2) 1988年 12月.

金春松「我國八年經濟發展的三大突破」,『求是學刊』1987年 5期.

魯凡之『中國社會主義論』, 臺北南方出版社 1987.

魯振祥「社會主義探索史上有價值的一頁」,『黨的文獻』2001年 第4期.

凌志軍『變化: 1990年~2002年中國實錄』, 中國社會科學出版社 2002.

段治文『中國社會主義進程史論』, 浙江大學出版社 2002.

當代思潮雜誌社 編『社會主義若干問題講座』, 紅旗出版社 1991.

德田教之『毛澤東主義の政治力學』, 慶應通信 1977.

渡邊利夫·小島朋之『毛澤東と鄧小平』, NTT出版社 1994.

鄧小平『建設有中國特色的社會主義』(修正本), 香港三聯書店 1987.

羅榮渠『現代化新論』, 北京大學出版社 1995.

駱耕漠『從資本主義到共產主義的三個過渡問題』, 上海人民出版社 1980.

李澤厚『馬克思主義在中國』, 北京三聯書店 1988.

馬立誠・凌志軍『交鋒: 當代中國三次思想解放實錄』, 今日中國出版社 1998.

馬集(整理)「社會主義初級階段理論與馬克思主義的發展」, 『中國社會科學』1988年
　　11期.

馬啓民『國外鄧小平理便研研究評析』, 高等教育出版社 2002.

孟琳「胡喬木爲悍衛馬列搏闘」, 『鏡報』1991年 5月.

毛里和子『中國とソ連』, 岩波文庫 1989.

毛澤東『毛澤東思想萬歲』, 人民出版社 1969.

毛澤東『新階段論』, 香港新民主出版社 1968.

閔琦『中國政治文化』, 雲南出版社 1989.

潘岳「對革命黨向執政黨轉必的思考」, 『開放』2001년 7月.

半澤 貫『鄧小平の中國』, 東京こぶし書房 1984.

房寧・王炳權・馬利軍 外『成長的中國: 當代中國靑年的國家民族意識硏究』, 人民出
　　版社 2002.

謝立中『社會發展二重奏』, 河北人民出版社 1987.

砂山幸雄「現代中國の新保守主義」, 『日中經濟協會報』1992年 8月.

徐斯儉「中共16大與政治改革」, 『中國大陸研究』46卷 4期, 2003.

徐勇・吳毅『鄕土中國的民主選擧』, 華中師範大學出版社 2003.

石井 明「中國の新・三つの世界論戰略」, 『日中經濟協會報』1993年 3月.

薛漢偉『社會主義社會階段劃分的理論和實踐』, 安徽人民出版社 1987.

薛漢偉『時代發展與中國特色』, 北京大學出版社 1996.

蕭功秦「當代中國新保守主義的思想資源」, 『21世紀』1997年 4月.

蕭功秦「新加坡的'選擧權威主義'及其啓示」, 『戰略與管理』2003年 1期.

蕭功秦「中國社會思想的世紀末分化」, 『天涯』2000年 2期.

蘇紹智・王逸舟『對社會主義再認識』, 『中國大陸』1987年 11月.

蘇紹智・馮蘭瑞「無産階級政權取得後的社會發展階段問題」,『經濟研究』1979年 4期.

孫隆基『中國文化的深層結構』, 臺北唐山出版社 1991.

矢吹晉「ソ連八月革命の衝擊」,『海外事情』1991年 10月.

矢吹晉 編譯『チャイナ・ライシス重要文獻』2卷, 蒼蒼社 1989.

阿居韓 「國家壟斷資本主義是資本主義發展的最後和最長歷史階段」,『世界經濟』
　　　1988年 11期.

阿部純一 「冷戰後を摸索する中國の核戰略：戰略理論の發展と核戰力の現狀」,『海外
　　　事情』1993年 1月.

楊開煌「中共研究中的內容分析法及其爭議與反省」,『東亞季刊』20卷 2期, 1987年
　　　11月.

楊繼繩『鄧小平時代』(下), 中央編譯出版社 1999.

汝信・陸學藝・李培林 編『2003年: 中國社會分析與豫測』, 社會科學文獻出版社
　　　2003.

列寧『馬克思主義論國家』, 人民出版社 1964.

永安幸正「社會主義論の歷史と課題：その原形の物語るもの」,『社會科學討究』36卷 1
　　　號, 1990.

吳冷西『憶毛主席』, 北京新華出版社 1995.

吳安家「中共意識形態的變遷與持續」, 國立政治大學博士論文 1985.

吳易風「非國有化, 民營化, 私有化」,『中流』2000년 2期.

吳兆雪・楊耕「馬克思的社會發展理論研究述評」,『中國社會科學』1996年 1期.

吳振強 「シンガポールから評す：ソ連政變後, 中國の現實的對應と戰略的選擇」,『日中
　　　經濟協會報』1992年 8月.

王金華「社會主義國家超越階段錯誤發生原因探討」,『馬克思主義研究』1989年 2期.

王東 外『社會主義建設中的哲學問題探索』, 北京大學出版社 1986.

王文承「社會主義初級階段的含義, 特征和歷史地位」,『社會科學』(四川) 1987年 6期.

王師勤『關於跨越資本主義'卡夫丁'峽谷的啓示』,『社會科學』(上海) 1988年 5期.

王瑞蓀・宋美琰・秦燕士『談談社會主義社會的性質和特征』,『經濟研究』1979年 10期.

王小東「民族主義和中國的未來」,『天涯』2000年 2期.

王元璋 主編『簡明馬克思主義原理辭典』, 江蘇人民出版社 1987.

王占陽『毛澤東的建國方略與當代中國的改革開放』, 吉林人民出版社 1993.

王澍白『毛澤東思想的中國基因』, 香港商務印書館 1990.

王振華·陳志瑞『挑戰與選擇: 中外學者論'第三條道路'』中國社會科學出版社 2001.

王滬寧「社會主義市場經濟的政治要求」,『上海社會科學』1993年 2期.

汪暉「當代中國的思想狀況與現代性問題」,『文藝爭鳴』1998年 6期.

于光遠『中國社會主義初級階段的經濟』, 中國財政經濟出版社 1988.

袁木 編『社會主義若干問題』, 紅旗出版社 1990.

衛藤瀋吉『現代中國政治の構造』, 日本國際問題研究所 1982.

劉建興·鄭開『過渡時期和社會主義社會』,『經濟研究』1979年 11期.

劉世軍·郝鐵川『江澤民'三個代表'思想研究』, 南京大學出版社 2002.

劉亞偉『無聲的革命』, 西北大學出版社 2002.

劉炎『鄧小平發動北伐解放思想, 京滬等省市響應擴大開放』,『鏡報』1991年 5月.

陸學藝『當代中國社會階層研究報告』, 社會科學文獻出版社 2002.

李君如『小康中國』, 社會科學文獻出版社 2003.

李路路「論單位研究」,『社會學研究』2002年 5期.

李達『矛盾論解說』, 北京三聯書店 1953.

伊達宗義「變革に直面する中國」,『報告』(海外事情研究所) 26卷, 1992.

李世濤『知識分子立場: 自由主義與中國思想界的變化』, 時代文藝出版社 2000.

李云龍·張妮妮『民主·自由·人權·正義』, 河南人民出版社 2002.

李澤厚『中國現代思想史論』, 安徽文藝出版社 1991.

李洪林『四種主義』, 北京三聯書店 1988.

林代昭·潘國華『社會主義在中國的傳播與實踐』, 北京大學出版社 1991.

張奎良「馬克思晚年的設想與鄧小平建設有中國特色社會主義理論」,『中國社會科學』
    1994年 6期.

張奎良「馬克思晚年學說與鄧小平理論的重合点」,『學習與探索』1994年 3期.

張奎良「馬克思的東方社會學說與中國的社會主義初級階段理論」,『上海社會科學』 1989年 3期.

張奎良「馬克思的晚年東方社會理論」,『中國社會科學』1992年 2期.

張凌雲「馬克思亞細亞的生產方式理論: 研究過程與邏輯敍述:兼評五形態論理論框內的學說」,『學術季刊』1992年 4期.

張凌雲「試論社會主義初級階段的理論根據」,『社會科學』(上海) 1988年 3期.

張武谷「在改革大潮中的反思: 馬克思社會主義理論與當代社會主義實踐」,『求是』 1988年 4期.

張法・張武・王一川「從現代性到中華性」,『文藝爭鳴』1994年 2期.

張玉法『中國現代政治史論』,臺北東華書局 1988.

張向敏・宋光茂・鄭紅亮 外編『中國經濟大論戰』,經濟管理出版社 1996.

張薰華『資本論脈絡』,復旦大學出版社 1987.

張輝美「社會主義社會是一個獨立的社會形態」,『湖南師大學報』1988年 6期.

齋藤捻『社會主義經濟論序說』,東京大月書店 1976.

儲小平「馬克思的東方社會理論」,『中國社會科學』1989年 6期.

田克勤『鄧小平理論概論』,高等教育出版社 2002.

田鵬穎『馬克思歷史決定論的沉思』,『社會科學』1991年 3期.

丁雲本・周羅庚・葉慶豊『社會主義集權政權的形成與演變』,北京春秋出版社 1988.

鄭偉 『全球化與第三條道路』,湖南人民出版社 2003.

鄭竹園『大陸政經巨變與中國前途』,臺北五南圖書出版公司 1992.

趙家祥『馬克思主義的社會形態理論簡論』,北京大學出版社 1984.

趙立坤『關於馬克思'跳越卡夫丁峽谷'新構想的思考』,『求索』(長沙) 1993年 6期.

趙培星『社會主義論』,人民出版社 1988.

趙紫陽「沿着有中國特色的社會主義道路前進」,『紅旗』1987年 21期.

朱建榮『中國第三の革命』,中央公論新社 2002.

朱慶芳「1988年城市職工心態錄」,『瞭望』1989年 1月 9日.

朱高正「自由主義與社會主義的對立與互動」,『中國社會科學』1999年 6期.

朱術先「也談無產階級取得政權後的社會發展階段問題」,『經濟研究』1979年 第8期.

周勇闖·景蔚『領航: 三個代表思想形成大回放』, 文匯出版社 2002.

竹內 實「鄧小平是中國歷史第四位偉人」,『國外中共歷史研究動態』1995年 1期.

中共上海市委黨史資料征集委員會 編『三十年代中國社會性質論戰』, 知識出版社 1986.

中共研究雜誌社 編『中共文化大革命文件彙編』, 臺北中共研究社 1973.

中共中央 馬克思·恩格斯·列寧·斯大林著作編輯局 譯『列寧全集索引』, 人民出版社 1984.

中共中央 馬克思·恩格斯·列寧·斯大林著作編輯局 譯『馬克思恩格斯選集』1~4卷, 人民出版社 1972.

中共中央 馬克思·恩格斯·列寧·斯大林著作編輯局 譯『馬克思恩格斯全集』1~39卷, 人民出版社 1971~.

中共中央 馬克思·恩格斯·列寧·斯大林著作編輯局 譯『列寧選集』1~4卷, 人民出版社 1972.

中共中央 馬克思·恩格斯·列寧·斯大林著作編輯局 譯『列寧全集』1~35卷, 人民出版社 1984~.

中共中央毛澤東選集出版委員會『毛澤東選集』第1卷, 人民出版社 1971.

中共中央毛澤東選集出版委員會『毛澤東選集』第2卷, 人民出版社 1968.

中共中央毛澤東選集出版委員會『毛澤東選集』第3卷, 人民出版社 1971.

中共中央毛澤東選集出版委員會『毛澤東選集』第4卷, 人民出版社 1969.

中共中央毛澤東選集出版委員會『毛澤東選集』第5卷, 人民出版社 1977.

中共中央文獻研究室 編『三中全會以來重要文獻選編』(上), 人民出版社 1982.

中共中央文獻編輯委員會『鄧小平文選』1卷, 人民出版社 1989.

中共中央文獻編輯委員會『鄧小平文選』2卷, 人民出版社 1993.

中共中央文獻編輯委員會『鄧小平文選』3卷, 人民出版社 1993.

中共中央文獻編輯委員會『毛澤東選集』第1~4卷, 人民出版社 1991.

中共中央編輯委員會『劉少奇選集』(上·下), 人民出版社 1981.

中國共産黨中央文獻編輯委 編 『毛澤東著作選讀』(上・下), 人民出版社 1988.

中國科學院經濟研究所・中央工商行政管理局 編 『中國資本主義工商業的社會主義改造』, 人民出版社 1962.

中國社會科學出版社直屬編輯組 編 『要警惕右但主要是防止'左'』, 中國社會科學出版社 1992.

中嶋嶺雄 『增補 現代中國論』, 東京靑木書店 1975.

中屋敷 宏 『中國のイデオロギー論』, 東京勁草書房 1983.

中村平八 『發展途上社會主義の研究』, 東京白桃書房 1977.

陳君聰 『劉少奇的思想理論研究』, 華東出版社 1988.

陳力 『中國社會主義社會四階段論』, 四川社會科學院出版社 1987.

陳力 「試論社會主義社會的階段劃分」, 『社會科學』(四川) 1987年 1期.

陳伯達 『在文化戰線上』, 重慶生活書店 1939.

陳榮富 「論我國社會主義所處的歷史方位」, 『馬克思主義研究』1989年 2期.

陳爲群 「論馬克思恩格斯的共産主義發展階段學說的形成」, 『馬克思主義研究』1989年 3期.

秦暉 「中國改革: 歷史與倫理的評價」, 『戰略與管理』2000年 1期.

千石保・丁 謙 『中國人の價值觀』, 東京サイマル出版會 1992.

崔之元 『第二次思想解放與制度創新』, 香港牛津大學出版社 1997.

春陽 「社會主義階段是'過渡階段'嗎?」, 『北京大學學報』1987年 4期.

何幹之 『中國現代革命史(1911~1956)』, 高等教育出版社 1958.

賀淵 『三民主義與中國政治』, 社會科學文獻出版社 1995.

賀曉林・劉遠達 「關於物價改革的思考」, 『瞭望』1988年 6月 20日.

韓寶淸 「對資本主義的再認識」, 『遼寧大學學報』1989年 3期.

韓俊淸 「列寧的帝國主義論與當代資本主義」, 『遼寧大學學報』1989年 5期.

許紀霖 「啓蒙的命運: 二十年來的中國思想界」, 『二十一世紀』1998年 12月.

許滌新 編 『政治經濟學辭典』, 人民出版社 1980.

胡喬木 『回憶毛澤東』, 人民出版社 1994.

胡福明「對我國社會主義的初級階段的幾点認識」,『南京大學學報』1987年 4期.

胡繩「馬克思主義和中國國情」,『紅旗』1983年 6期.

胡鞍鋼 主編『全球化挑戰中國』, 北京大學出版社 2002.

胡元梓・薛曉源 主編『全球化與中國』, 中央編譯出版社 1998.

紅旗雜誌社圖書資料室『社會主義初級階段文獻資料選編』, 書目文獻出版社 1989.

黃蘇「重新認識當代資本主義的歷史地位」,『世界經濟』1988年 11期.

黃衛平・鄒樹彬『鄉鎮選擧方式改革: 案例研究』, 社會科學文獻出版社 2002.

橫山宏章『中華思想と現代中國』, 集英社 2002.

聶錦芳・劉秀萍『超越'后發展'困境』, 北京大學出版社 2002.

龔育之『中國改革的理評之旗』, 河南人民出版社 2002.

Amin, Samir, "The Future of Socialism," *Monthly Review*, July-August 1990.

Baum, Richard, "Political Stability in Post-Deng China: Problems and Prospects," *Asian Survey*, Vol. 32, No. 6, 1992.

Baum, Richard, "China in 1984: The Greeting of the Revolution," *Asian Survey*, Vol. 26, No. 1, June 1986.

Baum, Richard, "China after Deng," *The China Quarterly*, No. 45, March 1996.

Benewick, Robert and Paul Wingrove eds., *China in the1990s*, MacMillan 1995.

Blecher, Marc, *China Against the Tides*, Pinter 1997.

Brook, Timothy and Frolic B. Michael eds., *Civil Society in China*, M. E. Sharpe 1997.

Bruce, W. and K. Laski, *From Marx to the Market-socialism search of an economic system*, Oxford Univ. Press 1989.

Bruger, Bill and David Kelly, *Chinese Marxism in the Post-Mao Era*, Stanford Univ. Press 1990.

Brezezinski, Zbigniew, *The Grand Failure: The Birth and Death of*

Communism in the Twentieth Century, MacMillan 1989.

Canrong, Jin, "A response to Ted Osius: Policy Legacy and Political Context in U. S. Relations with China," *Asian Affairs*, Vol. 28, No. 3, Fall 2001.

Chang, Maria Hsia, *Return of the Dragon: China's Wounded Nationalism*, Westview Press 2001.

Chen, Jie and Yang Zhong and William Jan Hillard, "The Level and Source of Popular Support for China's Current Political Regime," *Communist and Post-communist Studies*, Vol. 30, No. 1, 1997.

Cheng, Chuyuan, *Behind the Tiananmen Massacre: Social, Political and Economic Ferment in China*, Westview Press 1990.

Cheng, Joseph Y.S.eds., *China in the Post-Deng Era*, The Chinese Univ. Press 1998.

Cohen, Arther A., *The Communism of Mao Tse-tung*, Univ. of Chicago Press 1964.

Ding, Yijiang, *Chinese democracy after Tiananmen*, UBC Press 2001.

Ding, X. L., *The Decline of Communism in China: Legitimacy Crisis 1977~1989*, Cambridge Univ. Press 1994.

Dirlik, Arif and Roxan Prazniak, "Socialism is dead, so why must we talk about it?" *Asian Studies Review*, Vol. 14, No. 1, July 1990.

Dirlik, Arif and Maurice Meisner eds., *Marxism and the Chinese Experience*, M. E. Sharpe 1989.

Eckstein, Alexander, *China's Economic Revolution*, Cambridge Univ. Press 1977.

Fairbank, J. K. and Graig Reischauer, *East Asia*, Houghton Mifflin Co. 1973.

Falkenheim, Victor C., "Political Reform in China," *Current History*, No. 476, 1982.

Fewsmith, Joseph, *China Since Tiananmen: The Politics of Transition*,

Cambridge Univ. Press 2001.

Fewsmith, Joseph, "The Political and Social Implication of China's Accession to the WTO," *The China Quarterly*, Spring 2001.

Fitzgerald, C. P., *The Chinese View of Their Place in the World*, Oxford Univ Press 1971.

Franklin, B., *The Essential Stalin*, Croom Helm 1973.

Fukuyama, Francis, "The End of History?," *National Interest*, No. 16, Summer 1989.

Fung, Yulan, *A History of Chinese Philosophy*, The Free Press 1948.

Guo, Sujiao, *Post-Mao China: From Totalitarianism to Authoritarianism?*, Praeger 2000.

Gupta, Krishna P., "Continuities in Change," *Problems of Communism*, Sep-Oct 1974.

Halliday, Fred, "The End of Cold War," *New Left Review*, No. 180, Mar-Apr 1990.

Harding, Harry, *China's Second Revolution*, Brookings Institution 1987.

Hariman, Carol Lee, "Policy Package's in Post-Mao China," *Asian Survey*, Vol. 24, No. 5, May 1984.

He, Baogang, *The Democratization of China*, Routledge 1996.

Hicks, George eds., *The Broken Mirror: China After Tiananmen*, Longmans 1990.

Hu, Shaohua, *Explaining Chinese Democratization*, Praeger 2000.

Huang, Philip C. C., "The Paradigmatic Crisis in Chinese Studies: Paradoxes in Social and Economic History," *Modern China*, Vol. 17, No. 3, July 1991.

Jameson, Fredric and Masao Miyoshi eds., *The Culture of Globalization*, Duke Univ. Press 1998.

Johnson, Chalmers eds., *Change in Communist Systems*, Stanford Univ. Press

1970.

Johnson, Chalmers, "Soft Totalitarianism in China," *New Perspectives Quarterly*, 14: 3, Summer 1997.

Johnson, Chalmers, "What's wrong with Chinese Political Studies," *Asian Survey*, Nov 1982.

Johnson, Chalmers, "The Role of Social Science in China Scholarship," *World Politics*, Vol. 17, No. 2, Jan 1965.

Kaldor, Mary, "After Cold War," *New Left Review*, No. 180, Mar-Apr 1990.

Kallgren eds., *The People's Republic of China After Thirty Years: An Overview*, UCLA Press 1979.

Kim, Samuel P. and Tai hwan Lee eds., *North Korea and Northeast Asia*, Rowman & Littlefield Publishers 2003.

Lapo F., "The Initial Stage of Socialism in China(Round Table)," *Far Eastern Affairs*, No. 2, 1989.

Li, Cheng, *China's Leaders: The New Generation*, Rowman & Littlefield Publishers 2001.

Li, Cheng, *Rediscovering China: Dynamics and Dilemmas of Reform*, Rowman & Littlefield Publishers 1997.

Louis, Edmonds Richard eds., *The People's Republic of China after 50 Years*, Oxford Univ. Press 2000.

Ludz, Peter, "The SED Leadership Transition," *Problems of Communism*, May-Jun 1970.

Lyotard, Jean Francois, *The Post-Modern Condition: A Report on Knowledge*, Univ. of Minnesota Press 1985.

Marti, Michael E., *China and the Legacy of Deng Xiaoping*, Brassey's Inc. 2002.

Meisner, Maurice, *The Deng Xiao-Ping Era: An Inquiry into the Fate of Chinese Socialism 1978~1994*, Hill and Wang 1996.

Miliband, Ralph, *Marxism and Politics*, Oxford Univ. Press 1977.

Morozov, A., "The Initial Stage of Socialism in China(Round Table)," *Far Eastern Affairs*, No. 2, 1989.

Mosher, Steven W., *China's Plan to Dominate Asia and the World*, Encounter Books 2000.

Nathan, Andrew J. and Bruce Gilley, *China's New Rulers: The Secret Files*, New York Review Book 2002.

Nathan, Andrew J. and Zhaohui Hong and Steven R. Smith eds., *Dilemmas of Reform in Jiang Zemin's China*, Lynne Rienner Publishers 1999.

Nethercut, Richard D., "Leadership in China: Rivalry, Reform, and Renewal," *Problems of Communism*, Mar-Apr 1993.

Ning, Luo & Yenbo Wu eds., *Chinese Democracy and the Crisis of 1989*, State Univ. of New York Press 1993.

Osius, Ted, "Legacy of the Clinton-Gore Administration's China Policy," *Asian Affairs*, Vol. 28, No. 3, Fall 2001.

Petracca, Mark P. and Mong Xiong, "The concept of Chinese Neo-Authoritarianism: An Exploration and Democratic Critique," *Asian Survey*, Vol. 30, No. 11, Nov 1990.

Pivovarazov, "The Initial Stage of Socialism in China(Round Table)," *Far Eastern Affairs*, No. 2, 1989.

Pye, Lucian W., *China: An Introduction*, Little Brown 1978.

Pye, Lucian W., "Asia Studies and the Discipline," *Political Science*, Dec 2001.

Roger, Forges V. and Des Ning Duo and Yenbo Wu, *Chinese Democracy and the Crisis of 1989: Chinese and American Reflection*, State Univ. of New York Press 1993.

Roy, Denny, "The China Threat Issue," *Asian Survey*, Vol. 36, No. 8, Aug 1996.

Scalapino, Rovert R., "Pattern of Asian Communism," *The China Quarterly*,

Jan-Apr 1971.

Schuram, Stuart R. eds., *Introduction: The Cultural Revolution in Historical Perspective, Authority Participation and Cultural Change in China,* Cambridge Univ. Press 1973.

Schurmann, Franz, *Ideology and Organization in Communist China,* Berkeley and UCLA Press 1968.

Shambaugh, David L., eds., *American Studies of Contemporary China,* M. E. Sharpe 1993.

Shambaugh, David L., *Is China Unstable? Assessing the Factors,* M. E Sharpe 2000.

Smith Christopher J., *China in the Post-Utopian Age,* Westview Press 2000.

Snow, Edgar, *Red Star Over China,* Random House 1938.

Starr, John Bryan, *Ideology and Culture: An Introduction to the Dialectics of Contemporary Politics,* UCLA Press 1973.

Thomas, John B., *Studies in the Theory of Ideology,* Polity Press 1984.

Torr, James D. eds., *China: opposing viewpoint,* Greenhaven Press 2002.

Townsend, James R., *Politics in China,* Little Brown 1980.

Tsou, Tang, *The Cultural Revolution and Post-Mao Reforms: A Historical Perspective,* Univ. of Chicago Press 1986.

Uhalley, Stephen, *A History of the Chinese Communist Party,* Hoover Institution Press 1988.

Wang, James C. F., *Contemporary Chinese Politics: An Introduction,* Englewood Cliff 1986.

Wang, Xiaoying, "The Post-Communist Personality: The Spectre of China's Capitalist Market Reforms," *The China Journal,* No. 47, Jan 2002.

Weil, Robert, "China at the Brink: At the Contradiction of 'Market Socialism'," *Monthly Review,* Vol. 47, No. 7, 1994.

White, Gordon, "The Impact of Economic Reforms on the Chinese Countryside: Toward the Politics of Social Capitalism?" *Modern China*, No. 13~14, Oct 1987.

White, Gordon, "Chinese Socialism and it's Transition," *Chinese Social Science Quarterly*, Autumn 1993.

Wittfogel, Karl, "The Legend of Maoism," *The China Quarterly*, No. 2, Apr-Jun 1960.

Womack, Brantly, "An Exchange of Views about Basic Chinese Social Organization," *The China Quarterly*, No. 126, 1991.

World Bank, *China: long term development issues and options*, John Hopkins Univ. Press 1987.

Wortzel, Larry M., "China Pursues Traditional Great-power State," *ORBIS*, Spring 1994.

Wu, Anchia, "The Thought of Mao Tse-tung: A New Version of Marxism-Leninism?" *Issue and Studies*, Apr 1988.

Wu, Yenbo, *Chinese Democracy and the Crisis of 1989: Chinese and American Reflection*, State Univ. of New York Press 1993.

Wylie, Raymond F., "Mao Tse-tung, Chen Po-ta and the Significance of Marxism 1936~1938," *The China Quarterly*, No. 65, Sep 1979.

Yeh, Milton D., "The Ideology and Politics of Deng's Leadership in Post-Mao Mainland China," *Issue and Studies*, May 1988.

Zhang, Xudong, "Postmodernism and Post-Socialist Society: Cultural Politics in China After the 'New Era'," *New Left Review*, No. 237, Sep-Oct 1999.

Zhao, Suisheng, *Chinese Nationalism and Authoritarianism in 1990s*, Routledge 2000.

Zheng, Yongnian, *Discovering Chinese Nationalism in China*, Cambridge Univ. Press 2000.

찾아보기

중국의 새로운 사회주의 탐색

초판 발행 • 2004년 6월 30일

지은이 • 이희옥
펴낸이 • 고세현
편집 • 염종선 김태희 김경태 김미영
미술 · 조판 • 이선희 정효진 신혜원 한충현
펴낸곳 • (주)창비
등록 • 1986년 8월 5일 제85호
주소 • 우편번호 413-832 경기도 파주시 교하읍 문발리 파주출판도시 42블록 5
전화 • 031-955-3333
팩시밀리 • 영업 031-955-3399 편집 031-955-3400
홈페이지 • www.changbi.com
전자우편 • human@changbi.com

ⓒ 이희옥 2004
ISBN 89-364-8228-9 03910